AMÉRICA LATINA
EN EL SIGLO XX

ECOBOOK,S.L.   ISBN.....: 84-7738-759-1
Libreria del Economista   Libro....: 38237
C/ Cristo , 3   Autor....: Varios.
28015 - MADRID   Titulo...: La empresa en Americ
Tel.: 559 51 30   Materia..: ECONOMIA INTERNACION
                           Editorial: SINTESIS EDITORIAL
                           Proveedor: N693
Libro   : 38237   Fecha Ent: 08-03-00   150078
                           P.V.P. ..:   2,600

COLECCIÓN SÍNTESIS • HISTORIA

AMÉRICA LATINA EN EL SIGLO XX

Olivier Dabène

EDITORIAL
SINTESIS

Traducción al castellano de Pablo Bustelo Gómez, profesor titular de Economía Aplicada de la Universidad Complutense de Madrid, y Claire García Chelle, del original francés *L'Amérique latine au XXe siècle*, con el capítulo 7 redactado especialmente por el autor para esta edición en lengua española.

© Olivier Dabène

© ARMAND COLIN Éditeur, 1999

© EDITORIAL SÍNTESIS, S. A.
Vallehermoso, 34. 28015 Madrid
Teléfono 91 593 20 98
http://www.sintesis.com

ISBN: 84-7738-759-1
Depósito Legal: M. 5152-2000

Impreso en España - Printed in Spain

A Mili.

Índice

Mapa de América Latina   11

Capítulo 1
La entrada de América Latina en la era moderna (1870-1914)

La revolución industrial europea sorprendió a una América Latina que todavía no había encontrado su equilibrio. Para ciertos países, medio siglo de independencia no había sido suficiente para que se instaurara un orden político estable. Las increíbles conmociones provocadas por la ruptura de los lazos con España seguían originando amplias repercusiones. Casi por todas partes, unos hombres fuertes, *caudillos,* habían ocupado el vacío político dejado por la desorganización administrativa. La sed de poder de estos potentados locales, las rivalidades que les enfrentaban y la debilidad de los Estados centrales son otros tantos factores que explican las tensiones centrífugas que se pusieron en marcha en la mayoría de las sociedades latinoamericanas del siglo XIX. La preponderancia de los caudillos se afianzó en un sistema de dominación –el caudillismo– del que, aún hoy en día, América Latina lleva la huella. Los grandes debates que animaban estas sociedades –protección de los privilegios de la Iglesia católica, adopción del centralismo o del federalismo– dieron lugar a violentos enfrentamientos entre liberales y conservadores. Dada la escasa definición de las fronteras entre los países, estos desórdenes internos generaban, además y con frecuencia, conflictos. La guerra de Paraguay (1864-1870) o la del Pacífico (1879-1883) son un buen ejemplo de ello. En este contexto de militarismo e inestabilidad, ciertos países, como Brasil, constituían una excepción. El imperio esclavista que surgió de la independencia se mantuvo allí hasta 1889. Igualmente, Chile conoció, en cierta medida, una estabilidad política precoz. En lo económico, los ejes del desarrollo de América Latina no habían aparecido todavía.

Las consecuencias de la apertura repentina de los países al mundo moderno, a mediados del siglo pasado, son difíciles de estimar. La revolución del transporte marítimo hizo que América Latina se convirtiese en una fuente importante de productos básicos para el mundo industrializado. En vísperas de la Primera Guerra Mundial, generaba una quinta parte de los productos alimenticios mundiales. Su desarrollo económico estaba por entonces totalmente volcado al exterior. De ahí que su vulnerabilidad fuera tanto mayor. El formidable despegue de las economías latinoamericanas atrajo, por lo demás, un volumen importante de inmigrantes que, a su vez, contribuyeron al crecimiento. Para países como Argentina, el impacto demográfico y humano fue incalculable. En lo político, el liberalismo inspiraba a todos los gobiernos. Los caudillos se hicieron más discretos y, por todas partes, un orden político oligárquico, compatible con las actividades económicas, intentó ponerse en marcha. Pero las condiciones de inserción de América Latina en la economía mundial originaron también dependencia. En el momento de la independencia de los distintos países, la desorganización de las finanzas coloniales había dejado exhaustas a las nuevas naciones. Éstas tuvieron que endeudarse mucho, sobre todo con establecimientos bancarios británicos, gravando así su autonomía. La dependencia económica y financiera tomó sin embargo otra dimensión a finales del siglo pasado. Las consecuencias políticas fueron importantes. La evolución del panamericanismo llevó el estigma del crecimiento del poder de Estados Unidos y de la debilidad de los países latinoamericanos.

1. América Latina en búsqueda del equilibrio político

Durante los años 1870-1880, pocos eran los países latinoamericanos que podían hacer alarde de un mínimo de estabilidad política. El eslogan de los positivistas comtianos, "orden y progreso", inspiraba la acción de numerosos gobiernos, pero sus métodos variaban desde el autoritarismo ilustrado de un Porfirio Díaz en México hasta la dictadura brutal de un Estrada Cabrera en Guatemala. Algunos países, como Chile o Costa Rica, consiguieron asentar tal estabilidad en un orden político casi democrático. Los demás afrontaban desde su independencia un proceso muy caótico de construcción del Estado. La imposición del caudillismo no permitió esbozo alguno de orden liberal y democrático antes de finales de siglo XIX. Conviene detenerse en las características de un sistema de dominación del que América Latina no pudo librarse más que tardía y parcialmente.

El *caudillo* latinoamericano fue el reflejo de una sociedad caracterizada por un modo de asentamiento y una relación con la tierra de tipo predador. América Latina no fue nunca una colonia de asentamiento. Movidos por un deseo de explotación de las riquezas locales, los recién llegados se instalaron a lo largo de la costa y se apropiaron de grandes extensiones en el interior del continente. De ahí la aparición de una sociedad rural profundamente desigual, presa de la anarquía tras la independencia, cuyos criterios de valor y de poder se fundamentaban en la posesión de tierras. La gran propiedad –*latifundio, hacienda, estancia, fazenda, fundo* o *finca*, según las regiones– era tanto el motor de la vida económica de los países como un modelo de organización social. Era lógico que se convirtiese asimismo en un modelo político de gobierno y que se reprodujesen a escala de un país los modelos tradicionales de relaciones sociales que la caracterizaban. La pareja formada por el gran propietario, el *patrón,* que vivía a la europea, y sus aparceros, sus *peones*, que luchaban en la precariedad y vivían en una situación cercana al vasallaje, resume este tipo de relación, que se califica de clientelismo. Esas relaciones desequilibradas de dependencia mutua se apoyaban en la necesidad de mano de obra que tenía el *patrón* y en la voluntad de protección por parte de los *peones*. Estas relaciones personalizadas eran tanto más eficaces cuanto que el patrón era considerado como un miembro más de la familia de los *peones*, convirtiéndose a menudo en el padrino de los hijos. En definitiva, eran relaciones verticales, que disuadían a los peones de toda veleidad de defensa común de sus reivindicaciones y que aseguraban una satisfacción individualizada de sus necesidades. A este modelo de distribución social se le añadió la preponderancia que iban teniendo algunos de los que fueron jefes militares durante la independencia, de manera que ciertos patronos pudieron concitar lealtades, e incluso mantener verdaderos ejércitos privados, y pasar de la administración de una finca a dominar una región. Las elites administrativas, políticas, económicas o financieras sacaban buen provecho de un sistema de patrocinio que les garantizaba estabilidad. Todas ellas estaban, además, inmersas en amplias redes de clientela, haciéndolas deudoras de un caudillo. En cuanto a las masas de peones, se beneficiaban de la solidaridad propia de las relaciones sociales verticales.

Cuadro político de América Latina en 1870: dominio de los *caudillos*

País	Jefe de Estado	Modo de acceso al poder*	Características del periodo
Argentina	Domingo Sarmiento (1866-1874)	Elección	1870-1880: proceso caótico de unificación nacional
Bolivia	Mariano Melgarejo (1864-1870)	Golpe de estado	1879-1883: guerra del Pacífico, derrota y caudillismo hasta 1884
Brasil	Pedro II (1831-1889)	Abdicación de su padre, Pedro I	Declive del Imperio, posterior fundación de la República en 1889
Chile	José Joaquín Pérez (1861-1871)	Elección	1871: República liberal 1879-1983: guerra del Pacífico
Colombia	Mandato presidencial reducido a 2 años, sucesión de 15 presidentes liberales entre 1864 y 1886	Elecciones e intervención de la guardia colombiana	Guerra civil e inestabilidad
Costa Rica	Tomás Guardia (1870-1882)	Golpe de estado	Retorno al orden democrático en 1882
Ecuador	Gabriel García Moreno (1861-1875)	Nombramiento por la Asamblea constituyente	Dictadura católica, Guerra Civil en 1895
Guatemala	Miguel García Granados (1871-1873)	Golpe de estado (revolución liberal)	Caudillismo (1873-1885: Justo Rufino Barrios)
México	Benito Juárez (1861-1872)	Dimisión del presidente Comofort, reelección en 1867	Caudillismo (1876-1914: Porfirio Díaz)
Paraguay	Francisco Solano López (1862-1870)	Designado por el Presidente (su padre)	Guerra de la Triple Alianza (1864-1870), caudillos hasta 1898
Perú	José Balta (1868-1872)	Elección	1879-1883: guerra del Pacífico, derrota y caudillismo
Uruguay	Lorenzo Batlle (1868-1872)	Nombrado por la Asamblea general	1870-1872: guerra civil 1876-1890: dictadura militar
Venezuela	Antonio Guzmán Blanco (1870-1888)	Golpe de estado	Caudillos de los Andes hasta 1945

*Los métodos de acceso al poder no permiten distinguir los tipos de régimen. Todos eran híbridos. Teniendo en cuenta las severas limitaciones en el sufragio, las numerosas irregularidades que mancillaban su ejercicio y el carácter costumbrista en cuanto a la práctica del continuismo (un presidente electo decidía ejercer un segundo mandato sin presentarse ante los electores), las elecciones no eran realmente una garantía de democracia.

La elección de sistemas federales en un gran número de países de América Latina (Argentina, México, Venezuela, Colombia, etc.) no fue ajena a la voluntad de tratar con tino a los caudillos locales. No obstante, no permitió pacificar la vida política. De manera que, en Colombia, el federalismo moderado instaurado por la Constitución de 1858 no impidió que, a lo largo de doce años, diez gobiernos fueran derrocados por las armas. Sin duda alguna, los procesos de construcción del Estado y de unificación nacional pusieron fin, con grandes dificultades en muchos de los casos, al poder de los caudillos. Pero el caudillismo les sobrevivirá todavía, y no sólo en los regímenes autoritarios, ya que el calificativo de "caudillesco" bien podía aplicarse a la forma de ejercer el poder de numerosos presidentes latinoamericanos elegidos democráticamente.

El panorama político a finales del siglo XIX es, por lo tanto, de total anarquía.

Los ejemplos de Argentina y de Uruguay van a mostrarnos hasta qué punto el proceso de unificación nacional fue lento y difícil.

▲ Ciertamente, la geografía condenó a **Argentina** a las divisiones. Buenos Aires no se impuso como capital del virreinato de La Plata hasta 1776, mientras que en las regiones del noroeste de Argentina existía un comercio activo, ya antiguo, con Perú. A raíz de la independencia en 1820, la ausencia de un centro político y económico único provocó divisiones inevitables. La voluntad del puerto de Buenos Aires de unificar el país y principalmente de monopolizar los ingresos generados por los aranceles se enfrentó a los impulsos federalistas del interior. A lo largo de una década se crearon numerosas repúblicas independientes por todo el país, dominadas por los poderosos caudillos.

Hizo falta la dictadura de Juan Manuel de Rosas (1829-1852) para poner fin a los conflictos. Pero éste no gobernó Argentina. Se aseguró el control de Buenos Aires, pero hubo de negociar con los *caudillos* que reinaban en las doce provincias restantes, agrupadas en aquella época en una confederación de provincias unidas del Río de la Plata, sin constitución ni unión oficial. Unos enfrentamientos comerciales entre las provincias del litoral provocaron la caída de Rosas en 1852, vencido por otro *caudillo* rural, Justo José de Urquiza. En mayo de 1853, la confederación promulgaba una nueva constitución federal que Buenos Aires rechazó rubricar, debido a que estipulaba que sus actividades portuarias eran nacionalizadas. La idea de unidad nacional, tan potente en Chile, brillaba por su ausencia en las provincias unidas del Río de la Plata. La prosperidad del puerto de Buenos Aires y su modernismo contrastaban con el resto de la república. En 1859, una breve guerra civil obligó a Buenos Aires a adherirse a la confederación. Pero dos años más tarde, Buenos Aires, bajo el mando de Bartolomé Mitre, derrotaba a las tropas de las provincias, demasiado divididas entre varios caudillos. Elegido presidente en 1862, Mitre inauguró un periodo de dos décadas de dominación liberal, durante el cual la unificación nacional progresó mucho. Los *caudillos* locales se vieron poco a poco derrotados y los indios, vencidos. En 1870, el asesinato de Justo José de Urquiza simbolizó la desaparición de la oposición federal y, en 1880, la cuestión del estatuto de Buenos Aires fue resuelta. El puerto sería apartado de las provincias y se convertiría en la capital de la República. A partir de 1880, Argentina entró en la era de la prosperidad económica.

▲ La geografía condenó también a **Uruguay** a dificultades históricas. Encajada entre los dos gigantes, el argentino y el brasileño, la "franja oriental" estuvo, por cierto, durante un tiempo ligada a Portugal y posteriormente al Imperio brasileño. En 1825, los "Orientales" declararon que pertenecían al territorio del Río de la Plata (Argentina), lo que originó una guerra entre Argentina y Brasil. En 1828, Uruguay se convirtió en el último país de América del Sur en adquirir la independencia. Estas tergiversaciones podrían haber consolidado un nacionalismo uruguayo. Pero tal cosa no ocurrió. El país, en el momento de la independencia, disponía de una constitución liberal y de recursos económicos que procedían de su puerto, Montevideo, y de las exportaciones agrícolas (ganadería), pero las disputas localistas aparecieron rápidamente y dividieron el país en dos clanes. Los *colorados*, por un lado, se apoyaban en la capital, convirtiéndose en la fuerza política símbolo de la modernidad y de las ideas liberales. Al sufrir la competencia de Buenos Aires y hacer comercio con Brasil, eran forzosamente antiargentinos y por consiguiente probrasileños. Por otro lado, los *blancos* tenían su baluarte en el interior del país, defendían la autoridad de los terratenientes tradicionales y preferían los argentinos a los brasileños, cuyas tendencias expansionistas temían. Entre 1843 y 1851, Montevideo fue asediada por los *blancos* y por el dictador argentino Rosas. Tal enfrentamiento, conocido como la Gran Guerra, culminó sin vencedores ni vencidos y dejó al país en ruinas. Un primer intento de política de fusión entre los dos partidos fracasó en 1851, y el país cayó de nuevo bajo el poder de los *caudillos* locales. Cuatro años más tarde, los jefes de los partidos firmaron un Pacto de Unión que no resultó más sólido. En 1865, el *caudillo colorado* Venancio Flores se hizo con el poder, con la ayuda de Argentina, y fue asesinado tres años más tarde. Todavía era la época de la dominación de los *caudillos* provinciales y de las intervenciones extranjeras para mediar entre ellos. Así, en 1870 estalló la "Revolución de las lanzas" bajo la férula del *caudillo blanco* Timoteo Aparicio. Para poner fin al desorden, en 1876, por vez primera en la historia de Uruguay, un militar se hizo con el poder. Los civiles no volverían al poder político hasta 1890.

▲ En este panorama de luchas centrífugas, el caso de **Chile** es interesante porque permite medir las deficiencias o desventajas de otros países latinoamericanos.

La geografía de Chile es asimismo una variable importante que, si la tenemos en cuenta, permite apreciar muchos de los aspectos de la originalidad histórica del país. Larga franja de tierra encajada entre la cordillera de los Andes y el Océano Pacífico, con una extensión de norte a sur de más de 4.000 kilómetros, el Chile del último siglo era, sin embargo, un pequeño país que disponía de un verdadero centro político y económico. El valle central agrupaba a la mayor parte de la población, compuesta por dos millones de habitantes en 1875. Esa concentración facilitó el proceso de construcción estatal, apoyándolo sobre una unidad nacional rápidamente consolidada. La relativa homogeneidad étnica de los chilenos (unos 200.000 indios araucanos vivían al sur del río Bío Bío), por añadidura, contribuyó ampliamente a que naciese un poderoso y precoz sentimiento de pertenencia a una comunidad nacional que salvó al país de los conflictos localistas característicos de las sociedades divididas en numerosos centros rivales, como Argentina o Uruguay.

La elite criolla de terratenientes pudo fácilmente imponer un régimen político centralizado. Su poder no tenía contestación alguna. El libertador Bernardo O'Higgins fue el primero en imponer un Estado centralizado y autoritario, después de la independencia conseguida en 1818. Los años 1824-1829 fueron, como contrapartida, los de un federalismo impuesto por los liberales. Más tarde, en 1830, los conservadores volvieron al poder, instaurando una "República conservadora" que duró treinta años, y cuya figura emblemática fue Diego Portales. La Constitución de 1833 sigue siendo el símbolo de un orden oligárquico que protege los privilegios de la Iglesia católica o de la aristocracia (mayorazgo) al tiempo que establece una democracia de postín. Cada cinco años, o más bien cada diez, puesto que la reelección era casi automática, unos comicios amañados permitían ratificar el relevo en el poder. No obstante, el régimen presidencial previsto por la constitución permitió a Portales consolidar el Estado central, ofreciendo al país un gobierno eficaz. La experiencia de una guerra exterior dio, además, ocasión al nacionalismo chileno de asentarse. El pretexto fue la creación, en 1836, de una confederación entre Bolivia y Perú que Portales percibió como una amenaza. Éste se fijó entonces el objetivo ganar la "segunda independencia de Chile". Asesinado por militares rebeldes en 1837, no tuvo ocasión de asistir a la victoria de su país en 1839. Su política de guerra convirtió a Chile en una potencia regional.

El general Bulnes, héroe de guerra, fue elegido presidente en 1841 y abrió un periodo de diez años de estabilidad política, crecimiento económico y proyección cultural. Perseguidos por dictadores como Rosas en Argentina, intelectuales de toda América Latina encontraban refugio en Chile, atraídos principalmente por la fama del rector de la Universidad Nacional, Andrés Bello. Esta vida intelectual favoreció la difusión de las ideas liberales, hasta tal punto que en 1851, cuando Manuel Montt sucedió a Bulnes, el orden conservador era cada vez más cuestionado. Los liberales reclamaban la prohibición de reelegir al presidente y abogaban por la descentralización administrativa, la extensión del derecho al voto y la abolición de todos los privilegios. Pero estaban divididos entre un partido liberal todavía ligado a la oligarquía y un partido radical que simbolizaba las aspiraciones de las clases medias. A pesar de progresos económicos importantísimos, la república conservadora había llegado a su término. La incapacidad de Montt para comprenderlo y su estilo autoritario llevaron al país, en 1859, a una revuelta radical, brutalmente reprimida. El presidente conservador que sucedió a Montt en 1861, José Joaquín Pérez, representó un periodo de diez años de transición entre el orden conservador y el liberal. Poco a poco, en efecto, principalmente bajo su segundo mandato, tuvo que hacer concesiones a los liberales, despojando su estilo de gobierno de todo rasgo de autoritarismo y sobre todo estableciendo la libertad de culto y prohibiendo la reelección del presidente.

En 1871, Federico Errázuriz Zañartu inauguró la "República liberal". Las reformas se llevaron a cabo especialmente en la enseñanza y en la administración, y la ley electoral de 1874 otorgó el derecho a voto a todos los varones mayores de 25 años (o 21 años para los varones casados) que supiesen leer y escribir. El mandato del sucesor de Errázuriz, Aníbal Pinto, se vio marcado por una segunda guerra exterior. La victoria de Chile sobre Perú y Bolivia en la guerra del Pacífico (1879-1883) tuvo importantes repercusiones. El orgullo nacional chileno fue una vez más consolidado y la legitimidad de los liberales, afianzada. Esa guerra aportó, sobre todo, importantes ganancias territoriales para Chile, dado que las provincias de Antofagasta, Taracapá y Tacna fueron anexionadas. Gracias a todas ellas, Chile iba a conocer el auge del cobre y del nitrato.

A pesar de las numerosas crisis políticas, el orden político chileno fue sorprendentemente estable a lo largo del periodo. Hay que buscar la causa en la obra fundadora de Portales, que supo consolidar el Estado apoyándose en un sustrato social peculiar.

▲ Si quisiéramos un ultimo ejemplo de los desórdenes de la época, escogido fuera del Cono Sur, el de **Nicaragua** es uno de los más ilustrativos. A los desgarros internos se añadieron por vez primera perturbaciones exógenas: Nicaragua fue una víctima precoz del imperialismo estadounidense. Nada más conseguir su independencia (1821), ese pequeño país de América Central se vio sacudido por un conflicto entre los conservadores de la ciudad de Granada y los liberales de León. Las incesantes guerras civiles impidieron que se desarrollase el proceso de construcción estatal. Desde 1850 a 1860, la sed del oro de California obligó a numerosos estadounidenses a buscar un atajo para cruzar los Estados Unidos. El istmo centroamericano, dada su estrechez, apareció como un lugar de paso privilegiado. Nicaragua, especialmente por su inmenso lago central, suscitó numerosos proyectos de construcción de un canal interoceánico. Los nicaragüenses sacaron partido de este interés para implicar a las potencias extranjeras en las luchas intestinas. El resultado no pudo ser peor. Así, en 1855, los liberales recurrieron a un mercenario del sur de los Estados Unidos, William Walker, para que les ayudase a expulsar a los conservadores del poder. La guerra entre liberales y conservadores no tardó en transformarse en una guerra nacional e incluso regional, cuando se hizo patente que Walker tenía miras hegemónicas sobre toda América Central. En 1858, el intruso fue vencido y los liberales, desacreditados, se vieron de nuevo apartados del poder hasta 1893, fecha en la que José Santos Zelaya se convirtió en presidente durante 16 años. Hay que señalar que el gobierno de los Estados Unidos desempeñó un papel discreto en este asunto. No sucedió de igual modo a principios de siglo. En 1909, mientras los conservadores intentaban por enésima vez derrocar a Santos Zelaya, recibieron la ayuda determinante de los Estados Unidos. En agosto de 1910, después de que el Congreso nicaragüense nombrase a un sucesor liberal de Santos Zelaya, las tropas estadounidenses desembarcaban en Nicaragua. Allí se quedaron hasta 1933 (con una interrupción entre agosto de 1925 y mayo de 1926).

2. Las conmociones económicas

Hay que reconocer de entrada que el impulso de la modernización económica de América Latina tuvo un origen externo. El crecimiento de las economías europea y estadounidense provocó una rápida demanda de materias primas de las que América Latina se encontraba bien surtida. Los países que fueron capaces de estabilizar con rapidez su vida política fueron los mejor situados para responder a tal demanda. En Brasil, México, Argentina y Chile, el Estado consolidado fue capaz de crear las condiciones propicias al desarrollo económico. Otros países, como Venezuela o Guatemala, que atravesaron largos periodos de estabilidad, consecuencia de la dominación de caudillos, conocieron progresos económicos espectaculares. Inspiraban confianza, de manera que tanto el comercio como las inversiones extranjeras se dirigían allí con entusiasmo. En todos ellos, la estabilidad política y el crecimiento se reforzaron mutuamente. El incremento de los ingresos de exportación permitió a los gobiernos aplazar las reformas fiscales, mientras el clima de prosperidad proporcionaba un indiscutible afianzamiento a las clases dirigentes. Un orden oligárquico estable se estaba poniendo en marcha.

No es que América Latina haya estado aislada de los circuitos del comercio internacional antes de la primera mitad del siglo XIX. Conocemos ejemplos de productos latinoamericanos (metales preciosos, azúcar) que se integraron desde muy pronto en el mercado mundial. Pero en la segunda mitad del siglo se produjo un giro definitivo. La integración de los países en la economía mundial se efectuó en función de lo que se pudo llamar la división internacional del trabajo. Cada país se especializó en un determinado producto. Tradicionalmente se distinguen tres grupos de productos –agrícolas (Argentina, Uruguay), agrícolas tropicales (Brasil, Colombia, Ecuador, América Central y el Caribe) y minerales (México, Chile, Perú, Bolivia)–; aunque ciertos países, como México y Venezuela, tenían una producción variada.

▲ La región del Río de la Plata (**Argentina** y **Uruguay**) muy pronto se especializó en la ganadería y el cultivo de cereales. Gracias a las grandes extensiones de la Pampa, Argentina pudo desarrollar una agricultura extensiva. La ganadería fue rápidamente un sector muy rentable, y Argentina se convirtió en uno de los principales exportadores mundiales de carne. La expansión del transporte frigorífico a partir de 1880 contribuyó a facilitar todavía más, si cabe, el comercio con Europa. La carne de cordero, de lechal y de buey, pero también el cuero y la lana, fueron una mina de oro para estos dos países. Por ejemplo, las exportaciones argentinas de lana pasaron de 1,6 millones de kilos en 1840 a 45 millones en 1860 para alcanzar 100 millones en 1880 y 200 en 1890. Por otra parte, Argentina, que importaba harina hasta 1870, se convirtió por entonces en exportadora de cereales. El trigo y el maíz ocuparon los dos primeros lugares en la lista de productos para la exportación. Con todo, entre 1880 y 1890, los ingresos procedentes de la exportación de trigo se multiplicaron por 23. Gracias a esos productos de exportación, Argentina era, antes de la Primera Guerra Mundial, un país europeizado cuyo nivel de vida superaba al de España o de Portugal. Pero su vulnerabilidad era inmensa, dado que el nivel de demanda europeo determinaba el grado de crecimiento de la economía.

Este esquema de dependencia, que tiene su origen en la mono-exportación, se daba en el conjunto de América Latina.

▲ La especialización en los productos agrícolas la encontramos también fuera de la zona templada. Así, **Brasil** conoció a partir de los años de 1850 un desarrollo extraordinario del cultivo del café, favorecido por la inmensa extensión de tierras vírgenes de las que disponía ese país poco poblado. Las exportaciones pasaron de 200.000 toneladas anuales en 1870 a 300.000 en 1880 y a 700.000 en 1900. En esas fechas, procedían de la exportación del café las dos terceras partes de los ingresos de Brasil, que se hizo con el 70% del mercado mundial. Los demás productos para la exportación quedaban eclipsados. El azúcar (de caña) se vio afectado por la competencia cubana y después por la europea (remolacha). Los productos más tradicionales, el tabaco y el cacao, languidecían, mientras que el algodón conoció un cierto auge. Por el contrario, al igual que el café, el caucho fue un auténtico éxito. La producción pasó de 8.000 toneladas en 1880 a 70.000 en 1914, antes de sufrir un descalabro y una total desaparición en los años veinte. La geografía brasileña se vio trastocada por estos cambios económicos. Un país nuevo vio la luz con el nuevo siglo. La región de São Paulo y del sur de Brasil aprovecharon el auge del café y la Amazonia, el del caucho. El nordeste, en cambio, sufrió el declive de los cultivos tropicales (azúcar principalmente).

▲ **Colombia** y **Venezuela** supieron dedicarse, también con provecho, al cultivo del café. Ese producto representó hasta un 70% de las exportaciones colombianas en 1890. Ningún otro producto pudo desbancar el lugar privilegiado que ocupaba el café.

▲ En **Ecuador**, el cacao fue el origen de la prosperidad de la ciudad de Guayaquil durante los años 1870. Las exportaciones pasaron de 5.000 toneladas en 1840 a 12.000 en 1870, lo que representaba en esas fechas las tres cuartas partes de los ingresos del país.

▲ En **América Central**, las primeras plantaciones de banano aparecieron en los años de 1870. La instalación de grandes compañías estadounidenses, especialmente la United Fruit Company, transformó la vida económica y política de estos pequeños países, hasta tal punto que se los calificó de repúblicas bananeras. Así, por ejemplo, en Costa Rica, un contrato firmado en 1884 con el empresario estadounidense Keith contemplaba la concesión de 350.000 hectáreas de tierras (o sea, el 8% del territorio nacional) a cambio de la construcción de un ferrocarril y de una concesión de 99 años para su uso. En 1890, terminado el ferrocarril, Keith se convirtió en el mayor exportador de banano, y en 1899 creaba la United Fruit Company. En 1915, el banano representaba el 45% de los ingresos por exportación de Costa Rica, detrás del café. Un presidente de la época se lamentaba de que la economía de Costa Rica dependiese solamente de la comercialización de "postres" hacia los países desarrollados. Una dependencia semejante se daba en Panamá, Honduras, Nicaragua y Guatemala. Honduras fue, desde principios de siglo, el primer productor mundial de banano. En 1903, ese producto representaba el 42% de los ingresos de exportación.

En otros países, la producción minera fue el origen del renacer económico.

▲ Ése fue el caso de **Chile**. La plata, el trigo y el cobre eran ya productos de exportación antes de los años de 1870. De hecho, Chile era en la época el primer exportador mundial de cobre. Luego, esa industria de extracción sufrió un declive por el agotamiento de los yacimientos. Después de haber alcanzado un máximo superior a las 50.000 toneladas al año, la producción se redujo a la mitad a principios de siglo, antes de arrancar de nuevo de forma espectacular. La explotación de nuevas minas a cielo abierto, que fue posible gracias a técnicas modernas y a los capitales extranjeros, volvió a proporcionar a Chile una posición dominante en el mercado mundial, con más de 100.000 toneladas al año en 1915. Esas fluctuaciones del comercio del cobre fueron amortiguadas por los demás productos chilenos para la exportación, principalmente el trigo, la lana y la carne. Los nitratos, sobre todo, experimentaron un auténtico auge. La guerra del Pacífico (1879-1883) proporcionó a Chile regiones desérticas ricas en minerales (desierto de Atacama) que habían pertenecido a Bolivia y a Perú. Chile se encontraba pues en una situación cercana al monopolio mundial, lo que le permitía fijar precios tanto más elevados cuanto que la demanda de abono crecía en una Europa que desarrollaba el cultivo de la remolacha. La producción de nitratos pasó de 300.000 toneladas en 1880 a más de dos millones en 1913.

▲ En **Bolivia**, la industria minera había enriquecido a la Audiencia de Charcas ya durante el periodo colonial, pero había entrado en crisis en el siglo XIX. En los años sesenta, la demanda mundial de plata aumentó y la producción boliviana pasó de 90 toneladas en 1865 a 220 en 1875. Mientras que en 1890 Bolivia era uno de los principales productores mundiales de plata, las cotizaciones cayeron brutalmente y la industria entró en declive. El estaño ocupó entonces el lugar de la plata en el comercio exterior de Bolivia. El descubrimiento de inmensos yacimientos en la montaña de Cataví permitió a Bolivia convertirse en el segundo productor mundial de este mineral.

▲ **Perú** también se benefició durante un largo tiempo de riquezas mineras. Pero la guerra del Pacífico lo obligó a diversificar sus recursos, cosa que hizo aprovechando la variedad de suelos y de climas. Así, las zonas de montaña se especializaron en la producción de lana y minerales (oro, plata, cobre), la costa se dedicó a la caña de azúcar y al algodón y el interior del país, al café, a la hoja de coca y al caucho. A caballo entre los dos siglos, el azúcar, el algodón, el cobre y el caucho eran los rubros principales de exportación.

▲ En los años 1890, **México** era igualmente un gran productor de metales, principalmente preciosos (oro, plata). Entre 1873 y 1878, la adopción del patrón-oro por la mayoría de los países europeos había estimulado la demanda de ese metal, cosa que aprovechó México, que pudo también explotar otros metales, como el cobre, del que fue el segundo productor mundial entre 1882 y 1901. No obstante, México no se limitó a la explotación de minerales. Más que ningún otro país de América Latina, y sin duda debido a su proximidad del mercado estadounidense, México se caracterizó, muy pronto, por una gran diversidad de productos comerciables. Si la plata representaba un tercio de los ingresos de exportación en los años de 1910, el oro suponía el 15%, y el cobre y el agave, un 10% cada uno. Otros productos, como el café, el caucho, la fruta, el tabaco y la cerveza, tenían cierta importancia. En esta época es cuando los hidrocarburos empezaron a tomar importancia.

La inserción de las economías en el mercado mundial por la mono-exportación: parte de las exportaciones de minerales en el valor total de las exportaciones en Bolivia

Año	%	Año	%	Año	%	Año	%
1900	67	1902	79	1909	64	1911	76
1901	72	1908	89	1910	72	1912	81

(*Fuente:* Herbert S. Klein, "Bolivia, desde la guerra del Pacífico hasta la guerra del Chaco, 1880-1932", p. 220 en *Historia de América Latina,* tomo 10, bajo la dirección de Leslie Bethell, Cambridge University Press, Editorial Crítica, 1992.)

Las condiciones en las cuales se produjo la inserción de las economías latinoamericanas en el mercado mundial tuvieron consecuencias profundas y duraderas. Dos de ellas merecen mención muy especial. Los diferentes tipos de especialización conllevaron, en primer lugar, capacidades de desarrollo muy variadas. En segundo término, dieron lugar a tasas de penetración de capital extranjero sin relación alguna de un país a otro. En resumidas cuentas, en cada país se pusieron en marcha combinaciones particulares de desarrollo y de dependencia.

El desarrollo es una noción polisémica cuyo manejo requiere ciertas precauciones. Se trata de convenir los indicadores que se van a utilizar. Crecimiento del producto interior bruto, reparto de las riquezas entre los habitantes, efecto de arrastre de las actividades para la exportación sobre los demás sectores de la economía, progreso del capitalismo, industrialización, menor dependencia... son algunos de los criterios más sencillos y mayoritariamente seleccionados. Podemos también combinarlos y pretender dar al término "desarrollo" una acepción más amplia que englobe una dimensión social, cultural o política. El concepto de dependencia no es más fácil de manejar, aunque las inversiones extranjeras sí resultan fáciles de medir.

¿Qué ocurrió exactamente?

Las economías exportadoras de productos agrícolas (Argentina, Uruguay), debido a la explotación extensiva de amplias zonas deshabitadas, tuvieron que dotarse de una infraestructura eficaz de transporte. La red argentina de vías férreas pasó de 2.516 kilómetros en 1880 a 9.397 kilómetros en 1890 y a 33.500 en 1914. El trazado de las vías (desde los puertos hacia las zonas de producción) casi no se ajustaba a las necesidades nacionales, pero el entramado interno del país contribuyó a unificar un mercado interior. Por otra parte, las actividades de exportación dieron lugar a una serie de nuevas industrias. Los cereales eran, a menudo, exportados en forma de harinas, lo que conllevó la edificación de numerosos molinos. Con la ganadería surgió una industria textil (lana), de curtido (cuero), además del ganado que debía ser sacrificado (mataderos) y de la carne posteriormente congelada y empaquetada. Por añadidura, la investigación dirigida a mejorar los rendimientos estimuló la producción de abonos, y toda la industria química se vio favorecida.

La importancia de los capitales extranjeros, sobre todo, y aquí tocamos un aspecto esencial, no impidió, en ningún caso, que las principales actividades de exportación siguieran en manos de la burguesía nacional. La entrada masiva de capitales, británicos principalmente, provocó de igual manera una modernización del sistema bancario.

Por todas esas razones, la economía de exportación en un país como Argentina benefició al conjunto de la población. La prosperidad se extendió por todas las capas sociales y el país pudo absorber masas importantes de inmigrantes.

Los países exportadores de productos tropicales ofrecen un panorama diferente.

La especialización en el cultivo del café, en particular, tuvo consecuencias muy peculiares. En la región de São Paulo, en Brasil, el valle de Antioquía, en Colombia, y la meseta central en Costa Rica, el café fue el origen de una indiscutible prosperidad. Trajo consigo una mejora de las infraestructuras y un principio de industrialización. En efecto, a diferencia del textil, los procesos de lavado, criba y secado del café no pudieron ser importados de Europa y dieron lugar a soluciones tecnológicas diferentes de un país a otro. Por otro lado, la dependencia se hacía naturalmente sentir a la hora de fijar la cotización (que se determinaba y sigue determinándose en Londres), pero, *in situ*, los capitales extranjeros favorecieron una estructura productiva ya existente, que siguió, por consiguiente, en su mayor parte en manos de los nacionales. Allí está la diferencia con otros productos tropicales que fueron explotados en el marco de una economía de enclave. El cultivo del banano en América Central fue el arquetipo del enclave. Las grandes plantaciones, creadas por compañías extranjeras (estadounidenses principalmente), escapaban en su totalidad al control de las oligarquías locales. Los países no sacaban más que escasos ingresos (en forma de *royalties*), ya que los beneficios eran repatriados en su totalidad. Desde luego, se construyeron líneas de ferrocarril entre los puertos y las plantaciones, pero no tuvo lugar ninguna transferencia de tecnología.

Esos mismos enclaves los volvemos a encontrar en países especializados en la industria de extracción minera. Por ejemplo, en Chile, la industria de los nitratos, que estaba nacionalizada mientras perteneció a Perú, fue privatizada después de la guerra del Pacífico y cayó por aquellas fechas en manos de los capitales extranjeros. Esa pérdida de control de los nitratos se extendió a otros sectores, de tal forma que en 1901 el 55% de los capitales industriales en Chile era británico.

Sin duda alguna, es en México donde se ponen mejor de manifiesto las contradicciones del proceso de modernización. El régimen de Porfirio Díaz (1876-1910), el Porfiriato, hizo alarde de una indiscutible voluntad de modernización bajo el impulso de un grupo de intelectuales, los *científicos*. Paralelamente a un crecimiento económico sin precedentes, las vías férreas pasaron de 572 kilómetros a 19.205 entre 1873 y 1910. Al igual que en Argentina, regiones enteras salieron de su aislamiento, lo que estimuló diversas actividades económicas, como la textil (línea entre México y Veracruz, construida en 1873, que pasaba por Puebla, principal centro textil del país) y la extracción de minerales (regiones de Sonora y Chihuahua), y contribuyó a la diversificación de los ingresos de exportación que apuntamos con anterioridad. Pero, a su vez, el ferrocarril fue construido principalmente gracias a capitales británicos (se fundó en 1873 en Londres la Ferrocarril Imperial México) y, a partir de 1899, los Estados Unidos invirtieron sumas cuantiosas en la construcción de infraestructuras en el norte de México. Numerosos fueron entonces los que acusaron a Díaz de haber vendido el país a los capitales extranjeros. Por otra parte, sólo una minoría de mexicanos se benefició en esta época de la modernización, dejando a la inmensa mayoría de ellos en un estado precario. Especialmente en el campo, la situación empeoró. Los progresos del ferrocarril, junto con los efectos de las leyes de reforma, impulsaron en los años 1877-1884 un proceso de concentración de tierras que presagiaba grandes dificultades.

En resumidas cuentas, un balance equilibrado debe hacer mención de las intenciones de los "modernizadores" de la época, ya sea de los científicos del Porfiriato o de los mismos adeptos del positivismo europeo en Argentina, Brasil o Colombia. Para esos intelectuales liberales, los regímenes políticos debían dedicarse a crear condiciones favorables al crecimiento económico, lo que significaba en primer lugar la construcción de infraestructuras como el ferrocarril. Se daba prioridad a la exportación de materias primas y a la importación de productos manufacturados. El desarrollo de las sociedades, en el sentido amplio que mencionamos con anterioridad, no era tomado en cuenta. Con ese mismo rasero, la modernización consiguió resultados espectaculares, de los que hay que examinar ahora los aspectos sociales y, posteriormente, los políticos.

3. Las reclasificaciones sociales

A partir de la segunda mitad del siglo XIX, las estructuras sociales de los países latinoamericanos sufrieron grandes cambios.

En primer lugar, la población se duplicó entre 1850 y 1900. Ese crecimiento afectó a ciertos países más que a otros.

Las poblaciones de los países de América Latina de clima templado conocieron tasas de crecimiento excepcionales, cuya causa principal fue una inmigración europea masiva. El caso de Uruguay es significativo: en 1868, el 68% de la población había nacido en el extranjero. Argentina, por su parte, fue el país que acogió al mayor número de europeos, más de cuatro millones, de manera que su población se multiplicó por cuatro entre 1850 y 1900, y de nuevo por 2,5 entre 1900 y 1930. Este crecimiento fue a la vez causa y consecuencia de los importantísimos progresos económicos experimentados por el país durante este periodo. En 1850, Argentina era un país poco poblado. Con poco más de un millón de habitantes, es decir, menos que Brasil, México, Chile, Colombia, Perú, Venezuela, y hasta Cuba, las elites argentinas comprendieron rápidamente que la economía de exportación, en especial el cultivo de cereales, requería una mano de obra abundante. La inmigración se convirtió en el vector propulsor de la modernización. Estuvo ampliamente fomentada por las autoridades, que deseaban también europeizar la población. No todos los europeos se quedaron por ello en Argentina. Algunos siguieron hacia Chile o el resto del continente: otros, a los que se llamaba "golondrinas" regresaban con regularidad a Europa. Estos últimos, cientos de miles de italianos y de españoles, aprovechaban el invierno austral para trabajar en Europa y volvían cada año a la Pampa argentina para las cosechas.

La población de América Latina (1850-1930) (en miles de habitantes y porcentaje)

	1850	1900	1930	1850-1900	1900-1930
América del Sur templada					
Argentina	1.100	4.693	11.936	2,9	3,1
Chile	1.443	2.959	4.365	1,4	1,3
Paraguay	350	440	880	0,4	2,3
Uruguay	132	915	1.599	4,0	1,9
Subtotal	3.025	9.007	18.780	2,2	2,4
América del Sur tropical					
Bolivia	1.374	1.696	2.153	0,4	0,8
Brasil	7.230	17.980	33.568	1,8	2,1
Colombia	2.065	3.825	7.350	1,2	2,0
Ecuador	816	1.400	2.160	1,1	1,5
Perú	2.001	3.791	5.651	1,3	1,4
Venezuela	1.490	2.344	2.950	0,9	0,8
Subtotal	14.976	31.036	53.832	1,5	1,9
Caribe					
Cuba	1.186	1.583	3.837	0,6	3,0
Puerto Rico	495	959	1.552	1,4	1,6
Rep. Dominicana	146	515	1.227	2,4	2,9
Haití	938	1.560	2.422	1,0	1,5
Subtotal	2.765	4.617	9.038	1,0	2,3
México y América Central					
México	7.662	13.607	16.589	1,0	0,8
Costa Rica	101	297	499	2,2	1,7
El Salvador	366	766	1.443	1,0	2,1
Guatemala	850	1.300	1.771	0,9	1,0
Honduras	350	500	948	0,7	1,5
Nicaragua	300	478	742	0,9	1,5
Panamá	135	263	502	1,4	2,7
Subtotal	9.764	17.211	22.494	1,4	0,9
Total	30.530	61.871	104.144	1,4	1,7

(*Fuente:* Nicolás Sanchez-Albornoz, "La población de América Latina, 1850-1930", p. 108 en *Historia de América Latina,* tomo 7, bajo la dirección de Leslie Bethell, Cambridge University Press, Editorial Crítica, 1991.)

Brasil fue otro país de inmigración masiva. A partir de los años 1850, la interrupción de la trata de negros dejó al Brasil esclavista sin mano de obra para sus plantaciones de café. Cientos de miles de esclavos fueron trasladados de las regiones azucareras y algodoneras en declive, del Norte, a la de São Paulo, y a partir de 1870, los europeos entraron en masa, alcanzando los dos millones. En estos años, Brasil se convirtió en el país más poblado de América Latina.

Inmigración neta (1881-1915) (en miles)

Años	Argentina	Brasil	Chile	Uruguay
1881-1885	191,0	133,4	4,3	26,7
1886-1890	489,0	391,3	23,9	42,1
1891-1895	156,1	659,7	2,8	13,8
1896-1900	303,9	470,3	4,1	33,9
1901-1905	329,3	279,7	3,6	43,8
1906-1910	859,3	391,6	35,6	92,8
1911-1915	490,4	611,4	53,3	101,0
Total	2.819,0	2.937,7	127,6	354,41

(*Fuente:* Nicolás Sanchez-Albornoz, "La población de América Latina, 1850-1930", p. 114-115 en *Historia de América Latina*, tomo 7, bajo la dirección de Leslie Bethell, Cambridge University Press, Editorial Crítica, 1991.)

Tal inmigración masiva tuvo consecuencias importantes. Originó que todos los países a los que nos referimos tuviesen una población europea homogénea que aún en nuestros días es una de las características del Cono Sur. A la vez que impulsó el desarrollo de las actividades económicas, contribuyó a rehacer el mapa de los focos internos de población. Las fronteras se alejaron, nuevos espacios se revalorizaron, y nacieron grandes ciudades. La inmigración modificó en profundidad las estructuras sociales, haciendo surgir nuevas clases, y dio un nuevo carácter a los enfrentamientos políticos.

De esta forma, en Argentina, Uruguay y en el sur de Brasil, los europeos vinieron a engrosar las filas de una clase obrera nueva. Poco cualificados, lo que se explica fácilmente, ya que la inmigración estaba organizada para satisfacer las necesidades de la agricultura de exportación, estos inmigrantes no podían, sin embargo, equipararse a los sectores más bajos del escalafón social en la medida en que, étnicamente, estaban cerca de las clases dominantes. Esto facilitó también su integración. Desde este punto de vista, América Latina ofrece un panorama muy distinto del de los Estados Unidos. No existían guetos raciales en América Latina, y los inmigrantes tenían posibilidades reales de ascenso social gracias a la industria, al pequeño comercio, al artesanado e incluso a las actividades agrícolas. Además, los recién llegados no suponían competencia alguna para las clases medias locales, pues éstas eran por el momento totalmente inexistentes. Se podría decir, especialmente en Argentina, que su situación era favorable.

En el terreno político, la asimilación de los inmigrantes fue, a pesar de todo, más problemática. En general, los inmigrantes no obtenían automáticamente la nacionalidad del país huésped, lo que les convertía en ciudadanos de segunda categoría. Eso tiene varias explicaciones. Las elites no estaban dispuestas a facilitar la integración rápida en el juego político de miles de recién llegados cuyos comportamientos desconocían. Los mismos inmigrantes a menudo preferían seguir bajo la protección de su país de origen, bien porque esperaban un pronto regreso, bien porque no tenían buena opinión de las instituciones políticas del país huésped. En todos los casos, las luchas sindicales se sustituyeron a las luchas políticas. Sin ser ciudadanos y sin acceder al sufragio, los inmigrantes se implicaron en los movimientos sociales en defensa de sus condiciones de vida.

El papel que desempeñaron los inmigrantes en la aparición de un movimiento obrero en América Latina es, no obstante, ambiguo. El interés tiende ciertamente, a centrarse en una minoría de militantes anarcosindicalistas europeos que, sin lugar a dudas, tuvo influencia en la orientación tomada por el movimiento obrero, pero cuyos comportamientos no eran representativos del conjunto de las conductas políticas de los recién llegados. Éstos se movían más por un deseo de enriquecimiento rápido, antes de un posible regreso al país de origen, o por estrategias individualistas de ascenso social. En ambos casos fue un estado de ánimo contrario a la movilización social de masas que se desarrolló mayoritariamente. Pero, al mismo tiempo, muchos trabajadores llegaron a América Latina impregnados de una tradición de lucha obrera y de un sindicalismo con tintes de anarquismo que no tardaron en poner en práctica en el nuevo continente.

▲ En **Argentina**, en 1914, el 62% de los obreros o artesanos había nacido en el extranjero. Ahora bien, sólo en Buenos Aires, más de 785 huelgas se organizaron entre 1907 y 1910. Por otra parte, fue en Argentina donde se crearon los primeros sindicatos y donde éstos llegaron a tener el mayor número de afiliados. La Federación Obrera Argentina fue fundada en 1901 por anarquistas y socialistas, y la primera huelga general fue organizada en 1902 e implicó a más de 200.000 trabajadores.

Paralelamente a esta clase obrera muy activa, en Argentina también apareció una clase media. El desarrollo de actividades de exportación tuvo como efecto indirecto aumentar el volumen de la administración pública y en consecuencia incrementar el número de empleados del Estado, al tiempo que se multiplicaban las actividades de tipo terciario. En 1890, estas clases medias apoyaron la fundación del partido Unión Cívica Radical (UCR) y comenzaron a reclamar una mayor participación en el sistema político. A principios de siglo, el sindicalismo y el radicalismo representaban dos amenazas al orden político oligárquico.

Estas reclasificaciones sociales, debidas en gran parte a la inmigración europea, afectaban principalmente al Cono Sur. En otras partes del continente, otro proceso provocó cambios en la estructura social: el de la pauperización de las masas campesinas.

Hemos mencionado ya que el periodo mexicano del Porfiriato se caracterizó especialmente por un proceso de concentración de tierras sin precedente. Conviene que nos detengamos en ello ahora.

▲ Un dato es revelador de los problemas agrícolas de **México** a principios de siglo: las tres cuartas partes de la población vivían en zonas rurales, pero el país no era autosuficiente en cuanto a productos alimenticios. Numerosos fueron los años en los que México tuvo que importar maíz, trigo o arroz. Obnubilado por la modernización de su economía, el país desatendió su sector agrícola, lo que provocó una auténtica crisis alimentaria a finales de siglo. Las leyes liberales llamadas de "reforma" (1857-1859) y posteriormente de "colonización" se fijaron como objetivo suprimir el sistema de propiedad comunitaria de las tierras y secularizar (o desamortizar) las del clero. A partir de 1863, la venta de las tierras públicas provocó una modificación del régimen de concesión de las tierras. Entre 1866 y 1883, 3.182 títulos de propiedad fueron distribuidos; representaban una superficie de 4.300.000 hectáreas. El máximo legal de 2.500 hectáreas por titular fue suprimido en 1863, de manera que pudieron crearse inmensas haciendas. Las leyes liberales habían dejado al menos de lado los *ejidos,* que eran pastos propiedad de las comunidades indias. Pero en 1889, Porfirio Díaz autorizó la venta de los *ejidos,* concluyendo así la desamortización de las tierras de los campesinos. En vísperas de la revolución en 1910, alrededor del 80% de los campesinos se encontraban despojados de las tierras, proletarizados como *peones* en las fincas grandes. Las 8.341 haciendas agrupaban por entonces más de cinco millones de habitantes. Sin embargo, esto no significó la completa desaparición de la pequeña propiedad mexicana. Eran numerosos los campesinos que conservaban sus tierras e iban a ganar un jornal subsidiario a la hacienda. En el norte de México, los terratenientes tuvieron incluso que regalar tierras a los campesinos para que no se dejaran llevar por el atractivo de los altos salarios ofrecidos en los Estados Unidos.

Tamaño de las capitales latinoamericanas (1870-1930)
(en miles de habitantes y en porcentaje)

País	Capital	Población de la capital		% del total nacional	
		1870	1930	1870	1930
Argentina	Buenos Aires	187	2.178	10,8	18,3
Bolivia	La Paz	69	176	3,5	8,2
Brasil	Rio de Janeiro	275	1.701	2,7	5,0
Colombia	Bogotá	41	330	1,4	3,8
Costa Rica	San José	9	51	5,5	10,8
Cuba	La Habana	230	654	15,2	16,5
Chile	Santiago de Chile	150	696	7,2	16,2
Ecuador	Quito	76	127	7,1	8,2
Guatemala	Guatemala	50	121	4,6	6,0
México	México	230	1.049	2,4	6,3
Paraguay	Asunción	25	97	7,6	11,0
Perú	Lima	100	273	3,7	4,8
Uruguay	Montevideo	110	572	25,0	33,0
Venezuela	Caracas	49	203	2,8	6,0

(*Fuentes:* James R. Scobie, "El crecimiento de las ciudades latinoamericanas, 1870-1930", p. 216 en *Historia de América Latina,* tomo 7, bajo la dirección de Leslie Bethell, Cambridge University Press, Editorial Crítica, 1991.)

México fue ciertamente el caso más extremo de América Latina. Pero en casi todos los países, los liberales en el poder intentaron desmantelar las estructuras de propiedad común de la tierra para permitir a los campesinos convertirse en pequeños propietarios, y el resultado fue su proletarización. Así, en Bolivia, una tercera parte de las tierras públicas pasó a manos privadas después de 1870.

Las reclasificaciones sociales fueron pues importantes en estos años, como atestigua la evolución del grupo de los obreros, de las clases medias o de los campesinos. Si quisiésemos una última muestra, la urbanización sería sin duda alguna la mejor.

Los países que conocieron la expansión demográfica más rápida fueron, también, ésos donde la urbanización experimentó un mayor crecimiento. Así, la proporción de argentinos viviendo en ciudades de más de 10.000 habitantes creció del 17,3% en 1870 al 38,1% en 1930. En Chile, la tasa de urbanización pasó del 15,2% al 38%. Las capitales concentraron una parte creciente de la población de los países y se convirtieron en centros importantes de actividades burocráticas y comerciales. La aparición de capas sociales medias urbanas es un fenómeno socio-político de gran importancia que explica la evolución de muchos regímenes políticos de aquellos años; las recetas tradicionales de control social aplicadas por los caudillos rurales no podían aplicarse ya a las masas urbanas.

4. El orden oligárquico y el panamericanismo

En el umbral del siglo hay dos Américas Latinas. Una, la del sur, parece haber encontrado la fórmula de la estabilidad política propicia al desarrollo económico y a la modernización. La otra, la del norte, hace frente al incipiente imperialismo estadounidense.

El periodo de 1880 a 1914 fue la edad de oro de la dominación oligárquica en América del Sur. Se caracterizó por un ejercicio directo del poder por parte de los grupos económicamente dominantes, es decir, los que estaban relacionados con las actividades de exportación. Los caudillos fueron eliminados, o más bien integrados en un sistema de colaboración con el poder central. Una ideología inspiró este tipo de régimen y prácticas políticas lo distinguieron.

La ideología era la del positivismo, directamente inspirada por el *Curso de filosofía positiva,* de Auguste Comte. Las elites latinoamericanas sacaron, como conclusión de la lectura de Comte la certeza de que la política debía considerarse como una ciencia experimental. El concepto de "política científica" pasó, por cierto, a formar parte del vocabulario utilizado por los gobernantes mexicanos y chilenos; la expresión "paz científica", al vocabulario colombiano. Después de largos periodos de turbulencias políticas, el orden y el progreso podrían conseguirse gracias a una conducta científica de los asuntos públicos. Los tecnócratas fueron entonces los encargados de los destinos de países como México, Chile, Argentina y Brasil.

La manifestación más patente de esta adhesión a los preceptos positivistas se encontró en las reformas educativas. Las nuevas elites debían estar imbuidas de cultura científica, en perjuicio de las "humanidades". Así, se crearon nuevas instituciones académicas, ya que las universidades no parecían estar capacitadas para asumir esa tarea. En México, la Escuela Nacional Preparatoria fue fundada ya en 1867 por un profesor de Medicina, Gabino Barreda, que había seguido las enseñanzas de Auguste Comte. En Argentina, la Escuela Nacional de Paraná, que fue creada en 1870 para formar a maestros de escuela, se convirtió igualmente en cantera de futuros gobernantes. En Chile, el Instituto Pedagógico de la Universidad de Chile desempeñó el mismo papel, bajo la dirección del gran intelectual Valentín Letelier.

Las enseñanzas impartidas en estas instituciones inspiraron prácticas políticas peculiares. Los defensores de la política científica otorgaban, de esta forma, al Estado un papel predominante en la búsqueda de condiciones propicias a la modernización de la sociedad. Por ello, los positivistas no escondían su predilección por los regímenes tecnocráticos o autoritarios. Hemos visto que en México, el régimen de Porfirio Díaz encarnaba esta tendencia autoritaria del positivismo. El concepto de política científica fue elaborado allí por Justo Sierra y un grupo de intelectuales que, en los años 1878-1884, escribían en el periódico *La Libertad*. Para poner fin a los desórdenes, proponían adoptar reformas constitucionales con el fin de reforzar las prerrogativas y prolongar el mandato presidencial y, así, acercarlo a un régimen dictatorial.

El ideal era pues una especie de déspota ilustrado o, según las expresiones de la época, un "tirano honesto" o un "dictador liberal".

Se concibe que esta función reforzada del Estado y estas agresiones potenciales a la libertad hayan estado en desacuerdo con el liberalismo, componente más antiguo de la cultura política latinoamericana. Al menos en un aspecto, liberalismo y positivismo estaban de acuerdo: el anticlericalismo. Todos los países de América Latina adoptaron pues en los años de 1880 reformas con el fin de limitar la influencia de la Iglesia católica, aboliendo los privilegios de ésta (fuero eclesiástico), suprimiendo el diezmo, apropiándose de los bienes, disolviendo las órdenes y haciendo obligatorios los actos civiles. Colombia fue la excepción que, con su concordato de 1888, se alejó del liberalismo radical. Pero en México, por ejemplo, los liberales consiguieron en 1873 la incorporación a la constitución de las leyes de reforma de 1857, que ponían a la Iglesia católica en una situación de extrema debilidad. En 1874, la educación religiosa en la escuela fue prohibida. A pesar de todo, la Iglesia se aprovechó del clima de tolerancia del Porfiriato para extender su influencia, lo que explica la nueva reacción anticlerical de los revolucionarios.

La ambigüedad de las relaciones entre el liberalismo y el positivismo del orden oligárquico surgió con fuerza en Chile. Así, conceptos cercanos al utilitarismo social de Spencer encajaban de forma contradictoria con la fe en la libertad individual de un intelectual como José Victoriano Lastarria. Valentín Letelier, por su lado, admitía que la libertad era un principio orgánico de su filosofía científica, pero predicaba un autoritarismo responsable del que, según él, Bismark era la encarnación.

Estas contradicciones no tardaron en estallar a los ojos de todos. Entre 1889 y 1893, Argentina, Brasil, Chile y México conocieron un periodo de agitación política en el que el autoritarismo positivista fue puesto en duda abiertamente por algunos liberales. Así, en Chile, una guerra civil estalló en 1891 y acabó con la dimisión del presidente José Balmaceda.

Las prácticas políticas de los regímenes oligárquicos inspirados por el positivismo se vieron pues teñidas de autoritarismo. Lo fueron sin embargo según modalidades diversas. Fueron numerosos los regímenes oligárquicos que trabajaron en favor de una apertura democrática, especialmente en aquellos países en que los increíbles trastornos demográficos y sociales dieron lugar a demandas crecientes de participación política. Pero en la mayoría de los casos las oligarquías se limitaban a explotar el clientelismo que, como hemos dicho con anterioridad, siempre caracterizó las relaciones sociales en las sociedades rurales latinoamericanas. El frecuente recurso al subterfugio clientelista hizo que los regímenes oligárquicos fuesen casi todos híbridos. Los mecanismos electorales no servían más que para legitimar la dominación de la oligarquía o mediar entre las rivalidades de las diferentes camarillas.

Cuadro político de América Latina en el umbral del siglo: el orden oligárquico

País	Jefe de Estado	Modo de acceso al poder	Características del periodo
Argentina	Julio Argentino Roca (1898-1904)	Elección	Dominio de los conservadores hasta 1916
Bolivia	José Manuel Pando (1898-1904)	Elección	Oligarquía en el poder desde 1884, revolución liberal
Brasil	Manuel Ferraz de Campos Salles (1898-1902)	Elección	República oligárquica 1889-1914
Chile	Federico Errázuriz (1896-1901)	Elección	República parlamentaria hasta 1925
Colombia	José Manuel Marroquín (1900-1904)	Golpe de estado	Hegemonía conservadora, 1880-1930; Guerra civil "de los mil días", 1899-1903
Costa Rica	Rafael Iglesias (1894-1902)	Elección	República liberal, 1882-1940
Ecuador	Eloy Alfaro (1895-1901)	Golpe de estado	Liberalismo radical, 1895-1916
Guatemala	Manuel Estrada Cabrera (1898-1920)	Golpe de estado	Caudillismo hasta 1940
México	Porfirio Díaz (1884-1910)	Elección	1910: Revolución
Paraguay	Emilio Acebal (1898-1902)	Elección	Hegemonía del partido colorado hasta 1904
Perú	Eduardo López de Romaña (1899-1903)	Sucesión	1895-1919: República conservadora desde la vuelta del militarismo
Uruguay	Juan Lindolfo Cuestas (1897-1903)	Sucesión	1903: José Batlle y Ordóñez consolidan la democracia
Venezuela	Cipriano Castro (1899-1908)	Golpe de estado	Caudillo de los Andes hasta 1945

▲ El caso de **Costa Rica**, a menudo mencionado por el carácter precoz de su democratización, es ilustrativo.

La increíble interdependencia que allí se desarrolló muy pronto entre la burguesía agro-exportadora y los pequeños propietarios productores de café creó condiciones idóneas para que surgiese el clientelismo político. La actitud liberal de las elites, combinada con la existencia de esta clase de pequeños agricultores que a lo largo de todo el siglo XIX pudo convertirse en clientela electoral, favoreció la institucionalización de las prácticas representativas. No por ello las elites dejaron de moldear las modalidades del sufragio en función de la evolución de su situación económica, con vistas a conseguir un mínimo de legitimidad y a filtrar al máximo el acceso al poder. De esta forma, en el momento en el que el café permitió a ese país entrar en una era de prosperidad, el derecho de voto, hasta entonces reservado a los poseedores de capitales o de bienes inmuebles, fue por añadidura prohibido a los analfabetos, que representaban el 89% de la población en 1864. Por otra parte, el escrutinio siguió siendo indirecto hasta 1913 y público hasta 1928. Estas limitaciones del sufragio no impidieron que el electorado pasara del 2,5% de la población en 1844 al 15,6% en 1917, lo que ayudó en gran medida a legitimar el orden oligárquico.

Con Costa Rica acabamos de mencionar un país cuyo régimen político puede ser asociado al de los países del Cono Sur y que se convierte pues en la excepción de una zona geográfica víctima, a finales del siglo pasado, del imperialismo estadounidense, como hemos visto ya en el caso de Nicaragua.

El imperialismo tiene orígenes lejanos en América Latina. Inmediatamente después de la independencia, la penetración de capitales extranjeros, británicos en su gran mayoría, se encargó de someter al continente a un nuevo tipo de dependencia. También, ya en 1823, los Estados Unidos notificaban a los europeos que "América pertenece a los americanos". Esta famosa "doctrina Monroe" fue percibida como el anuncio de un derecho de intervención. Pero durante la Guerra de Secesión (1861-1865), la doctrina Monroe no pudo llevarse a cabo y España aprovechó la ocasión para intervenir militarmente en la República Dominicana en 1861 y en Perú en 1862. Napoleón III, por su lado, intentó anexionarse México. Maximiliano fue su emperador desde 1864 hasta 1867.

Pese a ello, a partir de 1880 el imperialismo tuvo otro rostro. La revolución económica, que convirtió a los Estados Unidos en la primera potencia mundial, y el agotamiento de la frontera en 1890, incitaron este país a ofrecer a su desarrollo capitalista nuevas salidas. América Latina parecía tener que formar parte de su "destino manifiesto". La ofensiva siguió por turno o a la vez las vías política, económica y militar, con el fin de imponer una *pax americana* en el continente y crear una zona de libre comercio.

La guerra del Pacífico (1879-1883), que oponía Chile a Bolivia y Perú, fue el pretexto aprovechado por los Estados Unidos para intentar, ya en 1880, reunir una conferencia interamericana con el fin de discutir la elaboración de procesos de arbitraje continentales. La primera conferencia internacional de Estados americanos tuvo lugar entre octubre de 1889 y abril de 1890 en Washington. Los latinoamericanos, los argentinos en especial, se preocuparon de proteger su soberanía y sólo aceptaron la creación de una "Unión internacional de repúblicas americanas para recoger y distribuir rápidamente datos sobre el comercio". Su secretariado, la Oficina Comercial de las Repúblicas Americanas, cambió en varias ocasiones de nombre a medida que se incrementaban sus prerrogativas.

Pese a todo, pocos progresos se llevaron a cabo en el aspecto político y en el comercial. En el terreno jurídico, en cambio, un derecho internacional americano empezó a gestarse, especialmente gracias a la convención Drago (1902), que limitaba el empleo de la fuerza para el cobro de una deuda, o la doctrina Tobar (1907), que trataba del no reconocimiento de gobiernos establecidos tras un golpe militar.

Evidentemente, demasiadas iniciativas agresivas en materia de política exterior planteó Estados Unidos para que las reticencias de los latinoamericanos pudieran ser vencidas.

Ya en 1847, México se vio desposeído por los Estados Unidos de más de la mitad de su territorio. El tratado de Guadalupe Hidalgo le quitó entre otras cosas el Estado de California, en donde, unas semanas más tarde, se descubrió oro.

Las conferencias internacionales americanas (1889-1910)

	Lugar	Fecha	Principales decisiones
I	Washington	1889-1890	Creación de la Oficina Comercial de las Rep. Americanas
II	México	1901-1902	Creación de la Oficina Internacional de las Rep. Americanas
III	Río de Janeiro	1906	Ampliación de las prerrogativas de la Oficina
IV	Bueno Aires	1910	Creación de la Unión Panamericana

En la isla de Cuba, La Española por aquel entonces, un levantamiento de esclavos se transformó en los años 1868-1878 en revuelta nacionalista. En 1895, el poeta José Martí retomó la lucha por la independencia. Fue la primera víctima de una violenta represión por parte de los españoles. La opinión pública estadounidense se conmovió. En 1898, cuando el navío de guerra *USS Maine* fue hundido en el puerto de La Habana, los Estados Unidos declararon la guerra a España.

> Nunca hubo en América Latina, desde la independencia, un asunto que exigiese más conocimientos, que obligase a más vigilancia, que demandase un examen más claro y minucioso, que la invitación cursada por los Estados Unidos, poderosos, desbordantes de productos invendibles y determinados a extender su dominación en América, a las naciones menos poderosas, vinculadas por el libre comercio a los pueblos europeos, para construir una alianza contra Europa y llegar a tratados con el resto del mundo. La América española supo librarse de la tiranía de España; y ahora, después de haber hecho un examen jurídico de los antecedentes, las causas y los factores de la invitación, es urgente declarar, porque tal es la verdad, que ha llegado el momento para la América española de declarar su segunda independencia.
>
> (*Fuente*: José Martí, Crónica de la primera conferencia internacional americana, 1889).

El 10 de diciembre de 1898, el tratado de París reconocía la independencia de Cuba al tiempo que cedía a los Estados Unidos las islas de Puerto Rico, Guam y Filipinas. A pesar de ello, Cuba fue ocupada por los Estados Unidos hasta 1903, fecha en la que se firmó un tratado que autorizaba la intervención de los marines para restablecer el orden en caso necesario. Tal intención, conocida con el nombre de enmienda Platt, fue incorporada posteriormente a la constitución cubana durante treinta años. Esto provocó que en 1906 Teodore Roosevelt enviara tropas, que allí quedaron hasta 1909.

El presidente Teodore Roosevelt, en 1904, había añadido a la doctrina Monroe un "corolario" que justificaba la política del "bastonazo" (*big stick*) que pretendía llevar a cabo en toda América Latina. En 1903, había favorecido también la secesión de Panamá de Colombia y obtuvo del nuevo Estado así creado una concesión para construir el canal y una franja de territorio de 15 kilómetros de ancho del Océano Pacífico al Mar Caribe. El canal fue inaugurado en 1914.

El imperialismo estadounidense se manifestó durante estos años en otros tantos países. Después del presidente Roosevelt (1901-1909), William Howard Taft (1909-1913) inauguró la "diplomacia del dólar", más preocupada por la defensa de los intereses económicos. Para los pequeños países de América Central y del Caribe, la diferencia pasó inadvertida, tantas fueron las intervenciones hasta 1933.

Muchos países se convirtieron en protectorados financieros estadounidenses. Así, en 1905, un tratado firmado con la República Dominicana permitió a los Estados Unidos tomar el control de los derechos de aduana de este país hasta 1941. Haití conoció la misma suerte entre 1915 y 1934. En 1920, el National City Bank controlaba las finanzas públicas.

▲ El corolario Roosevelt añadido a la doctrina Monroe

La incapacidad permanente y el comportamiento erróneo, asimismo constante, de un gobierno cuya consecuencia sea la disolución generalizada de los vínculos que forman toda sociedad civilizada, requiere, en América como en cualquier otro lugar, la intervención de una nación que sí posea ese carácter; el hecho de que, en el ámbito del Hemisferio Occidental, los Estados Unidos se sientan comprometidos a ello por la Doctrina Monroe, podría obligar a éstos, aun en contra de su voluntad, a ejercer el papel de *gendarme* del continente en aquellos casos flagrantes de incapacidad o comportamiento irresponsable.

(*Fuente:* Presidente Theodore Roosevelt, 6 de diciembre de 1904.)

▲ ... y su puesta en marcha en Cuba en el marco de la enmienda Platt

Estoy tan enfadado con esa infernal pequeña república de Cuba que me gustaría que fuese borrada de los mapas. Todo lo que queremos de ellos es que se porten bien, que sean prósperos y felices, de manera que no tengamos necesidad de intervenir. Y ahora, parece que han empezado una revolución completamente injustificable e inútil y las cosas van a ser tan complicadas que nos veremos obligados a intervenir –lo que convencerá de inmediato a todos los idiotas suspicaces en América del Sur de que, después de todo, es lo que queríamos.

(*Fuente:* Presidente Theodore Roosevelt, 1906.)

**Intervenciones u ocupaciones militares estadounidenses
en América Central y el Caribe (1898-1933)**

Cuba	1898-1902, 1906-1919, 1912, 1917-1922
Guatemala	1920
Haití	1915-1934
Honduras	1903, 1907, 1911, 1912, 1924, 1925
México	1914, 1916-1917
Nicaragua	1909-1910, 1912-1925, 1926-1933
Panamá	1903
Puerto Rico	1898
República Dominicana	1903, 1904, 1905, 1912, 1916-1924

5. La revolución mexicana

Con la revolución mexicana, América Latina y el mundo entero sufrieron, en 1910, una gran conmoción. El carácter propiamente explosivo de los problemas de este continente apareció de golpe a la luz.

Ya hemos subrayado el proceso de concentración de tierras al que llevaron las reformas de Porfirio Díaz. Según ciertas evaluaciones, el 80% de los campesinos no tenían tierras en 1910; según otros cálculos, el 95%. Casi todos se convertían en *peones* reducidos a un estado de vasallaje en las grandes *haciendas* con sus famosas *tiendas de rayas*, tiendas en las que se endeudaban de por vida.

Pero, de hecho, el conjunto de la sociedad estaba alterado por reivindicaciones más o menos radicales. Las capas medias, cuya expansión fue consecuencia de la modernización, se oponían al inmovilismo del régimen autoritario. La crisis económica de los años 1907-1911 frenó su ascenso social y los obligó a cuestionar la legitimidad del Porfiriato. Al mismo tiempo, apareció una clase obrera que rápidamente se organizó e hizo frente el régimen. En 1907, una huelga en los centros textiles fue violentamente reprimida, provocando la muerte de doscientos obreros. La oposición de la clase obrera al régimen, así como a los inversores extranjeros, se exacerbó. Incluso ciertos sectores de la burguesía habían padecido algún revés económico y pedían cuentas a Porfirio Díaz. Grandes intelectuales empezaron a alejarse del positivismo dominante hasta entonces. Una generación, el grupo del Ateneo, rompía con el régimen de los *científicos*. Los hermanos Flores Magón, en el partido liberal y en el periódico *Regeneración*, mostraron afinidad por el anarquismo. En 1909 se publicó el libro de Andrés Molina Enríquez, *Los grandes problemas nacionales*, que analizaba la situación del México rural.

Acercándose las elecciones de 1910, un gran hacendado, Francisco Indalecio Madero, tomó la iniciativa de exigir un escrutinio honrado. Su libro de 1908, titulado *La sucesión presidencial en 1910*, tuvo gran éxito. Al crear un partido antirreeleccionista, se convirtió en amenaza para el régimen, fue encarcelado y Porfirio Díaz, reelegido.

Como resultado de nuestro trabajo, podemos lógicamente deducir las siguientes conclusiones: 1) Nuestra Guerra de Independencia, y la que sostuvimos con Napoleón III, nos legaron la plaga del militarismo. 2) Al militarismo debemos la Dictadura del General Díaz que ha durado por más de treinta años. 3) Esta dictadura restableció el orden y cimentó la paz, lo cual ha permitido que llegue libremente a nuestro país la oleada de progreso material que invade al mundo civilizado desde mediados del siglo último. 4) En cambio, este régimen de gobierno ha modificado profundamente el carácter del pueblo mexicano, pues ocupado únicamente en su progreso material, olvida sus grandes deberes para con la Patria. 5) Si en rigor puede admitirse que la Dictadura del General Díaz ha sido benéfica, indudablemente sería funesto para el país que el actual régimen de gobierno se prolongara con su inmediato sucesor, porque nos acarrearía la anarquía o la decadencia, y ambas pondrían en peligro nuestra vida como nación independiente. 6) Todo hace creer que si las cosas siguen en tal estado, el General Díaz, ya sea por convicción o por condescender con sus amigos, nombrará como sucesor a alguno de éstos, el que mejor pueda seguir su misma política, con lo cual quedará establecido de un modo definitivo el régimen de poder absoluto. 7) Buscar un cambio por medio de las armas sería agravar nuestra situación interior, prolongar la era del militarismo y atraernos graves complicaciones internacionales. 8) El único medio de evitar que la República vaya a ese abismo, es hacer un esfuerzo entre todos los buenos mexicanos para organizarnos en partidos políticos, a fin de que la voluntad nacional esté debidamente representada y pueda hacerse respetar en la próxima contienda electoral. 9) El que mejor interpreta las tendencias actuales de la Nación es el que proponemos: "El Partido Antirreeleccionista" con sus principios fundamentales:

LIBERTAD DE SUFRAGIO

NO REELECCIÓN

10) Si el General Díaz no pone obstáculos ni permite que los pongan los miembros de su Gobierno para la libre manifestación de la voluntad nacional, y se constituye en el severo guardián de la ley, se habrá asegurado la transformación de México, sin bruscas sacudidas; el porvenir de la República está asegurado, y el General Díaz reelecto libremente o retirado a la vida privada, será uno de nuestros más grandes hombres. 11) Cuando el Partido Antirreeleccionista esté vigorosamente organizado, será muy conveniente que procure una transacción con el General Díaz para fusionar las candidaturas, de modo que el General Díaz siguiera de Presidente, pero el Vicepresidente, y parte de las Cámaras y de los Gobernadores de los Estados, serían del Partido Antirreeleccionista. Sobre todo se estipularía que en lo sucesivo hubiera Libertad de Sufragio y si posible fuera desde luego se convendría en reformar la Constitución en el sentido de no reelección. 12) En caso de que el General Díaz se obstinara en no hacer ninguna transacción con la voluntad nacional, sería preciso resolverse a luchar abiertamente en contra de las candidaturas oficiales. 13) Esta lucha despertará al pueblo y sus esfuerzos asegurarán, en un futuro no lejano, la reivindicación de sus derechos. 14) El partido Antirreeleccionista tiene grandes probabilidades de triunfar desde luego, pues nadie sabe de lo que es capaz un pueblo cuando lucha por su libertad, sino cuando con sorpresa se ve el resultado. 15) Aun en el caso de una derrota, como el Partido Antirreeleccionista estará constituido por el elemento independiente seleccionado, y habrá prestigio por haber tenido el valor de luchar contra la Dictadura, llegará a ejercer una influencia dominante en nuestro país, por lo menos al desaparecer el General Díaz. 16) Por último, la Patria está en peligro y para salvarla es necesario el esfuerzo de todos los buenos mexicanos.

(*Fuente:* Francisco Madero, *La sucesión Presidencial en 1910,* México, Ediciones de la Secretaría de Hacienda, 1960.)

El 5 de octubre de 1910, Madero lanzaba su plan de San Luis de Potosí, primer manifiesto revolucionario. Se trataba de un programa relativamente moderado, opuesto al partido liberal, que preveía el establecimiento de un régimen representativo pero con pocas reformas estructurales con miras a poner fin a la situación de los peones mexicanos. El 20 de noviembre de 1910, Madero llamaba a la revolución. Los dirigentes campesinos del norte del país, Pascual Orozco y Francisco, llamado "Pancho", Villa, y del sur, Emiliano Zapata, se sublevaron de manera que, en mayo de 1911, el viejo dictador Díaz abandonaba el poder. El 1.° de septiembre de 1911 se organizaron nuevas elecciones presidenciales en las que ganó con facilidad Madero.

La revolución parecía haber llegado a su fin. Pero de hecho no había hecho más que empezar. Los partidarios de Madero, en primer lugar, estaban divididos, y la creación de un partido constitucional progresista por el nuevo Presidente no hizo más que exacerbar las tensiones. Los dirigentes campesinos, en segundo lugar, se indignaron por la decisión de Madero de disolver los ejércitos revolucionarios y no el ejército federal, que había sido vencido. Sobre todo, Madero no fue capaz de cumplir las promesas de reforma agraria tímidamente contempladas en el plan de San Luis de Potosí. Su voluntad de instaurar una democracia parlamentaria moderada no respondía a las necesidades del México del momento. En noviembre de 1911, Zapata lanzaba su plan de Ayala, segundo manifiesto revolucionario, muy crítico con Madero y que anunciaba la intención de los campesinos de apropiarse de las tierras que les habían sido arrebatadas. Mientras que Zapata retomaba su lucha contra el ejército federal, la agitación se extendió también al mundo obrero. Por añadidura, la decisión del Presidente de aumentar los impuestos de las actividades de extracción petrolífera no le atrajo más que la oposición de las compañías extranjeras, y por tanto de los Estados Unidos.

En febrero de 1913, al término de una "semana trágica" y con el apoyo del embajador de los Estados Unidos, el general Huerta mandó asesinar a Madero y se hizo con el poder. Su intento de restablecer el orden porfirista por el terror iba a radicalizar de nuevo la revuelta campesina.

La resistencia a su régimen se organizó rápidamente alrededor de varios polos. En el norte, Pancho Villa y su ejército de mercenarios, en su mayoría campesinos sin trabajo, tomaron el control del Estado de Chihuahua. En el Estado vecino de Sonora, Alvaro Obregón, un campesino rico, le imitó. En el sudoeste, en su Estado de Morelos, Emiliano Zapata reunió tras él campesinos deseosos de recuperar sus tierras en un ejército liberador del sur. Pero en el norte, en el Estado de Coahuila, un gran hacendado supo agrupar bajo su mando a todos estos jefes de guerra. Venustiano Carranza, nombrado gobernador del Estado de Coahuila por Madero, declaró en su plan de Guadalupe (marzo de 1913) no reconocer la autoridad de Huerta y se proclamaba líder de los "constitucionalistas", partidarios de la vuelta al orden democrático.

Dieciséis meses de guerra civil fueron necesarios para que el dictador se retirase del poder, el 15 de julio de 1914. Durante ese tiempo, las naciones imperialistas rivalizaron para hacerse con el control del petróleo mexicano. Mientras los europeos jugaban la carta de Huerta, los Estados Unidos le manifestaban su hostilidad. Así, el 21 de abril de 1914, las tropas estadounidenses desembarcaron en Veracruz, interrumpiendo el aprovisionamiento de armas de la dictadura, lo que decidió su suerte.

Una vez en el poder, Carranza optó con rapidez por disolver el ejército federal, pero no pudo evitar, como gran hacendado, que Zapata y Villa le considerasen como persona indiferente, o incluso opuesto a las reivindicaciones de las masas campesinas. Es verdad que el plan de Guadalupe, sin duda por prudencia, no había retomado las reformas contempladas en el plan Ayala. El carácter violento e impulsivo de Villa hacía imposible además el acuerdo con Carranza. En octubre de 1914, se reunió en Aguascalientes una convención revolucionaria en la que Carranza sería apartado de la presidencia. Una nueva ruptura apareció entre constitucionalistas y convencionalistas. Carranza se vio obligado a refugiarse en su feudo de Veracruz, mientras que Zapata y Villa entraban momentáneamente en México. Pero en diciembre, Carranza reconocía, en unos añadidos al plan de Guadalupe, el plan Ayala, y por tanto la necesidad de una reforma agraria radical, pero también de cambios sociales susceptibles de favorecer a la clase obrera.

El 6 de enero de 1915, Carranza decretaba una importantísima "ley que anula todas las expropiaciones de tierras, aguas y bosques pertenecientes al pueblo, cuya distribución fue una violación de las disposiciones contempladas en la ley del 25 de junio de 1856", primera etapa y la más importante de la reforma agraria mexicana. En su exposición de motivos, la ley anunciaba querer modificar los modelos de concesión de la tierra que habían provocado "un estado de miseria, de abyección y de esclavitud de hecho, en el cual esta enorme cantidad de trabajadores ha vivido y vive aún".

El Primer Jefe de la Revolución y Encargado del Poder Ejecutivo expedirá y pondrá en vigor, durante la lucha, todas las leyes, disposiciones y medidas encaminadas a dar satisfacción a las necesidades económicas, sociales y políticas del país, efectuando las reformas que la opinión exige como indispensables para restablecer el régimen que garantice la igualdad de los mexicanos entre sí; leyes agrarias que favorezcan la formación de la pequeña propiedad, disolviendo los latifundios y restituyendo a los pueblos las tierras de que fueron injustamente privados; leyes fiscales encaminadas a obtener un sistema equitativo de impuestos a la propiedad raíz; legislación para mejorar la condición del peón rural; del obrero, del minero y, en general, de las clases proletarias; establecimiento de la libertad municipal como institución constitucional; bases para un nuevo sistema de organización del Poder Judicial Independiente, tanto en la Federación como en los Estados; revisión de las leyes relativas al matrimonio y al estado civil de las personas; disposiciones que garanticen el estricto cumplimiento de las leyes de Reforma; reformas del procedimiento judicial, con el propósito de hacer expedita y efectiva la administración de justicia; revisión de las leyes relativas a la explotación de minas, petróleo, aguas, bosques y demás recursos naturales del país, y evitar que se formen otros en el futuro; reformas políticas que garanticen la verdadera aplicación de la Constitución de la República, y en general todas las demás leyes que se estimen necesarias para asegurar a todos los habitantes del país la efectividad y el pleno goce de sus derechos, y la igualdad ante la ley.

(Artículo 2, Adiciones al Plan de Guadalupe, 12 de diciembre de 1914.
Fuente: Jesús Silva Herzog, *Breve historia de la revolución mexicana*, México, Fondo de Cultura Económica, 1960.)

En febrero de 1915, los anarcosindicalistas de la Casa del Obrero Mundial se unían a Carranza y formaban unos Batallones rojos que se ponían a su servicio para combatir a los convencionalistas. En el transcurso de 1915, Álvaro Obregón lograba victorias militares decisivas sobre Pancho Villa. Los jefes de guerra se encontraban entonces refugiados en sus respectivos feudos y Carranza pudo volver a la capital.

La revolución mexicana: los actores y su manifiesto

Francisco Madero Reformador	Plan de San Luís de Potosí	5 de octubre de 1910
Emiliano Zapata Revolucionario	Plan Ayala	25 de noviembre de 1911
Venustiano Carranza Reformador	Plan Guadalupe	26 de marzo de 1913
Emiliano Zapata Revolucionario	Reformas del plan Ayala	30 de mayo de 1913
Venustiano Carranza Reformador	Añadidos al plan Guadalupe	12 de diciembre de 1914

⚠ La Constitución de 1917 (extractos)

Artículo 3º: La enseñanza es libre, pero será laica cuando se imparta en los establecimientos públicos.

Artículo 27: La propiedad de las tierras y aguas comprendidas dentro de los límites del territorio nacional, corresponde originariamente a la Nación, la cual ha tenido y tiene el derecho de trasmitir el dominio de ellas a los particulares, constituyendo la propiedad privada.

Las expropiaciones sólo podrán hacerse por causa de utilidad pública y mediante indemnización.

La Nación tendrá en todo tiempo el derecho de imponer a la propiedad privada las modalidades que dicte el interés público, así como el de regular el aprovechamiento de los elementos naturales susceptibles de apropiación, para hacer una distribución equitativa de la riqueza pública y para cuidar de su conservación [...].

La capacidad para adquirir el dominio de las tierras y aguas de la Nación, se regirá por las siguientes prescripciones:

I.   Sólo los mexicanos por nacimiento o por naturalización y las sociedades mexicanas tienen derecho para adquirir el dominio de las tierras, aguas y sus accesiones o para obtener concesiones de explotación de las minas o aguas [...].

II.   Las asociaciones religiosas denominadas iglesias, cualquiera que sea su credo, no podrán, en ningún caso, tener capacidad para adquirir, poseer o administrar bienes raíces, ni capitales impuestos sobre ellos [...].

XVIII. El Congreso de la Unión y las legislaturas de los Estados, en sus respectivas jurisdicciones, expedirán leyes para fijar la extensión máxima de la propiedad rural, y para llevar a cabo el fraccionamiento de los excedentes, de acuerdo con las siguientes bases:

a) En cada Estado, Territorio y Distrito Federal, se fijará la extensión máxima de tierra de que pueda ser dueño un solo individuo, o sociedad legalmente constituida.

▶

▶ *b)* El excedente de la extensión fijada, deberá ser fraccionado por el propietario en el plazo que señalen las leyes locales, y las fracciones serán puestas a la venta en las condiciones que aprueben los gobiernos, de acuerdo con las mismas leyes.

c) Si el propietario se opusiere al fraccionamiento, se llevará éste a cabo por el Gobierno local, mediante la expropiación [...].

Artículo 123: El Congreso de la Unión, sin contravenir a las bases siguientes, deberá expedir leyes sobre el trabajo, las cuales regirán entre los obreros, jornaleros, empleados, domésticos, artesanos y, de una manera general, todo contrato de trabajo:

I. La duración de la jornada máxima será de ocho horas.

II. La jornada máxima de trabajo nocturno será de siete horas. Quedan prohibidas: las labores insalubres o peligrosas para las mujeres y los menores de dieciséis años; el trabajo nocturno industrial para unas y otros; el trabajo en los establecimientos comerciales, después de las diez de la noche para la mujer, y el trabajo después de las diez de la noche, de los menores de dieciséis años;

III. Queda prohibida la utilización del trabajo de los menores de catorce años. Los mayores de esta edad y menores de dieciséis tendrán como jornada máxima la de seis horas;

IV. Por cada seis días de trabajo deberá disfrutar el operario de un día de descanso, cuando menos;

V. Las mujeres, durante los tres meses anteriores al parto, no desempeñarán trabajos físicos que exijan esfuerzo material considerable [...].

VI. El salario mínimo que deberá disfrutar el trabajador será el que se considere suficiente, atendiendo las condiciones de cada región, para satisfacer las necesidades normales de la vida del obrero, su educación y sus placeres honestos, considerándolo como jefe de familia. En toda empresa agrícola, comercial, fabril o minera, los trabajadores tendrán derecho a una participación en las utilidades, que será regulada como indica la fracción IX.

VII. Para trabajo igual debe corresponder salario igual, sin tener en cuenta sexo ni nacionalidad;

XVI. Tanto los obreros como los empresarios tendrán derecho para coaligarse en defensa de sus respectivos intereses, formando sindicatos, asociaciones profesionales, etc.;

XVII. Las leyes reconocerán como un derecho de los obreros y de los patronos las huelgas y los paros;

XVIII. Las huelgas serán lícitas cuando tengan por objeto conseguir el equilibrio entre los diversos factores de la producción, armonizando los derechos del trabajo con los del capital [...].

Artículo 130: [...].

El Congreso no puede dictar leyes estableciendo o prohibiendo religión cualquiera.

El matrimonio es un contrato civil. Éste y los demás actos del estado civil de las personas son de la exclusiva competencia de los funcionarios y autoridades del orden civil [...].

La ley no reconoce personalidad alguna a las agrupaciones religiosas denominadas iglesias.

Los ministros de los cultos serán considerados como personas que ejercen una profesión y estarán directamente sujetas a las leyes que sobre la materia se dicten.

Las legislaturas de los Estados únicamente tendrán facultad de determinar, según las necesidades locales, el número máximo de ministros de los cultos.

Para ejercer en los Estados Unidos Mexicanos el ministerio de cualquier culto se necesita ser mexicano por nacimiento.

Los ministros de los cultos nunca podrán, en reunión pública o privada constituida en junta, ni en actos del culto o de propaganda religiosa, hacer crítica de las leyes fundamentales del país; no tendrán voto activo ni pasivo, ni derecho para asociarse con fines políticos [...].

Queda estrictamente prohibida la formación de toda clase de agrupaciones políticas cuyo título tenga alguna palabra o indicación cualquiera que la relacione con alguna confesión religiosa. No podrán celebrarse en los templos reuniones de carácter político [...].

Una nueva constitución estaba preparada y fue promulgada el 5 de febrero de 1917. Este documento reflejaba las diversas tendencias que se habían expresado antes y durante la revolución: anticlericalismo, agrarismo, sensibilidad social, nacionalismo. El muy largo artículo 27, por ejemplo, garantizaba la propiedad privada subordinándola a su función social. Anunciaba también una reforma agraria, lo que implicaba que los ejidos y las tierras usurpadas iban a ser devueltas a los campesinos. Por otro lado, los treinta apartados del artículo 123 representaban un compendio de leyes sociales revolucionarias que garantizaban la jornada de ocho horas, el derecho de asociación en sindicatos y el derecho a la huelga. Por último, el artículo 130 reducía de forma considerable el poder de la Iglesia, desposeyéndola del control del estado civil y privándola de cualquier papel social o político.

En el aspecto político, la no reelección estaba escrita en la constitución, lo que debía facilitar la consolidación de la democracia. La institucionalización de la revolución no se ajustó más que imperfectamente a la democratización del régimen, aunque sí representó una estabilización. Teniendo en cuenta la historia de México, el resultado ya era excepcional.

Capítulo 2
Los años de prosperidad (1914-1930)

Los años transcurridos entre 1914 y 1930 fueron años de transición. El modelo exportador de desarrollo adoptado en el decenio de 1870 empezaba a provocar disfunciones, pero la prosperidad que siguió a la guerra llamó a engaño. Más grande fue la caída a raíz de la gran crisis de los años treinta.

La Primera Guerra Mundial tuvo efectos positivos en la economía latinoamericana, al acrecer la demanda de sus materias primas y, sobre todo, al interrumpir sus importaciones de productos manufacturados, obligándola así a desarrollar sus propias capacidades de producción. Tras la guerra, pareció iniciarse en el continente una era de estabilidad y prosperidad.

En muchos países, los regímenes democráticos parecían consolidados. El orden oligárquico estaba en pleno apogeo, apartando a las clases desfavorecidas e intentando cooptar a las capas medias. En algunos países, como Argentina, estas últimas consiguieron que sus representantes accedieran al poder.

Sin embargo, al margen de los indicadores macroeconómicos y de las apariencias políticas, las sociedades evolucionaban. La revolución mexicana seguía produciendo sobresaltos y, en otras partes, aparecían formas distintas de radicalismo. La modernización se manifestó igualmente en un poderoso movimiento estudiantil y literario. Y, sobre todo, apareció un movimiento obrero muy combativo que sufrió, especialmente en Argentina y Chile, una violenta represión.

En el plano internacional, el cambio de hegemonía de Gran Bretaña por los Estados Unidos era patente, como ponían de manifiesto los flujos comparados de inversión procedentes de esos dos países. En América Central y el Caribe se había consolidado el imperialismo norteamericano, pese que se enfrentaba a violentas resistencias, como en Nicaragua, en donde la gesta nacionalista de Sandino inspiraría, muchos años después, una revolución.

Desde muchos puntos de vista, los años treinta –el año 1929, podría incluso afirmarse– supusieron una ruptura, de la que no conviene, sin embargo, exagerar el alcance. La crisis económica no tuvo precedentes. Los países de América Latina que habían obtenido muchos empréstitos durante los años de prosperidad fueron de pronto incapaces de hacer frente al pago de su deuda. Todos los regímenes democráticos se vieron desestabilizados, y una ola de golpes de estado acabó con las democracias.

No obstante, la crisis de 1929 no fue sino la culminación de un proceso que estaba en marcha desde hacía varios años y que prefiguraba un orden nuevo.

En conjunto, sumando la Primera Guerra Mundial y la Gran Depresión, fueron dos acontecimientos mundiales, de nuevo ajenos a América Latina, los que determinaron el curso de su historia. Sin olvidar las singularidades específicas de cada país, tal cosa es un claro indicador de la dependencia de América Latina. Hay que resaltar, igualmente, que en dos oportunidades, 1914-1918 y 1929, el esquema liberal del libre juego de las fuerzas del mercado fue derrotado. Veremos más adelante hasta qué punto la lección fue aprendida.

1. América Latina y la Primera Guerra Mundial: ¿una prosperidad económica ficticia?

Tras una corta crisis financiera, la Primera Guerra Mundial estimuló, desde 1915, las exportaciones latinoamericanas, al tiempo que Europa dejó de exportar a América Latina. La guerra provocó también un fuerte aumento de los precios de los productos de exportación, hasta el punto que aparecieron excedentes comerciales sustanciales en América Latina.

Es preciso señalar, sin embargo, que la guerra no hizo sino acelerar una tendencia ya perceptible desde 1910. En Colombia, Argentina, Chile y Brasil, los años 1910-1914 mostraron un crecimiento sostenido y un comienzo de industrialización (textiles, industrias alimentarias, etc.). En 1913 algunos países, como Argentina, México, Brasil y Cuba, estaban muy bien integrados en el mercado mundial, lo que significa a la vez que su comercio (exportaciones e importaciones) ocupaba un lugar importante en el comercio continental y mundial, que esos países atraían inversiones extranjeras y que estaban en marcha allí numerosas transformaciones internas (como la construcción de ferrocarriles).

Grado de inserción de las economías latinoamericanas en el mercado mundial en 1913

Muy alto	Alto	Medio	Débil
Argentina	Chile	Bolivia	Costa Rica
Brasil	Perú	Colombia	Haití
Cuba	Uruguay	Ecuador	Honduras
México	Venezuela	Guatemala	Nicaragua
		Rep. Dominicana	Panamá
			Paraguay
			El Salvador

(*Fuente:* C. F. S. Cardoso y H. Pérez Brignoli, *Historia económica de América Latina*, tomo 2, Editorial Crítica, 1987, pp. 140-141.)

La guerra tuvo importantes consecuencias. Ya hemos visto que las exportaciones se vieron potenciadas. Argentina duplicó en cuatro años la matanza de cabezas de ganado destinadas a la exportación. Por vez primera en su historia, el comercio exterior de ese país pasó a ser excedentario. En Chile, las exportaciones de nitrato y de cobre se multiplicaron, al tiempo que el café y el cacao reportaron a Brasil una prosperidad nunca vista.

Tal avance prosiguió después de la guerra durante el decenio de 1920. Ciertamente, el final de la guerra supuso un parón brutal en el progreso de las exportaciones. Así, las exportaciones chilenas, que habían crecido un 9,8% por año entre 1915 y 1919, aumentaron sólo un 0,6% anual entre 1920 y 1924. Esos años de recesión generaron por doquier agitación social. A partir de 1924, el crecimiento se recuperó, pero esos años pusieron de manifiesto la vulnerabilidad de una América Latina dependiente, toda ella, de sus exportaciones. Los precios de los productos exportados por América Latina se hicieron crónicamente inestables, lo que provocaba muchas dificultades en las economías. De hecho, el poder de compra de las exportaciones latinoamericanas sólo progresó de manera espectacular en cuatro países: Venezuela, México, Colombia y Perú.

Pese a tal comportamiento errático de los precios, la balanza comercial global de América Latina con Europa y los Estados Unidos fue siempre excedentaria a lo largo del periodo, produciendo superávit crecientes, que pasaron de 290 millones de dólares en 1913 a 736 millones de dólares en 1928. Todos los productos tradicionales de América Latina se vieron favorecidos, con la excepción del caucho brasileño.

Los flujos comerciales cambiaron de naturaleza. Con motivo de la guerra, y especialmente de los ataques de los submarinos alemanes a partir de 1917, el comercio latinoamericano se orientó hacia los Estados Unidos.

Poder adquisitivo real de las exportaciones latinoamericanas (1913 = 100)

	1917-1918	1928	Principales productos exportados en 1923-1925
Crecimiento alto, superior a 5% anual			
Venezuela	37	281	Cobre, petróleo
Colombia	54	276	Café
México	178	251	Petróleo, plata
Perú	106	198	Petróleo, algodón
Crecimiento medio, entre 2 y 5% anual			
Paraguay	96	174	Quebracho, madera
El Salvador	82	167	Café
Brasil	48	158	Café
Argentina	60	146	Trigo, maíz
Guatemala	34	139	Café, banano

▶

	1917-1918	1928	Principales productos exportados en 1923-1925
Crecimiento débil o negativo, inferior a 1% anual			
Costa Rica	52	118	Café, banano
Cuba	118	118	Azúcar
Chile	78	108	Nitratos, cobre
Nicaragua	43	104	Café, banano
Uruguay	87	100	Carne, lana
Ecuador	48	93	Cacao
Bolivia	95	82	Estaño
Panamá	46	56	Banano

(*Fuente:* Rosemary Thorp, "América Latina y la economía mundial desde la primera guerra mundial hasta la depresión mundial", p. 61, *Historia de América Latina*, dirigida por Leslie Campbell, Cambridge University Press, Editorial Crítica, 1991.)

Importaciones latinoamericanas desde Estados Unidos y Gran Bretaña en proporción de las importaciones totales (1913-1927) (%)

	Importaciones desde Estados Unidos		Importaciones desde Gran Bretaña	
	1913	1927	1913	1927
América del Sur				
Argentina	14,7	19,8	31,0	20,7
Bolivia	7,4	28,8	20,3	19,4
Brasil	15,7	28,7	24,5	21,2
Chile	16,7	29,7	30,0	18,4
Colombia	26,7	40,0	20,5	12,8
Ecuador	31,9	58,5	29,6	18,4
Paraguay	6,1	18,6	28,9	11,0
Perú	28,8	42,3	26,2	15,8
Uruguay	12,7	30,3	24,4	15,7
Venezuela	39,0	45,9	21,5	13,5
México, América Central y Caribe				
Costa Rica	60,4	50,3	15,0	14,9
Cuba	53,7	61,8	12,3	4,5
República Dominicana	62,9	66,5	7,9	5,6
El Salvador	39,5	46,3	27,2	16,1
Guatemala	50,2	44,1	16,4	9,4
Honduras	67,4	79,8	14,6	7,0
México	49,7	66,7	13,0	6,5
Nicaragua	47,2	66,4	20,0	11,5
Panamá	54,8	69,0	21,9	9,0

(*Fuente:* M. Winckler, *Investment of US Capital in Latin America*, Boston: World Peace Foundation, 1920, citado en Rosemary Thorp, "América Latina y la economía mundial desde la primera guerra mundial hasta la depresión mundial", p. 59, *Historia de América Latina*, dirigida por Leslie Campbell, Cambridge University Press, Editorial Crítica, 1991.)

El efecto más importante de la Primera Guerra Mundial en la economía fue además, sin duda, el cambio de hegemonía desde Europa hacia los Estados Unidos. En América Latina, ese cambio se hizo sentir de manera espectacular. En lo que afectó tanto al comercio como a las inversiones, Gran Bretaña se diluyó.

Los Estados Unidos adquirieron una importancia creciente en las importaciones latinoamericanas. En ciertos países, como Bolivia, su aumento fue espectacular. Argentina, Brasil, Paraguay o Chile mantuvieron cierta diversidad de socios comerciales, lo que explica que los Estados Unidos no consiguieran pasar del 30% de las importaciones. Es significativo, por ejemplo, que entre 1913 y 1927 la parte de las importaciones británicas en Argentina pasara de 31% a 20,7%, mientras que la parte de las importaciones estadounidenses en ese mismo periodo aumentara sólo de 14,7% a 19,8%. A la vista de esos datos, Argentina supo multiplicar sus fuentes de aprovisionamiento. En América Central y el Caribe, la importancia adquirida por los Estados Unidos no hizo sino confirmarse durante ese periodo. Curiosamente Costa Rica fue una excepción. El comercio con Gran Bretaña se mantuvo todavía alto en los años posteriores a 1927, pero se redujo en todos los países.

En lo que atañe a las inversiones, también en ese campo los Estados Unidos se impusieron durante ese periodo. Los capitales británicos aumentaron casi en todas partes, pero no en las mismas proporciones que los capitales procedentes de los Estados Unidos. Las diferencias entre los países fueron importantes, pero incluso en Argentina, en donde la penetración comercial de los Estados Unidos fue escasa, las inversiones de este país pasaron de 2,1% a 22,2% del total de los capitales británicos y estadounidenses que se invirtieron allí.

Capitales invertidos en América Latina por Estados Unidos y Gran Bretaña (1913-1929) (millones de dólares)

	Inversiones de Estados Unidos		Inversiones de Gran Bretaña	
	1913	1929	1913	1929
Argentina	40	611	1.816	2.140
Bolivia	10	133	2	12
Brasil	50	476	1.162	1.414
Chile	15	396	332	390
Colombia	2	260	34	38
Ecuador	10	25	14	23
Paraguay	3	15	16	18
Perú	35	151	133	141
Uruguay	5	64	240	217
Venezuela	3	162	41	92

(*Fuente:* M. Winckler, *Investment of US Capital in Latin America*, Boston: World Peace Foundation, 1920, citado en Rosemary Thorp, "América Latina y la economía mundial desde la primera guerra mundial hasta la depresión mundial", p. 57, *Historia de América Latina*, dirigida por Leslie Campbell, Cambridge University Press, Editorial Crítica, 1991.)

La aceleración del comercio y la entrada de capitales nuevos enmascararon cierto número de desequilibrios que el modelo de desarrollo basado en las exportaciones estaba produciendo. La demanda registraba un descenso crónico (salvo, naturalmente, en los años de guerra), los recursos se agotaban (especialmente en las "fronteras") y la preponderancia de los capitales extranjeros se hizo apabullante, hasta el punto que los latinoamericanos dejaron de ser "dueños" de sus exportaciones.

La Primera Guerra Mundial fue un motivo de reflexión sobre el estado de dependencia del continente. De hecho, tras la guerra, se entabló un debate sobre si procedía volver a las antiguas prácticas librecambistas o si el Estado debía desempeñar una función más activa en la promoción del desarrollo económico. Brasil, por ejemplo, puso en marcha, a partir de 1906, varios mecanismos de intervención estatal, destinados a regular las cotizaciones del café, que fueron reactivados en los años veinte. Sin embargo, estos años fueron los de la entrada masiva de capitales privados procedentes de los Estados Unidos, que contribuyeron a mantener un nivel de demanda artificialmente elevado, de manera que, muy pronto, las políticas económicas se limitaron a intentar crear un clima favorable para las inversiones extranjeras.

¿Podemos al menos sugerir que los años de guerra permitieron a América Latina emprender la senda de la industrialización? Parece claro, como hemos visto antes, que la interrupción de las importaciones de productos europeos obligó a los países latinoamericanos a dotarse de capacidades de producción. No obstante, los resultados fueron muy variables de un país a otro.

Un país como Brasil, por ejemplo, ha sido objeto de análisis contradictorios. Parece que la Primera Guerra Mundial no supuso allí una ruptura brutal en un proceso de industrialización ya iniciado. La guerra no hizo sino acelerar dicho proceso. La escasez de piezas de recambio provocó la creación de numerosos talleres, mientras que apareció una industria de bienes intermedios (fundiciones, construcción mecánica). Obtenemos una conclusión similar del examen de países, como Chile o Uruguay, que disponían de capacidades de producción antes de la guerra. En Chile, el auge de la industria textil se produjo desde 1915. Sin embargo, en el caso de economías cuyos lazos comerciales con Europa no eran tan importantes, las consecuencias de la guerra fueron menores. En Perú y Colombia, el comercio con los Estados Unidos no permitió que surgiese una industria sustitutiva de importaciones. En otras partes, como América Central, los países no disponían de capacidad alguna de producción que les permitiese iniciar cualquier proceso de industrialización.

En suma, por tanto, los años 1914-1928 –"edad de oro", "baile de los millones"– significaron realmente un fuerte empuje del modelo exportador. Legaron un recuerdo tanto más positivo cuanto que se vieron acompañados de cambios políticos significativos y de profundas mutaciones sociales.

2. La sociedad frente al desafío de la modernización

Desde el comienzo del siglo, varios indicios daban testimonio de una evolución profunda de las sociedades latinoamericanas. Se estaba gestando un orden nuevo. La literatura y la pintura se vieron afectadas. El movimiento estudiantil de 1918 fue otro ejemplo, al tiempo que la clase obrera empezaba a dejarse oír. Todos ellos compartían los mismos alientos.

Las formas literarias y artísticas reflejan, e incluso anticipan en ocasiones, la evolución de las sociedades. La América Latina del primer tercio del siglo XX no fue una excepción. Durante ese periodo, América Latina adquirió una identidad cultural propia, distinta de la de Europa, pese a estar sujeta a su influencia. España acababa de ser arrojada definitivamente fuera del continente (guerra hispanoamericana de 1898) y los Estados Unidos empezaban a mostrarse amenazadores. El ambiente iba a convertirse en antiimperialista, y patente sería el compromiso político de los artistas. Sin embargo, la modernidad significó igualmente una inserción profunda del arte latinoamericano en los movimientos mundiales. Los artistas latinoamericanos viajaban mucho y sus obras no podrían ser entendidas sin referirse a las tendencias vigentes en París o Nueva York.

En los años veinte, la arquitectura, la música o la pintura latinoamericanas empezaron a producir obras de primer orden.

El ejemplo de la pintura mexicana es el más conocido, aunque no siempre el mejor entendido. Diego Rivera (1886-1957), David Alfaro Siqueiros (1896-1974) y José Clemente Orozco (1883-1947) fueron los representantes más destacados de una generación que se dedicó a los frescos murales. Estos "muralistas", de renombre mundial, expresaban un realismo social y un nacionalismo que hallaban su inspiración en la revolución mexicana. En 1929, Rivera pintó, en el Palacio Nacional de México, la "Historia de México, de la conquista al futuro". Su compromiso político estaba a la altura de sus ambiciones artísticas. En 1921, Siqueiros hizo público un "Manifiesto para las artes plásticas de América", en el que reivindicaba un arte de orientación obrerista y anti-burgués. El compromiso incluía igualmente un fuerte componente indigenista que les conducía a valorar la cultura precolombina. Pero estos pintores no estaban, por ello, menos comprometidos directamente con su siglo. Diego Rivera vivió durante largo tiempo en París, donde frecuentó a Picasso y a Braque. Rivera se vio influido por el cubismo y por el realismo social soviético. Siqueiros escribió su manifiesto en Barcelona, viajó a la URSS y se estableció finalmente en Nueva York.

La misma combinación de indigenismo y de compromiso revolucionario, mezclada con influencias diversas, inspiró la obra del músico mexicano Carlos Chávez (1899-1978), quien buscó promover la marcha al socialismo al componer en 1934 una "sinfonía proletaria", así como resucitar la herencia azteca con su "sinfonía india" de 1935. Bien es verdad que no todos los artistas latinoamericanos eran indigenistas. El gran Heitor Villa-Lobos (1887-1959) se convirtió en el compositor latinoamericano más conocido de todos los tiempos, al mezclar diversas fuentes –portuguesas, africanas– del folclore de su país, Brasil.

Además, el compromiso político y el indigenismo influyeron también en la literatura. Las revoluciones (mexicana, soviética) y los sobresaltos sociales (movimientos obrero y estudiantil) dejaron su impronta en la producción literaria latinoamericana.

En todos los países, muchos autores se mostraban sensibles a la cuestión social o a los problemas indios. Así, el chileno Baldomero Lillo (1867-1923) fue el precursor de un género literario –la novela social– que se desarrolló entre las dos guerras. Paralelamente, con *Raza de bronce*, el boliviano Alcides Arguedas (1879-1923) dio a América Latina su primera gran novela indigenista. También se cultivó el género narrativo, que se desarrolló a la sombra de la revolución mexicana. Florecían las crónicas, que se leían en el mundo entero. Finalmente, la naturaleza inspiró a otra rama del realismo. Numerosas novelas describían las aventuras de los *gauchos* en la pampa argentina –como las del famoso Martín Fierro escritas por José Hernández– o escogían la jungla amazónica como telón de fondo.

Soy gaucho, y entiendaló
Como mi lengua lo esplica:
Para mí la tierra es chica
Y pudiera ser mayor.
Ni la víbora me pica
Ni quema mi frente el sol.

Nací como nace el peje,
En el fondo de la mar;
Naides me puede quitar
Aquello que dios me dió:
Lo que al mundo truje yo
Del mundo lo he de llevar.

Mi gloria es vivir tan libre
Como el pájaro del cielo:
No hago nido en este suelo
Ande hay tanto que sufrir;
Y naides me ha de seguir
Cuando yo remonto el vuelo.

Yo no tengo en el amor
Quien me venga con querellas;
Como esas aves tan bellas
Que saltan de rama en rama,
Yo hago en el trébol mi cama
Y me cubren las estrellas.

(*Fuente:* José Hernández, *Martín Fierro*, Editorial Universitaria de Buenos Aires, 1962 [Colección Austral, Espasa-Calpe Argentina, 10ª edición, Buenos Aires, 1951, p. 11].)

En 1929, el venezolano Rómulo Gallegos (1882-1969), que fue, por cierto, Presidente de la república en 1948, dio a América Latina una de sus novelas más célebres: *Doña Bárbara*. La caótica historia política de Venezuela llevó a Gallegos a describir un enfrentamiento entre civilización y barbarie, en el marco de un orden social de hecho conservador y paternalista. Su obra no dejó de tener por ello una gran influencia.

Los años veinte fueron también los de la explosión del vanguardismo. Todo, una generación de latinoamericanos nacidos con el siglo consideraban superado el modernismo. Ese movimiento se manifestó principalmente en el campo de la poesía, en México, Cuba y Chile, donde los *Veinte poemas de amor* de Pablo Neruda (1904-1973) causaron sensación.

El Orinoco es un río de ondas leonadas; el Guainía las arrastra negras. En el corazón de la selva, aguas de aquél se reúnen con las de éste; mas por largo trecho corren sin mezclarse, conservando cada cual su peculiar coloración. Así, en el alma de la mestiza tardaron varios años en confundirse la hirviente sensualidad y el tenebroso aborrecimiento al varón.

La primera víctima de esta horrible mezcla de pasiones fue Lorenzo Barquero.

Era éste el menor de los hijos de don Sebastián y se había educado en Caracas. Ya estaba para concluir sus estudios de derecho, y le sonreía el porvenir en el amor de una mujer bella y distinguida y en las perspectivas de una profesión en la cual su talento cosechaba triunfos, cuando, a tiempo que en el Llano estallaba la discordia entre Luzardos y Barquero, empezó a manifestarse en él un extraño caso de regresión moral. Acometido en su brusco acceso de misantropía, abandonaba de pronto las aulas universitarias y los halagos de la vida de la capital, para ir a meterse en un rancho de los campos vecinos, donde, tumbado en un chinchorro, pasábase días consecutivos solo, mudo y sombrío, como una fiera enferma dentro de su cubil. Hasta que, por fin, renunció definitivamente a cuanto pudiera hacerle apetecible la existencia en Caracas: a su novia, a sus estudios y a la vida brillante de la buena sociedad, y tomó el camino del Llano para precipitarse en la vorágine del drama que allá se estaba desarrollando.

Y allá se tropezó con Barbarita, una tarde, cuando de remontada por el Arauca con un cargamento de víveres para La Barquereña, el bongo de Eustaquio atracó en el paso del Bramador, donde él estaba dirigiendo la tirada de un ganado.

Una tormenta llanera, que se prepara y desencadena en obra de instantes, no se desarrolla, sin embargo, con la violencia con que se desataron en el corazón de la mestiza los apetitos reprimidos por el odio; pero éste subsistía y ella no lo ocultaba.

— Cuando te vi por primera vez te me pareciste a Asdrúbal- díjole, después de haberle referido el trágico episodio -. Pero ahora me representas a los otros; un día eres el taita, otro día el Sapo.

Y como él replicara, poseedor orgulloso:

— Sí. Cada uno de los hombres aborrecibles para ti; pero, representándotelos uno a uno, yo te hago amarlos a todos, a pesar tuyo.

Ella concluyó, rugiente:

— Pero yo los destruiría a todos en ti.

Y este amor salvaje, que en realidad le imprimía cierta originalidad a la aventura con la bonguera, acabó de pervertir el espíritu ya perturbado de Lorenzo Barquero.

(*Fuente:* Rómulo Gallegos, *Doña Bárbara*, Colección Austral, 1981.)

En todos los países, esas tendencias artísticas y literarias reflejaban las evoluciones profundas de la sociedad. El movimiento estudiantil fue también una manifestación destacada de tales tendencias.

Las universidades latinoamericanas seguían siendo, en gran medida, un refugio del pensamiento conservador. Ciertamente, las universidades creadas durante la época colonial habían cambiado. Sin embargo, a principios del siglo XX, la Iglesia católica había recuperado su influencia anterior y, sobre todo, las oligarquías utilizaban la universidad para defender un sistema de pensamiento criticado en el extranjero por doquier. El carácter elitista de la universidad se reflejaba tanto en el modo de contratación de los profesores (la cooptación) como en el de selección de los estudiantes (procedentes de la propia oligarquía). No obstante, el lugar creciente que estaban ocupando las clases medias en el espacio político, así como sus proyectos modernizadores, inquietaban a unos sectores dominantes que intentaban, como fuese, proteger esa mecánica de reproducción de las desigualdades sociales que era la universidad.

▲ Resultó casi "natural" que la revuelta estudiantil estallase en **Argentina**, el país más moderno de América Latina, en una época en la que las capas medias acababan, en 1916, de dar por cerrada la dominación oligárquica, al llevar al dirigente de la Unión Cívica Radical, Hipólito Yrigoyen, a la presidencia. El pretexto, a finales de 1917, del comienzo del movimiento de reforma en Córdoba fueron las medidas coercitivas, en particular sobre la asistencia a clase. En el espacio de pocos meses, se desató una auténtica revolución, que generó un mensaje de renovación de todo el sistema universitario y, más allá, de la sociedad. El 31 de marzo de 1918 se registró una manifestación masiva en Córdoba, y el 11 de abril se fundó la Federación Universitaria Argentina, que sellaba la solidaridad de todos los estudiantes argentinos con sus compañeros en lucha. El 21 de junio de 1918, la federación universitaria de Córdoba lanzó su famoso manifiesto, que no se limitaba a enumerar una serie de reivindicaciones que iban a tener eco en toda América Latina, sino que anunciaba de manera solemne la pretensión de influir en toda la historia del siglo XX.

> Nosotros, miembros de la República libre, acabamos de romper el último eslabón de la cadena que en el siglo XX nos ataba aún a la vieja dominación monárquica y monacal. Hemos decidido llamar a las cosas por su nombre. Córdoba se ha redimido. A partir de hoy nuestro país cuenta con una vergüenza de menos y con una libertad de más. Las miserias restantes son las libertades de las que aún carecemos. No creemos que nos decepcionaremos, porque nos lo dicen nuestros corazones. Estamos haciendo una revolución y vivimos un momento vital para América.
>
> (Manifiesto de Córdoba, 21 de junio de 1918).

Se trataba de cuestionar por completo el funcionamiento de la universidad.

Se sugería así que el modo de contratación de los profesores pasara de la cooptación a la elección para una cátedra temporal. La gestión de la universidad, que estaba hasta entonces sólo en manos de los profesores, debía pasar a ser, según el manifiesto, compartida con los estudiantes y los alumnos ya licenciados, y la universidad debería ser completamente autónoma. Debía democratizarse el ingreso de los estudiantes con objeto de permitir el acceso a la enseñanza superior de todas las capas de la población. La asistencia obligatoria a las clases debía ser suprimida, para permitir a los estudiantes con menos recursos el poder trabajar para pagarse los estudios. Finalmente, las clases deberían tratar de los grandes problemas contemporáneos, además de abarcar las materias tradicionales, y las clases magistrales deberían completarse con debates entre profesores y alumnos.

El programa oficial de la reforma universitaria encontró un eco favorable en los medios políticos, hasta el punto que, el 7 de octubre de 1919, un decreto del presidente Yrigoyen lo retomó casi literalmente. Las disposiciones se aplicaron también al resto de las universidades argentinas, pero sobre todo la reforma de Córdoba se difundió en toda América Latina y contribuyó a una renovación de las luchas políticas.

El ejemplo de Perú suele ser el más citado en la medida en que el movimiento estudiantil fue dirigido allí por Haya de la Torre y que éste se inspiró en el espíritu de Córdoba para crear la Alianza Popular Revolucionaria Americana (APRA). Pero otros países, como Cuba, Chile, México, Colombia, Uruguay, Bolivia y Panamá, también se vieron afectados por ese movimiento de regeneración.

Con todo, la victoria no fue total, y los nuevos estatutos rezumaban ambigüedades. ¿Cómo se podía en efecto reconciliar la independencia de la universidad y su compromiso con el estudio de los problemas sociales? Aquélla iba a convertirse inevitablemente en un terreno de enfrentamientos políticos, e incluso en un agente político importante. La universidad pasó de torre de marfil conservadora a vivero en el que se formarían elites reformadoras y a veces revolucionarias.

Resultó significativo el apoyo que recibieron los estudiantes de Córdoba, en lucha, por los sindicatos obreros. El movimiento obrero estaba en pleno ascenso y buscaba, él también, abrir brechas en el orden político y social.

La reducción del nivel de vida de los trabajadores después de la Primera Guerra Mundial, la influencia del anarcosindicalismo europeo y el efecto de demostración de la revolución rusa tuvieron como resultados la aparición de violentos movimientos de protesta y la transformación de las formas de acción colectiva. Desde el decenio de 1920, la cuestión social pasó a ser decisiva.

Uruguay, Perú, Argentina, Brasil y Chile fueron los primeros países afectados por la ola de agitación social.

▲ Así, en **Brasil**, pese a que proliferaron durante la guerra huelgas, revueltas debidas al hambre y manifestaciones, el año 1917 fue testigo de un repentino deterioro del clima social. En São Paulo, se convocó en julio una huelga general, que fue secundada por 45.000 trabajadores, para pedir incrementos de salario. La huelga se extendió a Río de Janeiro y forzó al gobierno a reforzar su aparato represivo y a decretar el estado de sitio en 1918. El movimiento obrero, dominado por los anarcosindicalistas que formaban un Comité de Defensa Proletaria (CDP), se politizó rápidamente. En 1919-1920, la ola de huelgas alcanzó su cenit, con 64 movimientos de huelga sólo en São Paulo. Después, la represión empezó a dar frutos y la calma volvió poco a poco. En 1922 se creó el Partido Comunista Brasileño y las divisiones entre anarquistas y comunistas debilitaron aún más el movimiento obrero.

▲ Totalmente distinta fue la situación en **Chile**, donde el movimiento obrero se desarrolló rápidamente desde comienzos de siglo y siguió teniendo mucha fuerza. En 1907 se organizó una huelga general en Santiago. La represión que sufrió el movimiento obrero chileno no tuvo casi parangón en el continente. En 1905, la "semana roja" en Santiago provocó 40 muertos y, sobre todo, la famosa huelga de 1907 en las minas de salitre de Iquique se saldó con la masacre de al menos 2.000 trabajadores. En 1909 se fundaba la Federación de los obreros chilenos (FOCh), que se convirtió a partir de 1921 en brazo sindical del Partido Comunista Chileno. En los años 1917-1919, Chile registró un recrudecimiento de la agitación sindical. La FOCh movilizaba con facilidad 100.000 trabajadores, como durante las manifestaciones contra el coste de los alimentos en 1918 y 1919.

▲ **Argentina** fue el otro país que tuvo un movimiento obrero poderoso y precoz. En 1902 se organizó allí la primera huelga general, secundada por 20.000 trabajadores. Entre 1917 y 1921, el movimiento obrero conoció su apogeo. Sólo durante el año 1919, se registraron 367 huelgas en la capital, Buenos Aires. En enero de ese año, la "semana trágica" provocó la muerte de 200 obreros.

▲ **México** fue un caso particular, pero que en muchos aspectos se anticipó a una tendencia perceptible en todo el continente durante los años treinta.

Ya se ha señalado el papel que desempeñó la Casa del Obrero Mundial durante la revolución, al suministrar en particular "batallones rojos" a Venustiano Carranza y a Álvaro Obregón en su lucha contra Zapata y Villa. En 1916, cuando llegaban a su fin los enfrentamientos militares y se desarrollaba la agitación social, Carranza hizo disolver los batallones. La Casa optó entonces por el enfrentamiento e intentó organizar una huelga general que fue un fracaso. La vía de la negociación se hizo entonces necesaria y los obreros obtuvieron ventajas importantes a raíz de la convención constitucional de 1917. La constitución resultó en efecto excepcionalmente innovadora, en su famoso artículo 123, que fijó en 8 horas la jornada de trabajo, limitó el trabajo de mujeres y niños, sentó las bases del concepto de salario mínimo y reconoció la legalidad, en ciertas condiciones, de los sindicatos y de las huelgas.

Legislando de esta manera, el Estado mexicano inauguraba una política de control del movimiento obrero a la que no renunciaría. En 1918 nació la Confederación Regional Obrera Mexicana (CROM), que, bajo las presidencias de Obregón (1920-1924) y Calles (1924-1928), obtendría ventajas sustanciales para los obreros y cuyo presidente fue incluso nombrado ministro de Industria, Comercio y Trabajo en 1924. A pesar de todo, la importancia desmedida que adquirió la CROM y la sospecha de que pudo estar implicada en el asesinato de Obregón en 1928 hicieron que el régimen prefiriese orientarse hacia una política todavía más corporativa a partir de 1929.

3. El reformismo

Dos agentes colectivos intentaron, en los años que nos ocupan, imprimir a los regímenes políticos una forma compatible con la defensa de sus intereses. Por una parte, intentando penetrar, o incluso controlar, la escena política con objeto de acabar con un orden oligárquico que frenaba el ascenso de la modernidad. Por otra parte, sacando provecho de los mecanismos de incorporación o de cooptación ofrecidos por el Estado y por los grupos sociales que controlaban la vida política.

Las capas medias y la clase obrera no tuvieron el mismo éxito en su tarea de desestabilizar el orden oligárquico vigente. En varios países la gama de soluciones adoptadas para dar respuesta al doble desafío que suponían otorgó a los regímenes características duraderas.

La evolución política de Argentina, Uruguay y Chile en el primer tercio del siglo XX se distinguió por una lucha en favor de la conquista de espacios políticos, llevada a cabo por fuerzas partidarias que contaban con el apoyo de las capas medias urbanas.

▲ En **Uruguay**, fue la fracción del Partido Colorado dirigido por José Batlle y Ordóñez la que dirigió la lucha por la democratización del sistema político. La llegada de Batlle y Ordóñez a la presidencia en 1903 supuso un hito importante en la historia de Uruguay y, en muchos aspectos, de toda América Latina. Durante sus dos mandatos (1903-1907 y 1911-1916), puso en marcha numerosas reformas que harían de Uruguay una democracia modélica.

En 1903, Batlle se enfrentó de entrada a una revuelta armada del Partido Nacional (llamado *Blanco*) y tuvo que acabar con las divisiones internas de su propio partido. La derrota de los *blancos* en 1904, sancionada por la paz de Aceguá, hizo desaparecer el sistema de gobierno compartido (*coparticipación*) vigente desde la revolución de 1897. Por otra parte, Batlle denunció la práctica en virtud de la cual el presidente de la república ejercía el poder dentro de su partido (*influencia directriz*). Más tarde, pudo iniciar unas reformas que abarcaban tres aspectos vinculados entre sí: hacer de Uruguay un "país modelo" suponía liberar su economía de cualquier lazo de dependencia exterior, insistiendo en la industrialización; ofrecer ventajas sociales a la clase obrera con miras a garantizar su lealtad política; y, por último, democratizar el régimen político.

De ese modo, otorgó al Estado una función empresarial privilegiada para compensar la escasa dimensión del mercado y de las empresas privadas. Llevó a cabo igualmente, en 1911, numerosas nacionalizaciones (Banco de la República, Banco Hipotecario) y creó empresas públicas (Fábrica Eléctrica del Estado, Instituto de la Pesca, Administración de los Transportes y los Ferrocarriles del Estado). En el plano social, instauró en 1915 el derecho de huelga y de sindicación, la jornada laboral de ocho horas y la semana de seis días, la protección de los menores y el derecho a la jubilación. Por otra parte, hizo que se votaran leyes sobre el divorcio, la educación gratuita y los permisos por maternidad, sentando las bases, de manera excepcionalmente precoz, del Estado providencia uruguayo. Por añadidura, hizo que se adoptara en 1917 una nueva constitución, que instauraba el sufragio universal y un nuevo poder ejecutivo. La fórmula elegida estaba inspirada en el sistema suizo de ejecutivo colegiado. De tal gobierno formaban parte el presidente de la república, tres ministros y un Consejo Nacional de Administración de nueve personas, elegidos todos ellos por sufragio universal. Tal ejecutivo colegiado (*Colegiado*) funcionó de 1916 a 1933. El modo original de escrutinio que se empleó, que consistía en hacer coincidir las elecciones primarias en cada uno de los partidos y las elecciones generales (legislativas y presidenciales), perduraría sesenta años.

Para Uruguay, los años veinte fueron un periodo de gran prosperidad y asentaron sólidamente la democracia.

▲ En **Argentina** tuvieron éxito las reformas de Hipólito Yrigoyen, Presidente en 1916-1922 y en 1928-1930. Dirigente del partido Unión Cívica Radical (UCR), buscó encarnizadamente alcanzar el poder, recurriendo en vano a la lucha armada en 1890, 1893 y 1905. Su voluntad de moralizar la vida política y de ampliar el sufragio encontró un eco favorable entre las capas medias urbanas que no hallaban encaje en el orden oligárquico. La reforma de 1912 que instauró el sufragio universal permitió a Yrigoyen ser elegido, pero la coyuntura no le fue en absoluto favorable. En particular, la tasa de desempleo pasó del 5% en 1912 al 19% en 1917. En 1918 y 1919 se desató una serie de huelgas, tanto en las zonas rurales como en las urbanas. El gobierno tuvo que emplear la mano dura para hacer frente a la agitación social, y la "semana trágica" fue una sangrienta ilustración. Pero, paralelamente, hizo que se votara una legislación social avanzada, que incluía en particular la prohibición del trabajo infantil y el establecimiento de un salario mínimo para ciertas categorías socioprofesionales. Por añadidura, supo dar respuesta, después de muchas vacilaciones, a las expectativas de los estudiantes de Córdoba. Su política económica, al igual que la de Batlle, fue muy intervencionista, pero evitó perjudicar los intereses de la oligarquía. Siendo él mismo ganadero y miembro de la muy poderosa sociedad rural argentina, Yrigoyen no puso en cuestión el modelo de desarrollo que había permitido la prosperidad de Argentina y de su oligarquía.

▲ **Chile** presentó un panorama bien distinto, que, en ciertos aspectos, se anticipó a otras experiencias, como la del *Estado Novo* en Brasil (1937-1945). La república parlamentaria vigente desde 1891 daba muestras de un inmovilismo absoluto. En 1920, Arturo Alessandri alcanzó el poder con el apoyo de una alianza liberal compuesta por fuerzas progresistas (Partido Demócrata, Partido Radical y Partido Liberal), pero sin mayoría en el Congreso. No pudo mantener, por tanto, sus promesas electorales de reformas sociales, y la inestabilidad ministerial estaba a la orden del día (se sucedieron 18 gobiernos entre 1920 y 1924). A petición de Alessandri, el ejército intentó imponer al Congreso un calendario de reformas y se hizo con el poder en septiembre de 1924. Puesto que la Junta Militar resultó ser conservadora, el general Carlos Ibáñez del Campo reinstaló a Alessandri en el poder en enero de 1927 durante siete meses. Gracias al apoyo del ejército, el presidente podía llevar adelante sus reformas. Así, instauró el escrutinio directo, creó un tribunal electoral y, sobre todo, hizo aprobar una nueva constitución que restablecía un régimen presidencial. Más tarde, Ibáñez se consolidó poco a poco en el gobierno y se hizo elegir presidente en unas elecciones fraudulentas en 1927. Instauró entonces una dictadura progresista que, a imagen del *Estado Novo* brasileño, procedió a una modernización sin precedentes del Estado. Profesionalización de la administración, reforma del sistema educativo, intervencionismo económico, nuevo código laboral (1931) fueron algunas de las medidas que llevó a cabo y que cambiaron la historia de Chile.

En Uruguay, Argentina y Chile, pero también en México y, en menor medida, en Perú, las clases trabajadoras representaron, para el orden oligárquico, una amenaza que fue aprovechada por fuerzas partidarias o por dirigentes deseosos de crear una clientela electoral entre tales clases y entre las capas medias urbanas. Una vez alcanzado el poder, esas fuerzas políticas adoptaron a menudo un estilo autoritario, con el apoyo en ocasiones del ejército, e hicieron que se adoptaran reformas sociales o nuevas constituciones, pero no pusieron en cuestión las bases del poder económico de las oligarquías y tuvieron especial cuidado en controlar al sindicalismo.

▲ En **Perú**, por ejemplo, la llegada al poder de Augusto Bernardino Leguía en 1919, tras una campaña populista que sedujo a las capas desfavorecidas, no se vio acompañada de cambio sustancial alguno. Su régimen se convirtió rápidamente en dictatorial y tuvo que enfrentarse a la contestación estudiantil y, a partir de 1924, a la oposición de la Alianza Popular Revolucionaria Americana (APRA) de Víctor Haya de la Torre. En 1928, ese dirigente histórico del APRA escribió un libro, *El anti-imperialismo y el APRA*, en el que proponía la participación de las capas medias en un frente antiimperialista, mientras que, ese mismo año, el líder comunista José Carlos Mariátegui escribía sus *Siete ensayos de interpretación de la realidad peruana*. La doble amenaza –de los obreros y de las capas medias– no fue en absoluto eliminada por esa dictadura progresista, que recibió el nombre de *Oncenio* porque duró once años.

Otros países tuvieron en esa misma época gobiernos comprometidos por los temas sociales.

▲ Así, **Ecuador** ya había sido dirigido por liberales –especialmente Eloy Alfaro en 1895-1901 y 1906-1912 y el general Leónidas Plaza Gutiérrez en 1901-1905 y 1912-1916– cuando en julio de 1925 unos jóvenes oficiales lanzaron la "revolución juliana". En 1926, los militares confiaron el poder a un civil, Isidro Ayora, y el régimen promulgó una legislación social avanzada, así como una nueva constitución en 1929.

América Latina en el periodo de entreguerras: el reformismo

País	Periodo reformista	Jefe de Estado vinculado al periodo reformista	Modo de acceso al poder	Nueva Constitución
Argentina	1916-1930	Hipólito Yrigoyen	Elecciones	1949
Chile	1920-1925	Arturo Alessandri Palma	Elecciones	1925
Ecuador	1925-1930	Isidro Ayora	Revolución	1929
México	1911-	Francisco Indalecio Madero	Elecciones	1917
Perú	1919-1930	Augusto Bernardino Leguía	Elecciones más intervención armada	1920
Uruguay	1903-1916	José Batlle y Ordóñez	Elecciones	1917

Es interesante poner de manifiesto que el reformismo inspiró tipos bastante diversos de regímenes. La mayor parte de los dirigentes que lo simbolizaron se hizo ciertamente elegir, pero pocos regímenes siguieron siendo democráticos. Incluso si el reformismo de entreguerras mostró una voluntad de apertura de los sistemas políticos, el dominio de las oligarquías sobre la vida económica seguía siendo determinante, y esos regímenes tuvieron como prioridad controlar la agitación social intentando incorporar a las clases obreras por medio de reformas sociales más o menos profundas. En ese sentido, se adelantaron a las experiencias populistas que proliferaron en los dos decenios siguientes.

▲ Antes de esa fase populista, **Brasil** registró, en el periodo que nos interesa, un movimiento progresista que no consiguió imponerse. Aquí, como en otras partes, la agitación social era crónica en 1917, bajo la influencia de un sindicalismo dominado por los anarquistas. No obstante, fueron los militares los que desafiaron al régimen oligárquico, sin llegar no obstante a ponerlo en aprietos. Nació un mito, el *tenentismo*, que marcó profundamente la historia de Brasil y que sentó las bases de las reacciones políticas posteriores.

▲ **Colombia**, por su parte, no fue ajena al surgimiento de la cuestión social en los años veinte. Se registraron arduos conflictos, especialmente en los enclaves bananeros, y se saldaron con auténticas masacres. Sin embargo, el orden político seguía dominado por la oligarquía y no apareció fuerza partidaria alguna capaz de encauzar el descontento del proletariado o de las capas medias. Aparte de algunas leyes, que restringían el derecho a la huelga (1919 y 1920), la república conservadora (1903-1930) no respondió a la agitación social más que con represión y violencia.

▲ En **Bolivia** y en **Paraguay**, los preparativos de guerra dominaron el final de los años veinte. En 1932, la guerra del Chaco iba a arruinar a esos dos países interiores. En cambio, en 1920, Juan Bautista Saavedra fue elegido presidente de Bolivia con un programa progresista. Pero él también tuvo que recurrir a la violencia para reprimir la huelga de los obreros de las minas en 1923. Su sucesor, Hernán Siles Reyes (1926-1930), intentó lanzar una cruzada indigenista, pero la herida de la guerra del Pacífico estaba aún abierta y el país buscó una compensación territorial en la región del Chaco, en litigio con Paraguay. Los enfrentamientos empezaron a partir de 1926. Paraguay se sobreponía lentamente del trauma de la guerra de la triple alianza (1864-1870) y tuvo una vida política muy inestable entre 1904 y 1912. En 1924, el nuevo presidente, Eligio Ayala, inició un proyecto de colonización del desierto del Chaco, con miras a proteger su soberanía. Su sucesor, José Patricio Guggiari, elegido en 1928, y llevado por una ola de nacionalismo, armó a su país en previsión de posibles enfrentamientos, lo que creó graves dificultades financieras.

▲ Finalmente, **Venezuela** se mantuvo apartada de esa ola de reformismo, manifestada tanto en una democratización de los regímenes como en simples reformas sociales. Tras expulsar al dictador Cipriano Castro en 1908, Juan Vicente Gómez pudo mantenerse en el poder hasta su muerte en 1935. El "tirano de los Andes" supo imponerse a los otros caudillos y, sobre todo, inició en Venezuela la era del petróleo. La distribución de concesiones a las compañías británicas y estadounidenses permitió que el país entrase en una era de prosperidad que hizo olvidar parcialmente la ausencia total de libertades públicas. No obstante, la sociedad estaba en plena mutación, y el ascenso del proletariado y de las capas medias se manifestaría plenamente en los años treinta.

▲ El *tenentismo* en Brasil

Los levantamientos de jóvenes oficiales, los *tenentes* (tenientes), en el Brasil, infinitamente minoritarios, representaron una oposición armada cuya significación simbólica desborda ampliamente su alcance, eficacia y causas inmediatas. La gesta heroica de una decena de tenientes idealistas que se sublevan en el fuerte de Copacabana en Río el 5 de julio de 1922 se convierte rápidamente en un mito político. La revuelta tiene por causas directas una sucesión presidencial enmarañada y muy disputada y una "afrenta" hecha al ejército en unas cartas (que demostrarían ser falsas) atribuidas al presidente electo. La muerte trágica de los jóvenes *tenentes* hizo olvidar la debilidad de su organización y de sus motivaciones. Toma el relevo una nueva sublevación de *tenentes* en São Paulo, en julio de 1924, apoyada por la oposición paulista; resulta más seria que la de Copacabana pero es igualmente vencida. Su programa político, aunque confuso, es relativamente explícito. Exige la aplicación de la Constitución en contra de la usurpación del ejecutivo [...]. Otra sublevación tenentista desgraciada en el Río Grande do Sul, bajo la dirección de Luis Carlos Prestes, apoya a los rebeldes paulistas que se baten en retirada, formando la famosa columna Prestes-Costa, que arrastra a 2.000 hombres en una larga marcha desde Rio Grande do Sul hasta el Nordeste para acabar en Bolivia casi tres años más tarde tras haber recorrido, perseguida por el ejército regular, más de 20.000 kilómetros, sin haber llegado a arrastrar a los *caboclos* del interior ni provocar la "regeneración" de Brasil.

(*Fuente:* Alain Rouquié, *L'État militaire en Amérique latine*, Seuil, París, 1982, pp. 135-136.)

América Latina en el periodo de entreguerras: las otras experiencias

País	Periodo contemplado	Jefe de Estado vinculado a ese periodo	Modo de acceso al poder	Características del periodo
Bolivia	1926-1930	Hernán Siles Reyes	Cooptación	Preparativos de guerra
Brasil	1922-1926	Arturo Da Silva Pessoa	Elecciones	Desafío del *tenentismo* (1922-1927)
Colombia	1926-1930	Miguel Abadía Méndez	Elecciones	República conservadora (1903-1930)
Paraguay	1928-1931	José Patricio Guggiari	Elecciones	Preparativos de guerra
Venezuela	1908-1935	Juan Vicente Gómez	Golpe de estado	Dictadura

En América Central, el panorama político durante ese periodo se distinguió sobre todo por la influencia del imperialismo norteamericano.

4. El imperialismo consolidado

Ya desde 1926, el fundador peruano de la Alianza Popular Revolucionaria Americana (APRA), Víctor Haya de la Torre, vilipendiaba la "política de penetración" del imperialismo americano, que transformaba ciertos Estados de América Central y del Caribe en colonias, aprovechándose de la complicidad de sus clases dirigentes.

La voluntad de los Estados Unidos por controlar todos los territorios ribereños de ese Mediterráneo americano delimitado por las Antillas, el istmo centroamericano, el golfo de México y el norte del continente sudamericano era ya patente desde el siglo XIX y se acentuó desde el anuncio del agotamiento de la frontera en 1890. Los motivos del imperialismo norteamericano eran, en cualquier caso, múltiples. Ciertamente, entre ellos figuraban de manera destacada las preocupaciones económicas. Se trataba de encontrar mercados para las exportaciones agrícolas e industriales del país. Sin embargo, el darwinismo social era poderoso a principios de siglo y conducía a los responsables anglosajones a pensar que la misión de defender en todas partes la libertad y la democracia correspondía a los Estados Unidos.

Los intereses económicos bien entendidos y el sentido de una misión civilizadora por acometer inspiraron la diplomacia de los Estados Unidos entre 1914 y 1930, no siendo ésta más que un instrumento al servicio de aquéllos. Esta alianza entre idealismo y realismo estaba entonces, al igual que hoy, teñida de ambigüedades. La acción diplomática de la administración Wilson fue un buen ejemplo.

La historia de las relaciones políticas y económicas entre América Latina y los Estados Unidos, especialmente la experiencia de la Revolución Mexicana, nos lleva a las siguientes conclusiones:

1ª Las clases gobernantes de los países latinoamericanos, grandes terratenientes, grandes comerciante y las burguesías, son aliadas del imperialismo.

2ª Esas clases tienen en sus manos el gobierno de nuestros países a cambio de una política de concesiones, empréstitos u otras operaciones que los latifundistas, burgueses, grandes comerciantes y los grupos o caudillos políticos de esas clases negocian o participan con el imperialismo.

3ª Como un resultado de esta alianza de clase, las riquezas naturales de nuestros países son hipotecadas o vendidas, la política financiera de nuestros gobiernos se reduce a una loca sucesión de grandes empréstitos y nuestras clases trabajadoras, que tienen que producir para los amos, son brutalmente explotadas.

4ª El progresivo sometimiento económico de nuestros países al imperialismo deviene sometimiento político, pérdida de la soberanía nacional, invasiones armadas de los soldados y marineros del imperialismo, compra de caudillos criollos, etc... Panamá, Nicaragua, Cuba, Santo Domingo, Haití son verdaderas colonias o protectorados yanquis como consecuencia de la "política de penetración" del imperialismo.

(*Fuente:* Víctor Haya de la Torre, "¿Qué es el APRA?", (1926), reproducido en *Víctor Haya de la Torre*, Edición de Milda Rivarola y Pedro Planas, Madrid, Ediciones de Cultura Hispánica, 1988.)

Elegido en 1913, el demócrata Woodrow Wilson tenía unos orígenes calvinistas que le predisponían a emprender una verdadera cruzada en favor de la democracia. Con tal fin, no dudó en emplear la fuerza, y las intervenciones militares fueron más numerosas durante sus dos mandatos que bajo los de Roosevelt y Taft. Con respecto a América Latina, Wilson consideraba que sólo la democracia podía aportar la estabilidad política, de forma que esperaba, tal y como señaló en el Congreso, "enseñar a las repúblicas sudamericanas cómo elegir hombres de calidad". Desde 1913, elaboró su "doctrina Wilson", que consistía en rechazar el reconocimiento de un gobierno que no surgiese de unas elecciones. Tal doctrina se aplicó sobre todo en América Central, mientras que en Perú, en 1919, la llegada al poder de Leguía no fue discutida.

En la práctica, la diplomacia wilsoniana consistió fundamentalmente en organizar elecciones, en intentar hacer respetar sus resultados ocupando, en caso necesario, los países recalcitrantes y en crear fuerzas de seguridad pública capaces de mantener el orden una vez que se retiraran las tropas. Paradójicamente, tal estrategia demostró ser contraproducente, y las policías fueron el origen de largas dictaduras.

▲ La llegada al poder del general Victoriano Huerta en **México** en 1913 dio al presidente Wilson la primera ocasión para aplicar su doctrina de no reconocimiento. En 1914, Wilson dio un paso más en su crítica a un "gobierno de carniceros" al hacer ocupar Veracruz y al apoyar a los constitucionalistas de Venustiano Carranza. Cuando éste regresó al poder, las maniobras de Pancho Villa casi llevaron a los Estados Unidos a una guerra contra México. En 1916, Villa, que había roto con Carranza y buscaba quebrar su alianza con los Estados Unidos, hizo una incursión en territorio estadounidense, provocando así una operación de represalias. En 1917 los Estados Unidos reconocían a Carranza y volvieron su mirada hacia Europa. Pero las huellas dejadas en México eran profundas, y en toda América Latina los gobiernos se rebelaron contra el método wilsoniano, loable en las intenciones pero inaceptable en las formas. El grupo ABC (Argentina, Brasil, Chile), así como Uruguay, Bolivia y Guatemala, habían actuado por lo demás de mediadores y se mostrarían muy sensibles a la cuestión del respeto por la soberanía nacional.

▲ La **República Dominicana** ofreció a Wilson una segunda ocasión para imponer un esbozo de orden democrático en América Latina. En 1913 estalló una rebelión contra el Presidente José Bordas Valdés. Los Estados Unidos intervinieron entonces como mediadores y obtuvieron un cese de las hostilidades a cambio de la organización de elecciones para una asamblea constituyente. En tales comicios venció la oposición, pero en las subsiguientes elecciones presidenciales de 1914 triunfó el candidato oficial. La presencia en los colegios electorales de *marines* americanos fue, para el Departamento de Estado, una garantía de sufragio justo, de manera que se presionó a la oposición para que respetara el resultado. En 1916 estallaron de nuevo disturbios y, a petición del presidente Juan Isidro Jiménez, el Presidente Wilson decidió enviar tropas. Los *marines* seguirían en la isla hasta 1922, administrando el país. Antes de retirarse, el ejército de ocupación organizó una guardia nacional y unas elecciones en 1924. A partir de 1930, el comandante de la guardia Rafael Leónidas Trujillo se instaló en el poder durante treinta años.

▲ En la otra parte de la isla, en **Haití**, disturbios similares se solventaban de manera parecida. Tras agotar los recursos diplomáticos para tratar de restablecer el orden tras las insurrecciones de 1914-1915, los Estados Unidos se decidieron a intervenir militarmente. Una vez instalados, los *marines* supervisaron la elección del presidente por el Congreso en 1915 e impusieron un tratado que les permitía intervenir de nuevo para garantizar "el mantenimiento de un gobierno susceptible de proteger la vida, la propiedad y la libertad individual". En 1917 hicieron aprobar una constitución con ocasión de un referéndum amañado. Desde entonces, Haití fue administrado conjuntamente por los Estados Unidos y un dictador fantoche. Los últimos soldados americanos dejaron el país en 1934 sin haber logrado consolidar allí la democracia.

▲ En mucha mayor medida que la isla de Hispaniola, **Nicaragua** fue víctima de la política intervencionista de los Estados Unidos, que por lo demás solicitó. Tal ambigüedad, emblemática en muchos aspectos de las relaciones entre los Estados Unidos y América Latina, exige una descripción más detallada.

La geografía, en primer lugar, condujo a Nicaragua a ser objeto de la codicia estadounidense, desde que se inició el *gold rush* en 1848, cuando no existía vía alguna de comunicación transamericana. El lago Nicaragua y el río San Juan ofrecían la posibilidad de construir un canal ístmico con el que los estadounidenses soñaban desde hacía tiempo. La historia, además, contribuyó a las desgracias de Nicaragua. En vísperas de la Guerra de Secesión, muchos sudistas, que se sentían amenazados por el movimiento abolicionista, querían extender el sistema esclavista a toda América Central. Así, en 1855 Nicaragua fue invadida por un mercenario de Tennessee. Bien es cierto que ese "filibustero", William Walker, fue llamado por los liberales nicaragüenses que se enfrentaban a los conservadores, pero llegó incluso a proclamarse presidente de Nicaragua e intentó conquistar toda América Central, para acabar fusilado en Honduras en 1860.

A principios del siglo XX, esa costumbre de pedir la intervención de los Estados Unidos en las luchas internas de Nicaragua permanecía intacta.

Así, no fue sorprendente que el presidente conservador Adolfo Díaz recurriese en 1912 a los Estados Unidos para vencer la resistencia de los liberales. Estos últimos habían dominado el país durante el cambio de siglo, bajo la férula del *caudillo* José Santos Zelaya. En 1909, una serie de sublevaciones, dirigidas por liberales como Juan José Estrada y por conservadores como Emiliano Chamorro o Adolfo Díaz, pusieron en dificultades al dictador. En la lógica de la *dollar diplomacy*, los Estados Unidos, molestos por la negativa de Celaya a contraer empréstitos con los banqueros neoyorquinos y por su voluntad de colaborar con Gran Bretaña y Japón para la construcción de un canal, promovieron la revuelta. El 1 de diciembre de 1909, el Secretario de Estado Philander Knox mandó al embajador de Nicaragua en Estados Unidos una nota muy crítica con Zelaya.

Es notorio que desde la firma de las convenciones de Washington de 1907 el presidente Zelaya ha mantenido a América Central en un estado de inquietud y de turbulencia... Es igualmente notorio que, bajo el régimen del presidente Zelaya, las instituciones republicanas han dejado de existir en Nicaragua...; que la opinión pública y la prensa han sido silenciadas; y que la prisión ha sido el premio a toda demostra-

▶

▶ ción de patriotismo... Desde cualquier punto de vista, resulta evidente que se ha hecho muy difícil para Estados Unidos el retrasar aún más una actitud más decidida sobre los deberes [de Nicaragua] con sus propios ciudadanos, su dignidad, América Central y la civilización... El Presidente de Estados Unidos no puede mantener con el gobierno del presidente Zelaya el respeto y la confianza que debería tener en sus relaciones diplomáticas..."

(Philander Knox, 1 de diciembre de 1909)

El 18 de diciembre de 1909, Zelaya dimitió y el Congreso nombró como presidente al liberal José Madriz, que no fue reconocido por la administración Taft. El 22 de febrero, los marines desembarcaron y los liberales fueron disueltos. El liberal rebelde Estrada tomó entonces las riendas del poder con el apoyo de Estados Unidos. El 27 de octubre de 1910 se firmaron los pactos Dawson, que hicieron de Nicaragua un protectorado *de facto* de los Estados Unidos. En efecto, éstos tenían previstas la elección de una asamblea constituyente y la designación de un presidente y un vicepresidente provisionales (Estrada y Díaz) así como, al cabo de un mandato de dos años, el nombramiento de un presidente conservador. Los estadounidenses incitaron también a Nicaragua a tomar un empréstito en bancos estadounidenses y, para garantizarlo, controlaron la recogida de los derechos de aduana.

El 1 de enero de 1911, Estrada y Díaz tomaban posesión de sus cargos. Sin embargo, la asamblea constituyente empezó rápidamente a oponerse a Estrada, mientras que, en el seno mismo del gobierno, el general Mena, su ministro de la Guerra, complotaba contra él. En mayo, los Estados Unidos obligaron a Estrada a dimitir, y Díaz le sucedió, mostrándose mucho más conciliador con los estadounidenses y cediéndoles el control de los ferrocarriles nacionales, la compañía marítima del lago y el banco nacional.

Una paz duradera y estable, el orden económico y la libertad, no pueden venir por nuestros propios medios... Es por eso mi intención, mediante un tratado con el gobierno americano, modificar o adicionar la constitución, para asegurarnos la asistencia de éste, permitiendo a los Estados Unidos intervenir en nuestros asuntos interiores.

(*Fuente:* Adolfo Díaz, Presidente de Nicaragua, 1911, en Lucrecia Lozano, *De Sandino al triunfo de la revolución*, Siglo XXI, 1989, p. 25-26.)

La perspectiva de la alternancia de enero de 1913 provocó muchas ambiciones. En julio de 1912, Mena empezó a maniobrar contra el gobierno, al tiempo que ciudades como León y Masaya se sublevaban. La Asamblea Nacional eligió a Mena presidente de la república, pero en agosto 400 *marines* desembarcaban para defender a Díaz. La ocupación duraría hasta 1933, con una breve interrupción entre agosto de 1925 y mayo de 1926. El 1 de enero de 1913, Díaz fue designado presidente con un mandato de cuatro años, y el 5 de agosto de 1914 se firmó el tratado Bryan-Chamorro, que iba a mantenerse largo tiempo como el símbolo del vasallaje de Nicaragua.

Entre 1914 y 1924, los Estados Unidos controlaron la vida política de Nicaragua, supervisando las tres elecciones presidenciales de 1916, 1920 y 1924, en los que alcanzaron la victoria tres candidatos conservadores: Emiliano Chamorro, Diego Manuel Chamorro (tío del anterior) y Carlos Solórzano. En mayo de 1925, los Estados Unidos crearon una guardia nacional, confiaron su mando a un oficial norteamericano y comenzaron, en agosto, a retirar a sus *marines*. No obstante, una sublevación liberal inspirada por Juan Bautista Sacasa les haría volver rápidamente en 1926. El 4 de mayo de 1927, los Estados Unidos consiguieron acabar con la "guerra constitucionalista" (1926-1927), al obligar a liberales y conservadores a llegar a un entendimiento. El pacto de Espino Negro firmado ese día les obligaba a ciertos compromisos en las elecciones de 1928, supervisadas por los estadounidenses y a raíz de las cuales el partido vencido recibiría puestos en el gobierno.

Con todo, un dirigente liberal decidió seguir luchando, al rechazar el compromiso impuesto por los Estados Unidos. Entre 1927 y 1933, Augusto César Sandino conduciría una gesta patriótica y anti-imperialista. Las elecciones de 1928 se saldaron con la victoria del liberal José María Moncada, pero el "Ejército de Defensa de la Soberanía Nacional" de Sandino llegó a tener hasta 6.000 hombres y consiguió, gracias a una guerra de guerrillas, intervenir en cerca de tres cuartas partes del territorio nacional e infligir grandes pérdidas a las fuerzas de ocupación. El "general de los hombres libres", como lo designaría el escritor francés Henri Barbusse, se convertiría en una leyenda. En 1932, el liberal Sacasa triunfó en las elecciones. Desde su toma de posesión, los Estados Unidos transfirieron a Anastasio Somoza Debayle el mando de la Guardia Nacional e iniciaron su retirada del país. Sandino había ganado y su lucha ya no tenía razón de ser. El 2 de febrero de 1933 se firmó un acuerdo de paz y los combatientes fueron desarmados. Sin embargo, el 21 de febrero de 1934, la Guardia Nacional, por orden de Somoza, capturó y ejecutó a Sandino. Dos años después, Somoza se hizo con el poder e instauró una dinastía que habría de durar 45 años.

⚠ Tratado Chamorro-Bryan

El Gobierno de Nicaragua y el Gobierno de los Estados Unidos, estando animados del deseo de fortalecer su antigua y cordial amistad por medio de la más sincera cooperación para todos los objetos de su mutua ventaja e interés; y de proveer para la posible y futura construcción de un canal interoceánico por la vía del Río San Juan y el Gran Lago de Nicaragua o por cualquier ruta sobre el territorio de Nicaragua, cuando quiera que el Gobierno de los Estados Unidos juzgue la construcción de dicho canal conducente a los intereses de ambos países, y el Gobierno de Nicaragua, deseando facilitar de todos los modos posibles el feliz mantenimiento y operación del Canal de Panamá, ambos Gobiernos han resuelto celebrar una convención para estos fines, y en consecuencia, han nombrado como sus respectivos plenipotenciarios:

▶

▶ El Presidente de Nicaragua, al General don Emiliano Chamorro, Enviado Extraordinario y Ministro Plenipotenciario de Nicaragua en los Estados Unidos, y

El Presidente de los Estados Unidos, al Honorable William Jennings Bryan, Secretario de Estado, Quienes, habiendo exhibido sus respectivos plenos poderes, encontrados en buena fe y debida forma, han convenido y celebrado los siguientes artículos:

I. El Gobierno de Nicaragua concede a perpetuidad al Gobierno de los Estados Unidos, libre en todo tiempo de toda tasa o cualquier otro impuesto público, los derechos exclusivos y propietarios, necesarios y convenientes para la construcción, operación y mantenimiento de un canal interoceánico, por la vía del Río San Juan y el Gran Lago de Nicaragua, o por cualquier ruta sobre el territorio de Nicaragua, debiéndose convenir por ambos Gobiernos los detalles de los términos en que dicho canal se construya, opere y mantenga, cuando el Gobierno de los Estados Unidos notifique al Gobierno de Nicaragua su deseo o intención de construirlo.

II. Para facilitar la protección del Canal de Panamá y los derechos propietarios concedidos al Gobierno de los Estados Unidos en el artículo anterior, y también para poner a los Estados Unidos en condiciones de tomar cualquier medida necesaria para los fines considerados a que, el Gobierno de Nicaragua por la presente arrienda por un término de noventa y nueve años (99) al Gobierno de los Estados Unidos las islas en el Mar Caribe conocidas con el nombre de Great Corn Island y Little Corn Island; y el Gobierno de Nicaragua concede además al Gobierno de los Estados Unidos por igual término de noventa y nueve años (99) el derecho de establecer, operar y mantener una base naval en cualquier lugar del territorio de Nicaragua bañado por el Golfo de Fonseca que el Gobierno de los Estados Unidos elija. El Gobierno de los Estados Unidos tendrá la opción de renovar por otro término de noventa y nueve años (99) los anteriores arriendos y concesiones al expirar sus respectivos términos. Expresamente queda convenido que el territorio arrendado y la base naval que se mantenga por la mencionada concesión estarán sujetos exclusivamente a las leyes y soberanía de los Estados Unidos durante el periodo del arriendo y de la concesión y del de su renovación o renovaciones.

III. En consideración de las anteriores estipulaciones y para los propósitos considerados en esta Convención, y con el objeto de reducir la deuda actual de Nicaragua, el Gobierno de los Estados Unidos, en la fecha del canje de ratificación de esta Convención, pagará a favor de la República de Nicaragua la suma de tres millones (3.000.000,00) de pesos oro acuñado de los Estados Unidos del actual peso y pureza, que se depositarán a la orden del Gobierno de Nicaragua en el banco o bancos o corporaciones bancarias que designe el Gobierno de los Estados Unidos para ser aplicados por Nicaragua en el pago de su deuda u otros fines de interés público que promuevan el bienestar de Nicaragua en la manera en que sea convenido por las dos Altas Partes Contratantes: todos los dichos desembolsos deberán hacerse por órdenes libradas por el Ministro de Hacienda de la República de Nicaragua y aprobados por el Secretario de Estados Unidos o por la persona que él designe.

IV. Esta Convención será ratificada por las Altas Partes Contratantes de acuerdo con sus leyes respectivas, y las ratificaciones se canjearán en Washington, tan pronto como sea posible.

En fe de lo cual, nosotros, los respectivos Plenipotenciarios, firmamos y sellamos.

Hecho en duplicado en los idiomas español e inglés, a los 5 días del mes de agosto de mil novecientos catorce.

(*Fuente:* Emiliano Chamorro – William Jennings Bryan, 5 de agosto de 1914.)

Si se mide con el rasero de sus intenciones "civilizadoras", el balance de las intervenciones estadounidenses no puede ser más desastroso. Pese a que el presidente demócrata

Wilson no dudó en enviar *marines* para defender la democracia en América Latina, su cruzada no hizo más que producir efectos perversos y perennes. Sus sucesores republicanos Warren Harding (1920-1923) y Calvin Coolidge (1923-1928) intentaron evitar a su país nuevas aventuras militares tras la de la Primera Guerra Mundial. Buenos testimonios son la retirada de las tropas de Nicaragua y, sobre todo, el memorándum Clark que, el 17 de diciembre de 1928, desautorizó el corolario Roosevelt de la doctrina Monroe. El Presidente Herbert Hoover (1928-1932) se alejaría aún más de las tendencias intervencionistas. De hecho, inauguraría incluso la política de buena vecindad (*Good Neighbor Policy*). En particular, abandonó la doctrina Wilson de no reconocimiento de los gobiernos salidos de golpes militares y dio prioridad a la estabilidad respecto de la democracia.

Con todo, es cierto que el retraimiento de Europa en los años veinte permitía a los Estados Unidos disponer de una hegemonía sin contestación y que su influencia en América Latina pudo crecer sin recurrir a la fuerza.

Tal influencia se manifestó especialmente en los campos económico y financiero. Entre la Primera Guerra Mundial y la gran crisis de 1929 se multiplicaron por seis las inversiones estadounidenses en América Latina, lo que desplazó en todas partes a los financieros europeos. Los Estados Unidos utilizaron varios mecanismos para garantizar la solvencia de sus inversiones. Algunos tratados estipulaban explícitamente que funcionarios estadounidenses ayudarían a los países así clientelizados (República Dominicana, Haití, Nicaragua). En otros casos, bancos privados llegaban a acuerdos con los gobiernos latinoamericanos para hacerse cargo de su administración fiscal (Guatemala, Honduras, El Salvador, Bolivia, Perú). Por último, varios gobiernos latinoamericanos pedían directamente ayuda a expertos estadounidenses. Durante los años veinte, el ejemplo más conocido fue el de Edwin Kemmerer, denominado el *Money Doctor*, que efectuó varias misiones para ayudar a la reforma de los sistemas monetarios, fiscales y bancarios en Colombia, Chile, Ecuador y Bolivia.

La consecuencia de esa entrada de capitales estadounidenses fue, además de la pérdida evidente de soberanía que implicaba de resultas de unos controles más o menos directos de la vida económica de los países, la aparición de una situación de dependencia que sería muy perjudicial con ocasión de la gran crisis de 1929.

5. La gran crisis

"No tengo ningún temor del futuro, resplandece de esperanza". Herbert Hoover era especialmente optimista cuanto tomó posesión de su cargo en marzo de 1929. Las dificultades de la economía americana, a saber, los excedentes agrícolas y la desaceleración de la producción industrial, no le parecían insuperables. "La prosperidad está a la vuelta de la esquina", repetiría a menudo. Sin embargo, a una frenética especulación financiera durante el verano sucedió un *crash* bursátil de un alcance desconocido hasta entonces. Los días 24 y 25 de octubre de 1929, se vendieron millones de acciones y, en diciembre, las cotizaciones habían disminuido un 30%. Las consecuencias fueron catastróficas. La prosperidad, que dependía del crédito, resultó detenida de golpe cuando los bancos, que habían perdido una gran parte de sus activos, dejaron de prestar. En particular, la producción industrial disminuyó un 45% entre 1929 y 1932, mientras que, en ese periodo, las importaciones y las exportaciones se desplomaron un 70%.

América Latina ya se vio afectada desde 1928 por un descenso de los precios de sus productos de exportación (trigo, algodón, café). Sin embargo, la crisis de 1929 propagaría ondas de choque particularmente desestabilizadoras y sumiría al continente en un marasmo económico del que no saldría hasta después de la Segunda Guerra Mundial.

Indicadores económicos de 16 países desarrollados

Año	PNB	Volumen de exportaciones	Relación de intercambio	Transferencias de capital*	Nivel de los precios mundiales**
1929	100,0	100,0	100,0	355	100,0
1930	94,6	94,8	106,1	−145	89,6
1931	89,3	89,5	111,8	−1.422	69,4
1932	93,0	76,5	113,7	−1.661	59,0
1933	84,0	78,4	114,8	1.006	61,9
1934	89,2	79,6	111,1	−1.254	72,4

*En millones de dólares
**Valores de las exportaciones de los Estados Unidos
(*Fuente:* Angus Maddison, *Growth, Crisis and Interdependence, 1929-1938 and 1973-1983*, OCDE.)

Se combinaron los efectos de cuatro mecanismos. En primer lugar, las importaciones de los países desarrollados se redujeron mucho, lo que privó a los países en vías de desarrollo de sus principales fuentes de ingreso. La relación de intercambio, en segundo término, evolucionó de manera desfavorable para los países latinoamericanos. En tercer lugar, el mercado mundial de capitales se desfondó. Entre 1929 y 1932, las transferencias de capitales hacia América Latina cambiaron de signo y se hicieron negativas. Por último, el nivel de los precios mundiales disminuyó acusadamente, lo que penalizó a los países deudores.

Indicadores económicos de seis países de América Latina*

Año	PNB	Volumen de las exportaciones	Relación de intercambio	Volumen de las importaciones
1929	100,0	100,0	100,0	100,0
1930	96,1	81,2	81,5	77,4
1931	90,0	90,0	67,9	51,9
1932	86,7	73,0	71,4	39,5
1933	93,2	75,7	68,8	45,5
1934	101,1	85,4	76,5	52,5

*Argentina, Brasil, Chile, Colombia, Cuba y México
(*Fuente:* Angus Maddison, *Growth, Crisis and Interdependence, 1929-1938 and 1973-1983*, OCDE.)

Resulta fácil imaginar la forma en que esos cuatro mecanismos se conjugaron para arrastrar a América Latina a una espiral deflacionaria. De repente, los productos de exportación se empezaron a vender a un precio más bajo y en menor cantidad, mientras que se secaban las fuentes de financiación y aumentaba el coste de la deuda. Cuanto más dependiente de Estados Unidos era un país, más fuerte fue la perturbación. Tal efecto se vio además agravado cuando los Estados Unidos adoptaron medidas proteccionistas (el arancel Hawley-Smoot) que penalizaban aún más a las exportaciones latinoamericanas. De esta manera, la situación de Argentina, Uruguay y Brasil era distinta de la de México, Cuba o América Central.

Distribución geográfica de las exportaciones en 1929 (en % del total)

País	Francia	Alemania	Gran Bretaña	Estados Unidos
Argentina	7,1	10,0	32,2	9,8
Brasil	11,1	8,8	6,5	42,2
Chile	6,1	8,6	13,3	25,4
Colombia	0,5	2,1	4,7	75,2
Cuba	2,1	0,8	12,6	76,6
México	3,9	7,6	10,3	60,7

(*Fuente:* Angus Maddison, *Growth, Crisis and Interdependence, 1929-1938 and 1973-1983*, OCDE.)

Con todo, Chile fue uno de los países más negativamente afectados por la crisis, lo que demostraba que el comercio con Estados Unidos no era el único factor que tener en cuenta.

Hay que tomar en consideración otros elementos discriminantes. Así, resultó de extrema importancia la cuestión del control de las industrias de exportación. Las economías de enclave eran particularmente vulnerables, habida cuenta de que el control de las actividades de exportación era ajeno a los gobiernos locales. Las economías mineras dominadas por los capitales estadounidenses, como la de Chile, se vieron mucho más afectadas que las economías agro-exportadoras controladas por la burguesía nacional, como las de Argentina o Uruguay. En Chile, por ejemplo, la producción de salitre de redujo de 3.230.000 toneladas en 1929 a 430.000 toneladas en 1933, mientras que la de cobre disminuyó de 320.000 a 100.000 toneladas.

Fluctuaciones máximas de los indicadores económicos, 1929-1938

País	PNB	Volumen de las exportaciones	Poder de compra de las exportaciones	Volumen de las importaciones
Argentina	−13,8	−35,8	−41,9	−53,2
Brasil	−5,3	−31,1	−45,6	−63,8
Chile	−26,5	−71,2	−84,5	−83,0
Colombia	−2,4	−12,5	−36,6	−63,1
Cuba	−36,5	−47,9	−48,8	−64,6
México	−19,0	−41,5	−64,8	−61,1

(*Fuente:* Angus Maddison, *Growth, Crisis and Interdependence, 1929-1938 and 1973-1983*, OCDE.)

Analizaremos en el capítulo siguiente los efectos a medio y largo plazo de ese marasmo económico. A corto plazo, conviene detenerse en la dinámica de desestabilización política provocada por esa gran crisis. Entre 1930 y 1935, casi todos los países de América Latina registraron cambios de régimen más o menos violentos.

Ciertamente, la forma en que llegaban al poder y la identidad de los usurpadores no presagiaban en absoluto la naturaleza adoptada en la práctica por los regímenes que se crearon posteriormente. Así, en Honduras, el general Tiburcio Carías Andino fue elegido democráticamente en 1932, pero tal hecho precedió a una guerra civil de dos meses que se saldó con una dictadura de hierro que prometía a los opositores "encierro, destierro y entierro". Como ya hemos señalado –y veremos aún más ejemplos de tal fenómeno– en América Latina las elecciones sirven a menudo para esconder un golpe de estado, cuando no ocurre que el golpe de estado viene a corregir los resultados de unas elecciones.

Con todo, no resulta incorrecto señalar que los regímenes democráticos dominaban el paisaje político en 1928-1930 y que el autoritarismo militar se hizo preponderante de repente en 1932-1934. El giro conservador fue general, aunque adoptó diversas formas. De hecho, únicamente Costa Rica, Colombia y México pudieron exhibir una estabilidad relativa en el marco de regímenes, en grado diverso, pluralistas. Además, en un añadido a las desgracias de la época, Bolivia y Paraguay se enfrentaron en la más sangrienta de la guerras de este siglo.

Algunos ejemplos nos permitirán entender mejor el amplio alcance de los cambios.

▲ En **Chile**, el general Ibáñez fue víctima de la crisis económica. En julio de 1931, tuvo que dimitir bajo una presión popular que emanaba de todos los sectores sociales. Se sucedieron nueve presidentes entre julio de 1931 y octubre de 1932. Durante ese periodo de transición, se proclamó incluso una república socialista que duró menos de tres meses. En 1932, el viejo político Arturo Alessandri Palma, que ya había sido presidente entre 1920 y 1924 y en 1925, fue elegido para un mandato de seis años, lo que restauró la continuidad constitucional chilena y supuso un claro giro conservador. Sin embargo, más allá de la aparente vuelta a la normalidad, el espectro político chileno había evolucionado considerablemente. A los tradicionales partidos conservador y liberal se añadieron entonces unos poderosos partidos socialista y comunista. La efervescencia social de los años 1929-1932 y la vuelta a un régimen pluralista se vieron acompañadas en efecto de una politización del movimiento obrero y de un creciente poder de las fuerzas partidarias. Así, con ocasión de las elecciones de 1932, Marmaduque Grove, que había presidido la república socialista, obtuvo, a pesar de estar exiliado, un 17,7% de los votos, lo que le colocó en segundo lugar tras Alessandri. Con el partido demócrata-cristiano, que se fundaría algo más tarde, seis partidos políticos configurarían duraderamente el paisaje político chileno, obligando a los actores políticos a llegar a compromisos constantes con miras a mantener unas coaliciones precarias.

▲ **Uruguay**, un modelo de democratización consensuada en los años veinte, recorrió el camino inverso al de Chile, pero registró también un cambio profundo en su paisaje político. El régimen homeostático vigente recibió cada vez más críticas a finales de los años veinte. El fallecimiento de José Batlle y Ordóñez en 1929 supuso la pérdida del inspirador y más ardiente defensor del régimen colegiado. El partido *colorado* se dividió entre los partidarios del mantenimiento del régimen y los defensores de un retorno al presidencialismo. Pese a que las elecciones de 1930 se saldaron con una amplia victoria de los *colorados*, los sectores patronales se organizaron en un poderoso Comité de Vigilancia Económica para frenar las veleidades reformadoras de los batllistas, expuestas con fuerza desde 1928. Al iniciarse la crisis económica, se hizo necesaria una dirección más firme del país. Con rapidez, el presidente de la república, el *colorado* Gabriel Terra, una fracción del partido *blanco* y la oligarquía reclamaron una vuelta al presidencialismo, mientras que los batllistas y la otra fracción del partido *blanco* firmaron en septiembre de 1931 un acuerdo –el pacto de Chinchulín– que les permitió ser mayoritarios en el ejecutivo colegiado. La polarización alcanzó su cenit en 1932, y el 31 de marzo de 1933 Terra hizo detener a los nueve miembros del Consejo Nacional de Administración y disolvió la Asamblea. El golpe de estado se produjo casi sin violencia, puesto que el ejército se mantuvo al margen y la movilización social fue inexistente. El autoritarismo resultó ser moderado, ya que sólo 75 personas hubieron de exiliarse y los partidos políticos no fueron nunca prohibidos o diezmados.

México, junto con Costa Rica y Colombia, fue un ejemplo excepcional de continuidad institucional durante un periodo de crisis.

▲ En ningún sitio como en **México** los gobiernos latinoamericanos consiguieron controlar al movimiento obrero. La presidencia de Plutarco Elías Calles (1924-1928) fue un ejemplo de populismo radical en el que la Confederación Regional Obrera Mexicana (CROM) obtuvo ventajas sustanciales a cambio de apoyar a un régimen que, por lo demás, se enfrentaba a la revuelta de los *cristeros*, unos católicos opuestos a la revolución anticlerical. En 1928, Obregón consiguió ser reelegido, pero fue asesinado antes de tomar posesión. Se inició entonces un periodo –el *Maximato*– en el que se sucedieron tres presidentes –Emilio Portes Gil (1928-1930), Pascual Ortiz Rubio (1930-1932) y Abelardo Rodríguez (1932-1934)–, todos controlados por Calles, el *Jefe máximo*. Este último creó un nuevo partido, el Partido Nacional Revolucionario (PNR), que actuó en favor del acercamiento y luego de la fusión de las fuerzas políticas de los numerosos potentados locales. El PNR fue protagonista de una centralización de la escena política que estabilizaría en gran medida el sistema político mexicano. Pero tal cosa no ocurrió de inmediato. Así, en 1930, el Partido Laborista Mexicano (PLN) y el Partido Nacional Agrarista (PNA), dos partidos de orientación populista, rechazaron integrarse en el PNR y formaron una Alianza Nacional Revolucionaria (ANR). El *Maximato* representó sin duda un viraje conservador y un abandono de la política de masas vigente bajo las presidencias de Obregón y Calles. La crisis de 1929 provocó una caída drástica del poder adquisitivo, pero los gobiernos se mostraron más partidarios de intentar atraer capitales extranjeros y reprimieron todos los movimientos sociales. La alianza privilegiada de los años veinte entre el Estado y la CROM acabó y se gestó una recomposición de las relaciones entre el régimen y las fuerzas sociales, cambio que habría de concretarse bajo la presidencia de Lázaro Cárdenas (1930-1940) e institucionalizó duraderamente la revolución.

Un efecto inmediato de la gran crisis: el seísmo político

País	Jefe de Estado en 1930	Modo de acceso al poder	Fecha del cambio de régimen	Forma del cambio de régimen
Argentina	Hipólito Yrigoyen	Elección	1930	Golpe de estado
Bolivia	Hernando Siles	Designación	1930	Sucesión
Brasil	Washington Luiz Pereira de Sousa	Elección	1930	Golpe de estado
Chile	Carlos Ibáñez del Campo	Elección fraudulenta*	1931	Dimisión
Colombia	Miguel Abadía Méndez	Elección	1930	Elección
Costa Rica	Cleto González Viquez	Elección	1932	Elección
Cuba	Gerardo Machado y Morales	Golpe de estado	1933	Revolución
Ecuador	Isidro Ayora	Cooptación militar	1931	Golpe de estado
El Salvador	Arturo Araújo	Elección (en 1931)	1931	Golpe de estado
Guatemala	Lázaro Chacón	Elección	1930	Defunción y posterior golpe de Estado
Haití	Louis Borno	Elección supervisada**	1930	Elección supervisada**
Honduras	Vicente Mejía Colindres	Elección	1933	Elección
México	Emilio Portes Gil	Sucesión y posterior elección	1930	Elección
Nicaragua	José María Moncada	Elección supervisada**	1933	Elección supervisada**
Panamá	Florencio Harmodio Arosemena	Elección	1931	
Paraguay	José Patricio Guggiari	Designación y posterior elección	1931	Sucesión
Perú	Augusto Leguía	Elección y posterior golpe de Estado	1930	Golpe de estado
Rep. Dominicana	Horacio Vásquez	Elección	1930	Revuelta
Uruguay	Juan Campisteguy	Elección	1931	Elección
Venezuela	Juan Bautista Pérez	Elección	1931	Golpe de estado

*Casi todas las elecciones durante ese periodo estaban llenas de irregularidades. En el caso de Chile en 1927, Ibáñez fue el único candidato, lo que explica que su llegada al poder sea a menudo calificada de golpe de estado.
** Elecciones supervisadas por las fuerzas de ocupación estadounidenses.

Capítulo 3
La era del populismo (1930-1950)

Bolivia y Paraguay, dos países sin salida al mar y que parecían vivir fuera del tiempo, se enfrentaron a principios de los años treinta en una guerra absurda que se convirtió en el conflicto más violento del siglo XX.

En otros países, el seísmo político descrito en el capítulo anterior sólo fue el efecto más espectacular de la crisis de 1929. Pero ésta afectó en profundidad a las sociedades. Los movimientos sociales, en primer lugar, se manifestaron con una amplitud inigualable, desafiando los nuevos regímenes. Arrasadas las actividades de exportación, el paro se extendió rápidamente por doquier, mientras que del campo fluían masas ingentes hacia las ciudades. El sindicalismo adquiría un auge importante, y los comunistas iban tomando mayor protagonismo. Los regímenes se vieron obligados a responder a este reto y lo hicieron no tanto por las vías de represión como por las de un intento de integración de las capas populares.

El populismo fue la respuesta política a este caos social, especialmente en Argentina, Brasil o en México. Pero al intentar reconstruir el tejido social por arriba, al movilizar los sectores sociales más desfavorecidos en torno a un proyecto ideológico de líneas borrosas, el populismo sembró gérmenes de una inestabilidad de la que aún hoy América Latina adolece.

Al mismo tiempo, el estallido de la Segunda Guerra Mundial obligó, una vez más, a América Latina a reflexionar sobre sus capacidades de auto-desarrollo en el momento en el que los países ricos se mataban entre sí. Incitado por los Estados Unidos para sumarse al esfuerzo de guerra, el continente supo sacar provecho de ello, a imagen y semejanza de Brasil. La llegada al poder de Roosevelt en los Estados Unidos había creado ya un clima nuevo en las relaciones interamericanas.

La guerra, declarada en nombre de la democracia, tuvo efectos ambiguos sobre los regímenes políticos latinoamericanos, afianzando algunas dictaduras. La doble coacción –movimientos sociales y situación de guerra– explica esta contradicción.

Sin embargo, la victoria de los aliados provocó una movilización mundial en favor de la democracia que también se puso de manifiesto en América Latina. Ésta conoció durante los años 1944-1946 una serie de cambios favorables al pluralismo político, haciendo ver que las pocas dictaduras residuales aún existentes no eran más que curiosos anacronismos. La calma no fue más que momentánea. La revolución guatemalteca, que duró desde 1944 hasta 1954, puso de manifiesto las dificultades de la consolidación democrática y del desarrollo económico nacional en el momento de la guerra fría.

Dejando aparte las formas de los regímenes, la posguerra fue una decepción para América Latina. Aunque no hay nada parecido a un Plan Marshall para el subcontinente, sin embargo tiene lugar un crecimiento económico sostenido entre 1945 y 1950. Se hizo hincapié sobre todo en la industrialización con el fin de reducir las importaciones, pero la suerte fue desigual según los países. Las actividades de exportación seguían siendo las más importantes.

1. La guerra del Chaco

Las razones que impulsaron tanto a Paraguay como a Bolivia, ambos países aislados y pobres, al enfrentamiento fueron de orden histórico y económico. Los dos países albergaban un resentimiento nacionalista heredado de las derrotas en las guerras. La guerra de la Triple Alianza (1864-1870) fue desastrosa para Paraguay, dado que perdió una tercera parte de su territorio en favor de Argentina y Brasil. La guerra del Pacífico (1879-1886), por otro lado, hizo perder a Bolivia su acceso al mar, y su recuperación se convirtió, durante mucho tiempo, en una obsesión. Quedaba pendiente el problema del desierto del Chaco, inmensa llanura de 600.000 kilómetros cuadrados que bordea los Andes desde la Amazonia hasta la Pampa, donde las fronteras estaban mal delimitadas.

En 1913, un reparto del Chaco entre Bolivia y Paraguay era posible. Pero todo ello se vino abajo en los años veinte, cuando las peticiones de Bolivia a la Sociedad de las Naciones acerca del acceso al Pacífico no fueron satisfechas, de modo que intentó poner fin a su situación con una vía fluvial hacia el Atlántico, pasando por el Chaco y el río Paraguay, lo que irritaba a su país vecino. Por añadidura, las compañías petroleras empezaron a sospechar de la existencia de yacimientos de petróleo en la región, agudizando las codicias. Las situaciones políticas internas de ambos países no contribuyeron por otra parte a apartar las veleidades belicistas. Así, en las elecciones bolivianas de 1930, triunfó un hombre fuerte al servicio de la oligarquía. Daniel Salamanca no tardó en culpar a la "propaganda comunista extranjera" de la agitación social reinante en el país. Incapaz de apaciguar el clima social y político, a pesar de una muy severa "ley de defensa social", Salamanca desvió, como era ya costumbre, la atención de los bolivianos hacia la rivalidad con Paraguay acerca del Chaco. Su intento de movilización nacionalista no fue, a fin de cuentas, más que un éxito a medias, y en 1932 una inmensa muchedumbre de 5.000 personas, obreros, mineros e intelectuales se manifestaron en contra de la guerra.

Pero Paraguay, convencido de que Bolivia estaba adquiriendo gran cantidad de armamento, optó por tomar la iniciativa de las hostilidades. Con la ventaja que les otorgaba el terreno y por el simple hecho de que sus adversarios eran indios, poco dados al combate, las tropas paraguayas derrotaron el ejército boliviano, causándole innumerables bajas. En 1935, Bolivia aceptó una tregua y, gracias al tratado de Buenos Aires, Paraguay recibía 225.000 kilómetros cuadrados del Chaco.

En Bolivia, Salamanca había sido derrocado en 1934; su sucesor, Tejada Sorzano lo fue a su vez, en 1936, por Germán Bush, y un gobierno de inspiración fascista se instaló bajo el dominio de José David Toro. En Paraguay, el gobierno victorioso de Eusebio Ayala no evitó el golpe de estado de 1936, dirigido por el general Rafael Franco. Ambos países salían pues de la guerra extremadamente debilitados y sometidos a dictaduras empeñadas en reconstruir la vida política nacional y en responder por la fuerza a una movilización social que, como en los demás países, suponía una amenaza para ellas.

2. El populismo y la movilización social

Poco a poco, desde las actividades de exportación, todos los sectores de la economía fueron destruidos por la crisis económica a principios de los años treinta, haciendo crecer el paro de manera vertiginosa en todos los países. Otros dos fenómenos contribuyeron al empeoramiento de la situación del empleo. En el campo, la reducción de la actividad originó una disminución del número de proletarios agrícolas y un proceso de concentración de tierras. Asistimos pues a un movimiento de emigración masiva hacia otras zonas rurales o hacia las ciudades. Pero, en estas últimas, la disminución de la actividad de los sectores secundario y terciario impedía absorber de forma rápida este flujo de mano de obra. Por ende, la presión demográfica se acentuó a partir de 1933, convirtiendo la situación de las capitales latinoamericanas en muy explosiva. La población de América Latina pasó de 95 millones en 1925 a 157 millones en 1950 al tiempo que, si en 1929 la población urbana representaba el 30% del total, esta proporción era del 45% en 1950.

La industria textil brasileña, que daba trabajo a 140.000 obreros antes de la crisis, se vio obligada a despedir a 30.000, y otros 60.000 se encontraban en una situación de paro parcial. En México había 300.000 parados en 1931, y llegaron a ser un millón un año más tarde. Cuba, en 1933, tenía 500.000 parados y la producción de caña de azúcar había caído de 5,6 millones de toneladas en 1929 a 1,7 millones en 1933.

La reacción de los Estados, a partir de 1933, consistió en estimular el desarrollo de una producción industrial local con el fin de satisfacer una demanda interna que ya no se abastecía con las importaciones y de crear puestos de trabajo. De ser simplemente una medida contra la crisis, la sustitución de los productos importados se convirtió en una obligación durante la Segunda Guerra Mundial, al quedar el comercio internacional totalmente desarticulado. Al acabar la guerra, se convirtió en un modo de desarrollo, aplicado hasta los años cincuenta, que originó graves distorsiones económicas cuyos efectos comentaremos más adelante. Esta estrategia favoreció, al fin y al cabo, el desarrollo de las estructuras económicas y sociales de los países de América Latina que habían conocido ya una fase de despegue industrial. Unidades industriales de producción más amplias hicieron su aparición y, con ellas, se desarrolló un auténtico proletariado industrial cuyo activismo marcó los años treinta.

Pero los nuevos regímenes surgidos del seísmo político de 1930-1933 se vieron en la obligación de controlar los movimientos sociales según modalidades diversas que dejaron huellas indelebles. Este control tomó la forma de un intento de integración.

Tipos de incorporación de las clases obreras

	Incorporación realizada por el Estado	Incorporación realizada por un partido político		
Objetivos y agentes de la incorporación	Brasil 1930-1945	Colombia 1930-1945	Argentina 1945-1955	Venezuela 1935-1948
Control de los sindicatos ejercido por el Estado	SÍ	SÍ	SÍ	SÍ
Movilización de apoyos obreros realizada por un partido	NO	SÍ	SÍ	SÍ
Modalidad y envergadura de la incorporación		Movilización electoral	Populismo moderado	Populismo radical
Movilización electoral	NO	SÍ	SÍ	SÍ
Sindicatos ligados a un partido	NO	Moderado	SÍ	SÍ
Campesinado incluido	NO	NO	NO	SÍ

(*Fuente:* Ruth B. Collier y David Collier, *Shaping the Political Arena: Critical Junctures, the Labor Movement, and Regime Dynamics in Latin America,* Princeton University Press, 1991, p. 166.)

La incorporación de las clases obreras fue emprendida directamente por el Estado en Brasil, y por partidos políticos en Colombia y Venezuela en los años treinta y en Argentina más tarde. Frente al mismo reto, estos países se distinguían pues por la envergadura de la incorporación, desde la mera movilización con fines electorales en Colombia hasta el establecimiento de un nexo de unión entre partidos políticos y sindicatos e incluso a la incorporación de los campesinos en el proyecto populista.

▲ La estrategia de incorporación llevada a cabo en **Brasil** por el Estado, y anteriormente en Chile entre 1920 y 1931, consistía en desincentivar o despolitizar a la clase obrera, suprimiendo los sindicatos demasiado afines a los comunistas y otorgando beneficios a ciertas categorías para anular así cualquier conflicto potencial y propiciar la creación de nuevos sindicatos más cooperadores.

Getulio Vargas optó, nada más llegar al poder en 1930, por oponerse a la creciente influencia de los comunistas en los sindicatos brasileños, creando un ministerio de Trabajo y haciendo aprobar una nueva legislación que sometía el reconocimiento de los sindicatos a estrictas condiciones sobre su ideología. No obstante, entre 1930 y 1935, Vargas insistió principalmente en la represión. Pero después de la revuelta comunista abortada en 1935 y especialmente del golpe de estado de 1937, Vargas estableció un régimen corporativista directamente inspirado en el fascismo italiano. La nueva legislación del periodo del *Estado Novo* preveía que los sindicatos debían adoptar estatutos que "asegurasen que la asociación actuaría como un órgano de colaboración con las autoridades públicas y las demás asociaciones, con vistas a consolidar la solidaridad social, y subordinaría los intereses económicos y profesionales al interés nacional".

Las condiciones para la inscripción de los sindicatos conferían al Estado un poder de control muy extenso. Al tiempo, las leyes daban un modelo de estatutos que debían adoptar los sindicatos. En especial la afiliación estaba estrictamente regulada. Sin ser obligatoria, era necesaria para poder beneficiarse de las prestaciones sociales. La dependencia financiera de los sindicatos era además total, y el Estado intervenía en el nombramiento de la dirección.

El aparato legislativo y reglamentario del *Estado Novo* permitió a Vargas vigilar de cerca al movimiento obrero. Surgió una burocracia sindical cooptada, y los afiliados pasaron de 180.000 en 1930 a 475.000 en 1945.

Esta incorporación directa impuesta desde "arriba", por el Estado, sin la ayuda de ningún partido político, es un caso excepcional, y su logro no lo es menos.

▲ En **Colombia**, las ambiciones fueron menores y la incorporación fue encauzada por un partido político tradicional, creado en el siglo XIX. En 1930, el Partido Liberal accedió al poder después de cincuenta años en la oposición, desmantelando a un partido conservador dividido. Rápidamente, los liberales iban a constituirse una clientela electoral entre las capas populares urbanas para contrarrestar la popularidad del partido conservador en el ejército y en la Iglesia católica. Los liberales estaban sin embargo divididos, y la incorporación de las clases trabajadoras se hizo siguiendo el ritmo de la evolución de las luchas intestinas del partido. Así, liberales moderados (Enrique Olaya, 1930-1934 y Eduardo Santos, 1938-1942) se alternaron en el poder con liberales más radicales (Alfonso López Pumarejo, 1934-1938 y 1942-1945), estos últimos actuando de manera más voluntarista en favor del acercamiento de la clase obrera al liberalismo. Olaya defendió sin embargo importantes reformas sociales. Así, en 1931, la Ley 83 reconocía a los trabajadores el derecho de sindicarse, y en 1934 un decreto instauraba la jornada de ocho horas de trabajo.

Pero la elección de López en 1934 supuso una ruptura. La "revolución en marcha" que empujó tenía como objetivo no sólo consolidar el dominio liberal sobre el Estado, sino también debilitar a la oposición en el seno del partido liberal. El Estado se fue convirtiendo en el árbitro de conflictos sociales cada vez más numerosos y facilitó la creación de sindicatos. Así, entre 1935 y 1939, 155 de los 218 conflictos registrados fueron zanjados gracias a la mediación del Estado. Ciertas huelgas, como la de la *Tropical Oil Company* de diciembre de 1935, tuvieron un valor altamente simbólico y el gobierno consiguió obtener de las grandes empresas, estadounidenses por añadidura, beneficios para los obreros. En 1944, después del fallido golpe de estado, López declaró el estado de sitio y decretó nuevas medidas en favor de los sindicatos, entre ellas el *closed shop*. Mientras que sólo 99 sindicatos habían sido reconocidos antes de 1930, mayormente mutualidades, 1.400 lo fueron entre 1930 y 1945, de los cuales 633 en 1944-1945. Ciertamente, estas cifras se deben a la debilidad de la industria colombiana antes de 1930, pero reflejan claramente la intención de los liberales colombianos de seducir a la incipiente clase obrera.

De hecho, la estrategia resultó muy eficaz. El Partido Comunista Colombiano, ya débil, y la UNIR (Unión Nacional Izquierdista Revolucionaria), creada por Gaitán en 1933, al principio preconizaron la independencia respecto del partido liberal, pero se vieron superados, y ante la evidencia de que perdían terreno, tuvieron que unirse a la "revolución en marcha". En 1935, Gaitán puso fin a la existencia de la UNIR para sumarse al gobierno de López, y en 1936, siguiendo la nueva táctica de Frente Popular, el Partido Comunista decidía apoyar a los liberales.

No obstante, conviene no sobrestimar la importancia de esta incorporación conseguida por un partido político. La clase obrera colombiana no tenía el peso económico o político suficiente para dar una base sólida a la dominación liberal. Por otra parte, esta unión no fue unánime en el país, dado que la región industrial de Antioquía se desvinculó. Al fin y al cabo, no era más que de tímido componente rural. El periodo tuvo sin embargo una reforma agraria, la "ley 2.000" de 1936, pero no con el talante suficiente para poner en tela de juicio la dominación de la burguesía de los plantadores de café.

▲ **Venezuela** conoció un populismo más radical, incluyendo una dimensión rural que recuerda el caso mexicano. La muerte del dictador Juan Vicente Gómez en 1935 abrió un periodo de transición en el cual los dos presidentes –López Contreras (1935-1941) y Medina Angarita (1941-1945)– dudaron entre seguir con el autoritarismo represivo y la apertura política. Ciertas peticiones reformistas de la oposición se vieron satisfechas, pero hubo que esperar a que se produjera el golpe de estado de 1945 y el acceso al poder del partido socialdemócrata AD (*Acción Democrática*) para que se pusiese en práctica un populismo radical en Venezuela. Estudiaremos el periodo llamado *trienio* (tres años de gobierno de la AD entre 1945 y 1948) más adelante. Limitémonos ahora a señalar que la incorporación empezó durante el periodo de transición 1935-1945 y que se llevó a cabo gracias a la mediación de un partido político de la oposición. El gobierno de López había adoptado de entrada, sin embargo, una actitud favorable al movimiento obrero, reconociendo a 109 sindicatos obreros y campesinos entre julio y diciembre de 1936, pero volvió rápidamente a prácticas represivas. El gobierno de

Medina registró una evolución similar. La oposición estaba por entonces dividida entre el Partido Comunista Venezolano (PCV) y el Partido Democrático Nacional (PDN), que pasó a llamarse AD a partir de 1941. Las dos fuerzas políticas rivalizaron para crearse una clientela entre las clases trabajadoras. El PCV era mayoritario entre la clase obrera, mientras que la AD lo era entre los sindicatos campesinos. En 1944, mientras que el PCV apoyaba al gobierno en el marco de la lucha mundial antifascista, Medina disolvía los sindicatos comunistas, permitiendo a la AD acceder al control de los sindicatos venezolanos. Era pues natural que la AD adoptara una política favorable hacia los sindicatos nada más acceder al poder en 1945 (nueva legislación, arbitraje de los conflictos, reforma agraria, etc.), a cambio de un apoyo electoral masivo.

▲ En **Argentina**, la incorporación de la clase obrera sólo se realizó a partir de 1943, pero la manera en la que se desarrollaron las relaciones entre el movimiento obrero y el Estado en la Argentina de los años treinta contribuyó a poner en marcha todos los elementos del peronismo. Su examen permite pues comprender mejor las causas profundas y las condiciones que dieron lugar al nacimiento del régimen populista que se instaló en 1943.

El movimiento obrero argentino registró en los años treinta cambios tanto cuantitativos como cualitativos. En cuanto a los primeros, el aumento del número de huelgas lo pone de manifiesto.

Número de acciones emprendidas por los obreros (huelgas, manifestaciones, paros en el trabajo, etc.) reflejadas en la prensa argentina (1930-1943)

Años	Número	Años	Número
1930	124	1937	116
1931	18	1938	110
1932	149	1939	128
1933	87	1940	140
1934	60	1941	102
1935	180	1942	84
1936	215	1943	70

(*Fuente:* La Prensa, 1930-1943, en Roberto p. Korzeniewicz, "Labor Unrest in Argentina, 1930-1943", *Latin American Research Review*, 28 (1), 1993, p. 9.)

Después de alcanzar su apogeo en 1936, la agitación obrera fue reduciéndose, en lo sucesivo, de forma paulatina. Al mismo tiempo, la naturaleza de esta movilización obrera se modificó sustancialmente. Mientras que, antes de la crisis, los obreros de los puertos eran los más virulentos, los núcleos de protesta se desplazaron hacia el sector de la construcción y las actividades agrícolas, abandonando la capital para extenderse por todo el país. Las zonas rurales se mostraron especialmente combativas, y los emigrantes que de ellas procedían no estaban pues faltos de experiencia sindical, como sugieren a menudo ciertas explicaciones del éxito del peronismo.

En el campo, la presencia de una mano de obra emigrante, que presionó los salarios a la baja, fue lo que originó la aparición de sindicatos potentes. En la temporada de cosechas, éstos amenazaban con poner en marcha acciones capaces de causar la pérdida de toda la producción si sus peticiones sobre el ajuste de plantilla no eran satisfechas. Otros sectores de la actividad, como el transporte, ofrecían a sus empleados posiciones, económicamente estratégicas, que les permitían negociar grandes ventajas. Asimismo se desarrollaron grandes sindicatos en la industria o en el sector de la construcción, como la Federación Obrera Nacional de la Construcción (FONC), creada en 1935 y que alcanzó 58.000 afiliados un año más tarde. Esos sectores de actividad agrupaban en su mayoría a obreros no cualificados cuya única defensa radicaba en el número y en la organización. Los comunistas se hicieron con estas nuevas organizaciones sindicales y llegaron a convertirse en el componente activo principal de la gran Confederación General del Trabajo (CGT), fundada en 1930.

El año 1936 fue decisivo. La lucha estaba en su apogeo cuando a finales de 1935 estalló una huelga general que, recordando "la semana trágica" de 1918, fue brutalmente reprimida, ocasionando la muerte de seis obreros. A partir de aquel momento, una serie de reivindicaciones empezaron a confluir para reclamar una mediación más activa del Estado en la regulación de los conflictos sociales.

Organizaciones tales como la Liga Patriótica Argentina o la Iglesia católica pedían al gobierno y en particular al Ministerio de Trabajo que evitasen los conflictos luchando contra el paro y manteniendo el nivel de los salarios. Los patronos sacaban partido, a su vez, de una intervención estatal creciente, en la medida que les permitía desviar el descontento social hacia el Estado. Además, defendían la creación de estructuras de arbitraje tripartitas Estado-patronal-sindicatos que permitían evitar recurrir a la huelga. En cuanto a los sindicatos, veían en la intervención estatal un reconocimiento de su papel, una institucionalización de su calidad de interlocutor social.

Sindicatos y patronal se pusieron de acuerdo para que el gobierno aplicase medidas proteccionistas. La industria textil se sentía amenazada por las importaciones a bajo precio procedentes de Japón, Italia y Alemania y llevó a cabo una campaña activa para obtener restricciones a las importaciones. Más allá, surgía un discurso nacionalista haciendo de la unión sagrada gobierno-patronal-sindicatos el estandarte de la salvación del país.

El Estado accedió a esas demandas de buen grado, ya que sacaba partido de todo ello. Deseaba controlar los movimientos sociales con el fin de asegurar la paz social y, sobre todo, contener la progresión de los comunistas. De forma clara, el Ministerio de Trabajo argentino entró en el juego de la mediación a partir de 1937 con la idea de establecer una clientela de sindicatos disciplinados. Además, el dominio creciente del comunismo en el movimiento sindical en los años 1941-1942 provocó una unión sagrada de los demás sindicalistas, del ejército y de la patronal, creando condiciones favorables para el golpe de estado de 1943.

Cuando Perón accedió al poder en 1946, no hizo más que aplicar una práctica ya existente.

3. El populismo y la retórica nacionalista y popular

En Argentina, como en los demás países de América Latina, las estrategias de incorporación, de integración o de cooptación de la clase obrera, que se llevaron a cabo para responder al desafío planteado por el problema social, tenían como finalidad proteger el orden político establecido.

El populismo en los años treinta y cuarenta fue una fórmula contradictoria. Se trataba de preservar el orden oligárquico, cuestionado por la crisis del modelo exportador, no reprimiendo sino integrando las clases populares a los regímenes políticos. Una evolución para evitar una revolución, según una expresión a menudo utilizada. Se entiende que tal práctica del poder recurriese frecuentemente a las representaciones simbólicas. La manipulación de símbolos –la "nación", el "pueblo"– fue la contrapartida de la ausencia de cambios. El discurso sustituyó con frecuencia a la acción. Pero puede imaginarse hasta qué punto la retórica populista encubría fermentos desestabilizadores. La movilización del pueblo podía desencadenar una lógica incontrolable de politización que habría que parar.

El término "populista", que hoy sigue empleándose para definir cierto estilo en el ejercicio del poder, impregnado de paternalismo, de demagogia y de nacionalismo, pone de manifiesto la huella que han dejado las pocas experiencias, que, por sí mismas, dependen del populismo.

Experiencias populistas en América Latina

País	Dirigentes populistas	Período populista*
Argentina	Juan Domingo Perón	1943-1955
Brasil	Getulio Dornelles Vargas	1930-1954
Ecuador	José María Velasco Ibarra	1935-1956
México	Lázaro Cárdenas	1934-1940

*Los dirigentes citados, con la excepción de Cárdenas, no estuvieron en el poder durante todo el periodo. Perón fue presidente de 1946 a 1955, Vargas de 1930 a 1945 y de 1951 a 1954; Velasco de 1934 a 1935, de 1944 a 1947, de 1952 a 1956, de 1960 a 1961 y de 1968 a 1972.

Argentina, Brasil, Ecuador y México ofrecen los ejemplos más puros de las experiencias populistas latinoamericanas. Han dado lugar a diversas interpretaciones, según donde se ponga el acento: en la disponibilidad de las capas sociales populares, en el compromiso al que está sometida la burguesía latinoamericana o en el éxito de una ideología nacional-popular.

El populismo es esa reacción, de tipo nacional, a una modernización que viene dirigida desde el exterior. Su tema central es rechazar las rupturas impuestas por la acumulación capitalista o socialista, compensar la modernización inducida por un crecimiento del control colectivo de los cambios económicos y técnicos, en definitiva, mantener o recrear una identidad colectiva a través de las transformaciones económicas que a la vez son admitidas y rechazadas. El populismo es un intento de control antielitista del cambio social.

(*Fuente:* Alain Touraine, *La parole et le sang. Politique et société en Amérique latine*, Éditions O. Jacob, 1988, p. 165.)

Es cierto que la crisis de 1929 no sólo tuvo repercusiones económicas y sociales, sino que puso en cuestión, lo hemos dicho anteriormente, un modelo de desarrollo y, con él, una cierta visión del mundo. La oligarquía latinoamericana, así como las capas medias y las clases populares, estaba pues dispuesta a acoger un nuevo proyecto ideológico.

El caso de Perón merece mención especial por lo importante que sigue siendo desde entonces el "justicialismo" en el centro de la situación partidaria argentina.

Después del golpe de estado del 4 de junio de 1943, que puso fin al "decenio infame", el coronel Perón fue nombrado en noviembre encargado del departamento de trabajo y de previsión. El 7 de junio de 1944, se convertía en vicepresidente, gracias a una lucha interna en el ejército que permitió al general Farrell ocupar el puesto del general Ramírez. El 9 de octubre de 1945, sería relegado de sus funciones por una fracción del ejército que le era hostil, pero el día 17, en un acto que pronto se convirtió en un mito fundador del peronismo, una inmensa muchedumbre compuesta por obreros y por "descamisados" invadió la plaza de Mayo de Buenos Aires para reclamar la reintegración de Perón al gobierno.

▲ Declaración de los Derechos del Trabajador 24 de febrero de 1947 (primer aniversario de la elección de Perón)

I- DERECHO DE TRABAJAR

El trabajo es el medio indispensable para satisfacer las necesidades espirituales y materiales del individuo y de la comunidad, la causa de todas las conquistas de la civilización y el fundamento de la prosperidad general; de ahí que, el derecho de trabajar, debe ser protegido por la sociedad considerándolo con la dignidad que merece y proveyendo ocupación a quien la necesite.

II- DERECHO A UNA RETRIBUCIÓN JUSTA

Siendo la riqueza, la renta y el interés del capital frutos exclusivos del trabajo humano, la comunidad debe organizar y reactivar las fuentes de producción en forma de posibilitar y garantizar al trabajador una retribución moral y material que satisfaga sus necesidades vitales y sea compensatoria del rendimiento obtenido y del esfuerzo realizado.

▶

▶ III- DERECHO A LA CAPACITACIÓN

El mejoramiento de la condición humana y la preeminencia de los valores del espíritu imponen la necesidad de propiciar la elevación de la cultura y de la aptitud profesional, procurando que todas las inteligencias puedan orientarse hacia todas las direcciones del conocimiento, e incumbe a las sociedad estimular el esfuerzo individual proporcionando los medios para que, en igualdad de oportunidades, todo individuo pueda ejercitar el derecho de aprender y perfeccionarse.

IV- DERECHO A CONDICIONES DIGNAS DE TRABAJO

La consideración debida al ser humano, la importancia que el trabajo reviste como función social y el respeto recíproco entre los factores concurrentes de la producción consagran el derecho de los indivi-duos a exigir condiciones dignas y justas para el desarrollo de su actividad y la obligación de la socie-dad de velar por la estricta observancia de los preceptos que las instituyen y reglamentan.

V- DERECHO A PRESERVACIÓN DE LA SALUD

El cuidado de la salud física y moral de los individuos debe ser una preocupación primordial y cons-tante de la sociedad, a la que corresponde velar para que el régimen de trabajo reúna los requisitos ade-cuados de higiene y de seguridad, no exceda las posibilidades normales del esfuerzo y posibilite la debi-da oportunidad de recuperación por el reposo.

VI- DERECHO AL BIENESTAR

El derecho de los trabajadores al bienestar, cuya expresión mínima se concentra en la posibilidad de disponer de vivienda, indumentaria y alimentación adecuadas y de satisfacer sin angustias sus necesi-dades y las de su familia en forma que le permita trabajar con satisfacción, descansar libre de preocupa-ciones y gozar mesuradamente de expansiones espirituales y materiales, impone la necesidad social de elevar el nivel de vida y de trabajo con los recursos directos e indirectos que permita el desenvolvimien-to económico.

VII- DERECHO A LA SEGURIDAD SOCIAL

El derecho de los individuos a ser amparados, en los casos de disminución, suspensión o pérdida de su capacidad para el trabajo, promueve la obligación de la sociedad de tomar unilateralmente a su car-ga las prestaciones correspondiente o de promover regímenes de ayuda mutua obligatoria destinados, unos y otros, a cubrir o complementar las insuficiencias o inaptitudes propias de ciertos periodos de la vida o las que resulten de infortunios provenientes de riesgos eventuales.

VIII- DERECHO A LA PROTECCIÓN DE SU FAMILIA

La protección de la familia responde a un natural designio del individuo, desde que en ella generan sus más elevados sentimientos afectivos y todo empeño tendente a su bienestar debe ser estimulado y favorecido por la comunidad como el medio más indicado de propender al mejoramiento del género huma-no y a la consolidación de principios espirituales y morales que constituyen la esencia de la convivencia social.

IX- DERECHO AL MEJORAMIENTO ECONÓMICO

La capacidad productora y el empeño de superación hallan un natural incentivo en las posibilidades de mejoramiento económico, por lo que la sociedad debe apoyar y favorecer las iniciativas de los indivi-duos tendentes a ese fin y estimular la formación y utilización de capitales en cuanto constituyan ele-mentos activos de la producción y contribuyan a la prosperidad general.

▶

Perón había empezado, gracias a sus discursos, a forjarse una clientela cuya fidelidad no se derrumbó ni siquiera durante sus dieciocho años de exilio (1955-1973). No sería correcto, por consiguiente, creer que el pueblo argentino se uniría únicamente a una ideología cuyos principios básicos eran esgrimidos en los discursos de Perón. La dimensión carismática del populismo fue esencial. Suponía un lazo afectivo entre el líder y su pueblo, lazo del que ninguno de sus discursos puede dar cuenta. Su acción en favor de la clase obrera y de los oprimidos fue tan importante como para ganarse su confianza.

A fin de cuentas, el mismo Perón insistía en la importancia de su "doctrina", el "justicialismo", proyecto para el país del que se hacía el intérprete.

> Los peronistas no nos conformamos con ejercer solamente el gobierno, resolviendo unilateralmente los problemas, sino que queremos crear dentro del país una modalidad peronista de gobierno y un método peronista de gobierno. [...]
> Pero para llevar una organización es necesario primero tener una doctrina, tener una teoría y desarrollar formas convenientes de ejecución [...] el peronismo comenzó por propugnar una doctrina para el pueblo argentino, fijando sus objetivos nacionales. [...]
> Gobernar es fácil, lo difícil es conducir. Porque gobernar es, simplemente, ordenar y resolver problemas materiales, y conducir implica eso más el resolver, ordenar, dirigir y conducir valores espirituales, sin los cuales es imposible llevar la Nación a los destinos que todos soñamos.

(*Fuente:* Juan D. Perón, 17 de junio de 1950, discurso reproducido en *El pensamiento Peronista*, selección de Aníbal Iturrieta, Ediciones de Cultura Hispánica, 1990, pp. 38-39.)

Esta doctrina se fijaba como objetivo principal la defensa del pueblo. Perón, el portavoz de los *descamisados*, esos trabajadores en camiseta, proclamaba la justicia social (de ahí el justicialismo) con el fin de consolidar el lazo social, la homogeneidad que él se jactaba en llamar "comunidad". La armonía social debía conseguirse con políticas redistributivas, pero también creando empleos en una industria nacional estimulada con medidas proteccionistas. Los derechos del trabajador se convertían en prioritarios, y entre ellos, el aumento de la cobertura social fue espectacular. El número de argentinos con cobertura social se triplicó por vez primera entre 1943 y 1946, y una segunda vez entre 1946 y 1952, alcanzando cinco millones, lo que representa cerca del 70% de la población activa. La sindicalización, como se apuntó más arriba, progresó rápidamente, pasando de 900.000 afiliados en 1946 a 2,5 millones en 1954. Pero los límites quedaban también claros. De esta forma, la "Declaración de derechos del trabajador" de 1947, incluida en la constitución de 1949, no contemplaba ni siquiera el derecho a la huelga. Por otra parte, la libertad sindical era muy aleatoria. De esta forma, en enero de 1947, Perón se permitía expulsar al secretario general de la poderosa Confederación General del Trabajo (CGT) y sustituirlo por un personaje insignificante y totalmente sumiso. La CGT se puso al servicio de Perón a partir de 1950 y no parece que le reprochara su dominio sobre el sindicalismo. La CGT desempeñó un papel principal en su reelección en 1951.

⚠ Declaración de independencia económica (9 de julio de 1947, 131.º aniversario de la independencia)

Nos, los representantes del pueblo y del gobierno de la República Argentina, reunidos en Congreso Abierto a la voluntad nacional, invocando la Divina Providencia, declaramos solemnemente a la faz de la tierra la justicia en que fundan su decisión los pueblos y gobiernos de las provincias y territorios argentinos de mejorar los vínculos dominadores del capitalismo foráneo enclavado en el país y recuperar los derechos y gobierno propios y las fuentes económicas nacionales. La Nación alcanza su libertad económica para quedar, en consecuencia, de hecho y de derecho, con el amplio y pleno poder de darse las normas que exigen la justicia y la economía universal en defensa de la solidaridad humana.

(*Fuente:* Juan D. Perón, reproducida en *El pensamiento peronista*, selección de Aníbal Iturrieta, Ediciones Cultura Hispánica, 1990.)

El nacionalismo económico acompañó a la retórica obrerista. Se trataba nada menos que de la salvación de la nación en el momento en que el final de la Segunda Guerra Mundial ponía en peligro el mercado europeo. El proteccionismo iría acompañado de disensiones con la oligarquía exportadora que Perón criticaba severamente. Pero hemos de resaltar que Perón no intentó en ningún momento destruir esta oligarquía, por medio, por ejemplo, de una reforma agraria, como se hizo en Venezuela o en México.

La defensa del pueblo debía organizarse en un marco democrático. El objetivo de la revolución de junio de 1943 era, según la fórmula consagrada, devolver el poder al pueblo.

La Revolución de junio halló al país íntegramente enajenado. Enajenado en las fuentes originarias de sus recursos económicos, enajenado socialmente al reconocimiento de arcaicos intereses y de monopolios de tipo imperialista, enajenado políticamente ante el acatamiento de sistemas que bastardearon durante

▶

▶ décadas nuestra democracia. La total recuperación, en manos del pueblo, de todos los atributos que le confieren las instituciones de la República, se ha producido, por justa y feliz coincidencia, al tiempo en que las comunas de la Provincia recobraban el pleno ejercicio de la autonomía que les aseguran la constitución y la ley. De esta manera, superados el acatamiento al caudillo, el acatamiento al "jefe de la situación local", difundiendo suficientemente el principio de la soberanía del pueblo, regulada la economía proletaria por los principio de la justicia social, restablecido el derecho a la agremiación por funciones y proclamada hasta el exceso la voluntad del gobernante de eliminar todos los obstáculos que impidan la libre determinación popular, el pueblo de los municipios –que son la base de nuestra organización institucional– se encuentra en las más propicias condiciones para alcanzar el alto grado de progreso social y espiritual que constituye, señores legisladores, el norte de nuestras comunes inquietudes.

(*Fuente:* coronel Domingo Mercante, gobernador de la Provincia de Buenos Aires, 3 de mayo de 1948, reproducido en *El pensamiento peronista*, selección de Aníbal Iturrieta, Ediciones Cultura Hispánica, 1990.)

Pero, por último, la defensa del pueblo no se debía ni a la mejora de su nivel económico ni a una mayor libertad de expresión, sino a su adhesión a una fuerza partidaria: el justicialismo. Utilizado como doctrina política, económica y social, y al tiempo como "movimiento", el justicialismo fue casi un patrón de conducta propuesto al conjunto de los argentinos.

▲ Las veinte verdades

1) La verdadera democracia es aquella donde el gobierno hace lo que el pueblo quiere y defiende un solo interés: el del pueblo.

2) El peronismo es esencialmente popular. Todo círculo político es antipopular, y por lo tanto no es peronista.

3) El peronista trabaja para el Movimiento. El que en su nombre sirva a un círculo o a un caudillo, lo es sólo de nombre.

4) No existe para el peronismo más que una sola clase de hombres: los que trabajan.

5) En la Nueva Argentina el trabajo es un derecho que crea la dignidad del hombre, y es un deber, porque es justo que cada uno produzca por lo menos lo que consume.

6) Para un peronista no puede haber nada mejor que otro peronista.

7) Ningún peronista debe sentirse más de lo que es ni menos de lo que debe ser. Cuando un peronista comienza a sentirse más de lo que es, empieza a convertirse en oligarca.

8) En la acción política la escala de valores de todo peronista es la siguiente: primero la Patria, después el Movimiento y luego los hombres.

9) La política no es para nosotros un fin, sino sólo el medio para el bien de la Patria, que es la felicidad de sus hijos y la grandeza nacional.

10) Los dos brazos del peronismo son la justicia social y la ayuda social. Con ellos damos al Pueblo un abrazo de justicia y de amor.

11) El peronismo anhela la unidad nacional y no la lucha. Desea héroes, pero no mártires.

▶

12) En la Nueva Argentina los únicos privilegiados son los niños.

13) Un gobierno sin doctrina es un cuerpo sin alma. Por eso el peronismo tiene su propia doctrina política, económica y social: el Justicialismo.

14) El Justicialismo es una nueva filosofía de la vida, simple, práctica, popular, profundamente cristiana y profundamente humanista.

15) Como doctrina política, el justicialismo realiza el equilibrio del derecho del individuo con el de la comunidad.

16) Como doctrina económica, el Justicialismo realiza la economía social, poniendo el capital al servicio de la economía y ésta al servicio del bienestar social.

17) Como doctrina social, el Justicialismo realiza la justicia social, que da a cada persona su derecho en función social.

18) Queremos una Argentina socialmente justa, económicamente libre y políticamente soberana.

19) Constituimos un Gobierno centralizado, un Estado organizado y un Pueblo libre.

20) En esta tierra lo mejor que tenemos es el pueblo.

(*Fuente:* Juan D. Perón, 1950, reproducido en *El pensamiento peronista*, selección de Aníbal Iturrieta, Ediciones Cultura Hispánica, 1990.)

Volveremos más adelante a hablar de las demás experiencias populistas. No todas se debieron a una verborrea semejante a la del peronismo, y algunas, como la del cardenismo, contaron entre sus éxitos impresionantes reformas. Es necesario precisar ya cuál era la coyuntura económica internacional en la que se desarrollaron estas experiencias, sin lo cual sería imposible comprender la doble coacción a la que estaba sometido el pueblo latinoamericano: afectado directamente por el deterioro de su nivel de vida, su solidaridad fue reclamada durante la Segunda Guerra Mundial para defender las naciones democráticas en peligro.

4. América Latina y la Segunda Guerra Mundial

A lo largo de los años treinta, América Latina fue sometida a una penetración fascista importante.

La incursión fue en primer lugar y ante todo comercial. Alemania se hizo muy presente en Brasil, Chile, Colombia, Argentina y Uruguay, y Japón principalmente en Paraguay y en Perú. Estos países estaban interesados por las materias primas latinoamericanas y desarrollaron una propaganda antiamericana que siempre encontró cierto eco en América Latina. Después surgieron las relaciones culturales y militares con los Estados fascistas europeos y el nazismo alemán. Bien es cierto que Alemania gozaba, especialmente en Chile y Argentina, de lazos muy estrechos que fueron tejiéndose al final del siglo XIX, cuando contribuyó a la modernización del ejército. Los oficiales prusianos habían instalado misiones permanentes y la industria de armamento alemán, Krupp en particular, dominaba la región. Existía pues en estos países una poderosa comunidad alemana, que sirvió de puente a la estrategia de incursión alemana. Algunos dictadores, como Ubico en Guatemala o Benavides en Perú, se inspiraron abiertamente de los métodos fascistas. El primer ministro de Benavides, José de la Riva Agüero, fue uno de esos fascistas latinoamericanos cuyo anticomunismo era tan fuerte como el anticapitalismo y que consiguieron crear formaciones partidarias de masas, a imagen y semejanza de la Unión Revolucionaria de Perú, que contó hasta con 5.000 milicianos en su ejército, de la Acción Integralista Brasileña, que podía movilizar muchedumbres de 100.000 personas, de la Falange Socialista Boliviana o del Partido Nazi chileno.

Las quintas columnas nazis se presentaban en América Latina como "nacional-socialistas" en lucha contra el imperialismo anglosajón, como defensores del orden y a la cabeza de la lucha contra los comunistas.

Cuadro político de la América Latina de 1943

País	Jefe de Estado	Tipo de régimen*	Fecha de entrada en guerra
Argentina	General Farrell (1943-1944)	Dictadura	1945
Bolivia	General Villaroel (1943-1946)	Dictadura	1943
Brasil	Getulio D. Vargas (1930-1945)	Dictadura	1942
Chile	Juan A. Ríos Morales (1942-1946)	Democracia	1945
Colombia	Alfonso López P. (1942-1945)	Democracia	1943
Costa Rica	Rafael A. Calderón (1940-1944)	Democracia	1941
Ecuador	C.A. Arroyo (1939-1944)	Democracia	1945
Guatemala	General Ubico (1931-1944)	Dictadura	1941
México	Manuel Ávila Camacho (1940-1946)	Democracia	1942
Nicaragua	Anastasio Somoza (1937-1947)	Dictadura	1941
Paraguay	General Morínigo (1940-1948)	Dictadura	1945
Perú	Manuel Prado (1939-1945)	Dictadura	1945
Uruguay	Juan J. Amézaga (1943-1947)	Democracia	1945
Venezuela	General Isaías Medina (1941-1945)	Dictadura	1945

* Se han tomado en cuenta solamente dos tipos de régimen, lo que tiende a enmascarar diferencias sustanciales. Así, en todo rigor, sólo el régimen uruguayo merecería realmente la apelación de democracia. En todos los demás casos, las elecciones estaban mancilladas por irregularidades más o menos graves.

Ahora bien, en casi todos los países de América Latina numerosos y poderosos sectores sociales que se habían sentido frustrados durante largos años de dominación liberal estaban a favor de una victoria de las fuerzas del Eje. El dirigismo económico y el totalitarismo político de los regímenes dictatoriales europeos ganaban adeptos dentro de la antigua burguesía conservadora.

Por último, los regímenes autoritarios florecían en la región durante el conflicto. Pese a ello, la razón de Estado prevaleció casi por doquier, en función de intereses determinados.

Las relaciones entre la actitud tomada por gobiernos diferentes frente al conflicto mundial y las formas adoptadas por los regímenes políticos latinoamericanos durante y después de la guerra fueron complejas.

Se insertaron en un contexto continental en plena evolución desde la llegada al poder de Franklin D. Roosevelt en los Estados Unidos en 1933. El cambio que simbolizó fue en realidad inaugurado por su antecesor Hoover, pero "FDR" asoció su nombre a las prácticas de "buenas relaciones de vecindad" con América Latina. La incursión fascista en América Latina, y los peligros que podía hacer correr a los intereses estadounidenses, no fue ajena a este importante giro en la política exterior estadounidense. Tampoco fue ajena a ese giro la debilidad del capitalismo estadounidense, arrasado por la crisis de 1929 e incapaz, desde entonces, de llevar tras sí a los Estados Unidos en sus empresas imperialistas. De manera más general, Roosevelt consideraba que la solidaridad continental permitiría una salida más rápida de la crisis.

Ya en su discurso de toma de posesión el 4 de marzo de 1933, y en particular en el del 12 de abril del mismo año, Roosevelt asentaba los pilares de una nueva solidaridad continental.

> La amistad entre Estados, al igual que la amistad entre personas, exige la realización de un esfuerzo de carácter constructivo que ponga en marcha las energías de la humanidad con el fin de crear una atmósfera de íntima comprensión y estrecha colaboración. La amistad presupone el respeto mutuo y la asunción de compromisos recíprocos, pues sólo a través del respeto por los derechos de los demás y de un exacto cumplimiento de las obligaciones contraídas por cada miembro de la comunidad internacional se podrá preservar la verdadera hermandad. Los rasgos de un panamericanismo genuino tienen que ser los mismos que distinguen a una buena vecindad, a saber: comprensión mutua y, basado en ésta, el respeto por el punto de vista del otro. Sólo de esta forma podemos tener la esperanza de construir un sistema cuyos pilares sean la confianza mutua, la amistad y la buena voluntad.
>
> (*Fuente:* Presidente Roosevelt, 12 de abril de 1933, discurso citado por Hans-Joachim König en "El intervencionismo en Iberoamérica", p. 437 de *Historia de Iberoamérica*, tomo 3, Ediciones Cátedra, 1988.)

En la séptima conferencia interamericana de 1933, en Montevideo, la política de buenas relaciones de vecindad anunciada por el secretario de Estado Hull no se tomó más que como una declaración de intenciones por parte de los países latinoamericanos.

Mientras que las viejas naciones se tambalean bajo el peso de ideas anticuadas, se aferran a la institución decadente y cruel de la guerra y utilizan recursos preciosos para alimentar la boca de los cañones en lugar de la de los hombres, nos alzamos, dispuestos a seguir en la aplicación de esta idea la regla de oro, que para nosotros representa la auténtica buena voluntad y la auténtica relación de buena vecindad.

(*Fuente:* Secretario de Estado Cordell Hull en la conferencia interamericana de Montevideo, diciembre de 1933.)

Pero, al año siguiente, la enmienda Platt era retirada de la constitución cubana y los *marines,* repatriados de Haití. En 1936, en la conferencia interamericana de consolidación de la paz, en Buenos Aires, los Estados Unidos se comprometían a no intervenir ni "directa o indirectamente ni por un motivo cualquiera en los asuntos internos o externos" de los países de América Latina. Además se adoptaba un pacto de consulta que permitía coordinar los diferentes tratados existentes en lo referente al mantenimiento de la paz (tratado Gondra de 1923, pacto Kellog de 1928, convención general de conciliación de 1929, tratado general interamericano de arbitraje de 1929 y tratado de no-agresión y de conciliación de 1933). Posteriormente, en la octava conferencia internacional de Estados Americanos, reunida en Lima en diciembre de 1938, el tema de la corresponsabilidad se imponía y se firmaba una Declaración de solidaridad continental. Un clima de cooperación interamericana ya estaba pues establecido e iba a desarrollarse a lo largo de la Guerra Mundial.

En septiembre-octubre de 1939 tuvo lugar la primera reunión de consulta de los ministros de asuntos exteriores de los Estados americanos. En ella se optó por la neutralidad y se delimitó una zona prohibida a cualquier acto de guerra. La segunda reunión del mismo tipo tuvo lugar en 1940, después de las derrotas francesa y holandesa, y trató de la suerte de las colonias europeas en el continente americano. Éstas fueron puestas bajo la tutela provisional de los Estados americanos con el fin de garantizar la neutralidad del continente, lo que no hubiese sido posible si las islas francesas y holandesas hubiesen estado controladas por Alemania.

La entrada en guerra de los Estados Unidos, el 9 de diciembre de 1941, al día siguiente del ataque de Pearl Harbour, tuvo importantes consecuencias para América Latina. Los pequeños Estados de América Central y del Caribe –Costa Rica, El Salvador, Guatemala, Haití, Honduras, y Panamá el 9 de diciembre; Cuba y la República Dominicana, el día 10– declararon inmediatamente la guerra a Alemania y a Japón, ofreciendo principalmente un apoyo moral a los Estados Unidos.

En enero de 1942, los Estados Unidos convocaron la tercera reunión de consultas en Río de Janeiro. Pidieron a los latinoamericanos que rompiesen sus relaciones diplomáticas y comerciales con las fuerzas del Eje, y una junta interamericana de defensa fue creada. Rápidamente ejercieron presiones para que los países de América Latina declarasen la guerra a Alemania, Italia y Japón. Estas presiones fueron de intensidad desigual de un país a otro y las reacciones latinoamericanas no fueron homogéneas.

Quedaba claro que los Estados Unidos, por ejemplo, podrían necesitar a Brasil como cabeza de puente para el envío de tropas hacia el escenario de guerra norteafricano, vía las colonias francesas de África occidental. Brasil estaba por entonces bajo la férula de Getulio Vargas, que había instaurado una dictadura considerada por muchos afín a los regímenes fascistas. Dos consideraciones disiparon estos temores. Por una parte, Vargas se enfrentaba a una oposición activa del partido Acción Integralista Brasileña, apoyado por la Alemania nazi; y por otra parte, pronto planeó negociar su entrada en guerra con el fin de que su país se convirtiese en la gran potencia latinoamericana de la posguerra. De hecho, Vargas obtuvo para su país condiciones financieras excepcionales, que con posterioridad le permitieron desarrollar una industria siderúrgica, y no desperdició el pretexto de un ataque submarino para declarar la guerra a Alemania en diciembre de 1942. Brasil fue el único país latinoamericano en enviar tropas de combate a Europa, lo que resultó una experiencia muy frustrante para los militares brasileños.

Con 2.000 kilómetros de frontera común, México tenía igual importancia para los Estados Unidos. La política de buenas relaciones de vecindad se vio sometida a una prueba de primera magnitud cuando Roosevelt dejó que el presidente Cárdenas nacionalizara la industria del petróleo en 1938. El 1 de enero de 1942, México declaraba la guerra a las fuerzas del Eje y enviaba un escuadrón de aviones de combate al Pacífico.

Salvo Colombia y Bolivia, que entraron en guerra en 1943, los demás países declararon la guerra casi en el último momento, en 1945. En una conferencia extraordinaria interamericana, celebrada en México en febrero-marzo de 1945, se firmó un acta (el Acta de Chapultepec) que recomendaba la elaboración de un tratado de asistencia recíproca. En ella también se decidió que los países que aún no hubiesen declarado la guerra a las potencias enemigas lo hiciesen con el fin de poder formar parte de las Naciones Unidas y crear así un poderoso grupo americano de países miembros. Para la mayoría de los países afectados, el hecho de no haber declarado la guerra no significaba necesariamente que tuviesen simpatía alguna por el bando fascista; por otra parte países como Chile, Venezuela o Perú participaron en el esfuerzo de guerra abasteciendo de materias primas a los países aliados.

▲ El caso de **Argentina** fue especial. El resentimiento hacia la dominación económica inglesa y americana era fuerte, y el golpe de estado de 1943 llevó al poder a militares claramente favorables a Alemania. Argentina se resistió pues a las presiones estadounidenses afirmando alto y claro su neutralidad. En enero de 1944, el general Ramírez rompió las relaciones diplomáticas con Alemania y Japón, pero fue destituido dos meses más tarde por el general Farrel, contrario al bando aliado. Argentina sólo cedió después de la conferencia de Chapultepec, declarando la guerra a Alemania el 27 de marzo de 1945, es decir, tres semanas antes de que se suicidara Hitler.

▲ La ambigüedad del efecto de la guerra en la evolución de los regímenes políticos latinoamericanos se apreció de manera patente en **Bolivia**.

Al principio de la guerra, la burguesía que controlaba las exportaciones de estaño se enriqueció considerablemente proporcionando este metal a los aliados. En nombre del combate mundial por la defensa de la democracia, pidió a los trabajadores de las minas sacrificios que se hicieron tanto más insoportables cuanto que contrastaban con la opulencia de los barones del estaño. Así, en 1942, fueron reprimidas huelgas, y eso dio lugar a verdaderas masacres. La reacción fue un golpe de estado perpetrado en diciembre de 1943 por jóvenes oficiales reformistas encabezados por el teniente Villaroel y con el apoyo del Movimiento Nacionalista Revolucionario (MNR). Este partido, formado por ex-combatientes de la guerra del Chaco e intelectuales anti-imperialistas, sentía una gran debilidad por el fascismo y el racismo, haciendo responsables de todas las desgracias del país a los barones del estaño (que eran casi en su mayoría extranjeros) y a los judíos. Durante tres años, Villaroel y el MNR trabajaron para reforzar el papel del Estado e intentaron una incorporación de las capas populares, al favorecer, por ejemplo en 1944, la creación de la Federación Sindical de los Trabajadores de las Minas. En lo exterior, el intento de independencia frente al capitalismo anglosajón le valió la reputación de ser pronazi, pese a que había declarado la guerra a Alemania.

▲ Mejor ejemplo de ambigüedad que el de Bolivia es el caso de **Brasil**, tan confusa fue la naturaleza del *Estado Novo*. Hemos visto cómo Vargas actuó en la incorporación de la clase obrera gracias a un fuerte corporativismo. Brasil fue un aliado fundamental de los Estados Unidos durante la guerra; sin embargo, el régimen de Vargas no era de los más democráticos. Cuando accedió al poder en 1930, Getulio Vargas consiguió reducir la autonomía de los Estados Federados, especialmente al sofocar una rebelión en São Paulo en 1932, y al hacer desaparecer el *tenentismo*, antes de reformar la Constitución en 1934 para instaurar la democracia. Pero a partir de 1934, cuando acababa de inaugurar un mandato presidencial de cuatro años, se vio enfrentado a una doble oposición: de los integralistas, un partido fascista "cristiano, nacionalista y tradicionalista", y de la Alianza Libertadora Nacional (ALN), de hecho el Partido Comunista. Mientras que los dos movimientos competían en cuanto a atentados, la represión se abatió sobre la ALN especialmente, y los integralistas fueron más o menos protegidos por el gobierno. En noviembre de 1935, un intento de rebelión fue fácilmente sofocado, lo que permitió a Vargas decretar el estado de sitio y aniquilar a la oposición de izquierdas. Parecía pues que Vargas iba a aliarse con la extrema derecha, pero no fue el caso. El 10 de noviembre de 1937, disolvía el Congreso y asumía poderes dictatoriales, promulgando el *Estado Novo*. Vargas ofreció entonces a Plinio Salgado, cabecilla de los integralistas, un puesto en el gobierno que éste rechazó, creyendo que podría obtener más. De hecho, los integralistas no fueron asociados al ejercicio del poder, y la comparación con la Italia de Mussolini o el Portugal de Salazar parecía superficial. Frustrada, la extrema derecha intentó en febrero de 1938 hacerse con el poder por la fuerza, pero fue un fracaso. Salgado tuvo que exiliarse, y su movimiento fue desmantelado. El *Estado Novo*, libre de oposición, seguía siendo un régimen autoritario, con su larga serie de represión, tortura, censura y propaganda, pero en unas proporciones sin comparación alguna con las del fascismo europeo. Al mismo tiempo, Vargas se preguntaba con realismo qué campo elegir con el fin de modernizar su ejército y asegurar el desarrollo económico futuro del país. Brasil finalmente se decidió por el campo occidental, no tanto por razones ideológicas, sino porque Alemania no podía proporcionarle el equipamiento militar exigido.

Curiosamente, pues, numerosos Estados latinoamericanos apoyaron a los Estados Unidos en su lucha por la democracia mientras que estaban regidos por regímenes profundamente antidemocráticos. La contradicción no es más que aparente. Los Estados Unidos aceptaron de buen grado la colaboración de cualquier gobierno capaz de contribuir al esfuerzo de guerra, aunque con ello se pudiesen apuntalar las dictaduras. Numerosos *policy makers* se sintieron abochornados, pero las "buenas relaciones de vecindad" implicaban también el respeto hacia las formas políticas de los regímenes vecinos.

Indirectamente implicada por una lejana guerra, América Latina, por su parte, estaba ante todo preocupada por la cuestión social y dudaba en adoptar regímenes democráticos que hubiesen barrido de un plumazo a las clases tradicionales dominantes en favor de las capas medias en pleno ascenso social. La victoria de los aliados iba sin lugar a dudas privar de legitimidad a los regímenes dictatoriales.

> El principal defecto de una política de no-intervención, acompañada de una propaganda en favor de las ideas democráticas, es el de estimular tanto las dictaduras como su oposición popular. Además, al otorgar la misma consideración a los dictadores que han tomado el poder y lo conservan de manera anticonstitucional que la que otorgamos a los presidentes honradamente elegidos, debilitamos nuestro *leadership* moral pero reforzamos el sentimiento de que nuestras profesiones de fe democrática no son más que propaganda vacía y que, en resumidas cuentas, estamos movidos por el oportunismo.
>
> (*Fuente:* Walter Thruston, embajador de los Estados Unidos en El Salvador, enero de 1944, citado por Leslie Bethell en "From the Second World War: 1944-1954", p. 49, *Exporting Democracies. The United States and Latin America*, compilado por Abraham Lowenthal, Johns Hopkins University Press, 1991.)

5. El clima político de posguerra: las democratizaciones

Ya en el año 1944, varios cambios eran perceptibles. En mayo, una rebelión estallaba en Ecuador, llevando de nuevo al poder a José María Velasco Ibarra, y el dictador salvadoreño Hernández Martínez era derrocado, mientras que corrió la misma suerte su homólogo guatemalteco Ubico dos meses más tarde.

Entre 1944 y 1946, seis países de América Latina –Argentina, Bolivia, Brasil, Guatemala, Perú y Venezuela–, pasaron de la dictadura a la democracia. Por su lado, los regímenes democráticos o cercanos a la democracia –Chile, Colombia, Costa Rica, Ecuador, México y Uruguay– se consolidaron. Incluso las dictaduras más arraigadas –en Paraguay, en América Central y en el Caribe– se vieron afectadas por el clima de posguerra.

Cuadro político de América Latina en 1944-1946

1) La democratización

País	Tipo de régimen en 1944	Fecha del cambio	Forma del cambio	Nuevo jefe de Estado	Nuevo tipo de régimen*
Argentina	Dictadura	1946	Elección	Juan D. Perón	Democracia
Bolivia	Dictadura	1946	Rebelión	T. Gutiérrez	Democracia
Brasil	Dictadura	1945	Golpe de estado	José Linhares	Democracia
Guatemala	Dictadura	1944	Rebelión	J.J. Arévalo	Democracia
Haití	Dictadura	1946	Elección	D. Estimé	Democracia
Perú	Dictadura	1945	Elección	J. Bustamante	Democracia
Venezuela	Dictadura	1945	Golpe de estado	R. Betancourt	Democracia

* la mayoría de los regímenes no se comprometieron más que a corto plazo en un proceso de democratización.

2) La continuidad democrática o la consolidación de las cuasi democracias

País	Tipo de régimen en 1944	Cambio de gobierno	Forma del cambio	Nuevo jefe de Estado	Tipo de régimen en 1946
Chile	Democracia	1946	Elección	G. González	Democracia
Colombia	Democracia*	1946	Elección	M. Ospina	Democracia*
Costa Rica	Democracia	1944	Elección	T. Picado	Democracia
Ecuador	Democracia*	1944	Golpe de estado	J.M. Ibarra	Democracia*
México	Democracia*	1946	Elección	Miguel Valdés	Democracia*
Uruguay	Democracia	1947	Elección	L. Batlle	Democracia

*cuasi democracia: regímenes en los cuales faltan ciertos atributos de la democracia (pureza del sufragio, libertades de expresión y de organización, posibilidad de alternancia, etc.).

3) La continuidad autocrática

País	Tipo de régimen en 1944	Jefe de Estado	Forma de las respuestas a las peticiones de cambio	Tipo de régimen en 1946
Cuba	Dictadura	F. Batista	Llegada al poder de Grau, cabecilla de la revolución de 1933	Dictadura
Honduras	Dictadura	T. Carías	Represión de los movimientos sociales y reformas	Dictadura
Nicaragua	Dictadura	A. Somoza	Promesas de elecciones libres en 1947	Dictadura
Paraguay	Dictadura	H. Morínigo	Promesa de un regreso a la democracia	Dictadura
Rep. Dominicana	Dictadura	H. Trujillo	Promesa de elecciones libres en 1947	Dictadura
El Salvador	Dictadura	M. Hernández	Rebelión llevada a cabo por los militares	Dictadura

▲ Entre los países que experimentaron una transición democrática durante los años 1944-1946, **Guatemala** conoció verdaderos hitos en su historia contemporánea. Debido al fracaso de su "revolución", Guatemala simbolizó los límites de esta ola de democratización de la posguerra.

El dictador Jorge Ubico, en el poder desde 1931, no resistió el clima de posguerra en pro de la democracia. La economía del país, basada principalmente en las exportaciones de café y de banano, se vio especialmente afectada por la crisis de 1929, y la guerra la llevó a depender totalmente de los Estados Unidos. En 1944, el régimen de Ubico parecía anacrónico y se desvanecieron sus apoyos. Al crecer la agitación social, se vio obligado a dimitir el 29 de junio de 1944, y la junta que le sustituyó intentó hacer caso omiso de las peticiones de democratización que emanaban de las organizaciones obreras, de los partidos políticos, de los estudiantes y de las capas medias. Los militares tomaron pues la iniciativa de hacerse con el poder, el 20 de octubre de 1944, anunciando inmediatamente elecciones legislativas y presidenciales para diciembre. Un universitario exiliado, Juan José Arévalo, fue elegido presidente con el 85% de los votos, abriendo un periodo de diez años de democratización único en la historia de Guatemala. La "revolución" empezó en un tono moderado. La voluntad de modernizar el país era evidente, pero la tarea se presentaba ardua. Con una población analfabeta del 72% (del 90% en las regiones indias), compuesta por un 75% de campesinos y de un 80% de indios que hablaban 19 idiomas, Guatemala parecía ser un país muy atrasado dominado por una oligarquía de terratenientes de las más conservadoras y que practicaba el trabajo forzado. Éstas son las razones por las que la nueva constitución de 1945, inspirada en la de México, y el nuevo código del trabajo promulgado por Arévalo, le hacían aparecer como comunista, cuando su código no contenía más que una serie de derechos ya en vigor casi en todo el resto del continente: jornada de ocho horas, salario mínimo y derecho a la huelga y a la sindicalización. Se creó también un instituto de seguridad social y se lanzó una campaña de alfabetización. Después de haber sido un "socialismo espiritual", el objetivo pasó a ser el de establecer una "democracia funcional" en la que los problemas debían ser resueltos en instancias descentralizadas. Pero la polarización política impidió a Arévalo alcanzar este sueño de regulación armoniosa de una sociedad dual. Por un lado, los comunistas apoyaban de manera activa al gobierno y, por otro, la derecha conspiraba. Arévalo tuvo que abortar unos treinta intentos de golpe de estado en cinco años. En 1950, le sucedió Jacobo Arbenz, actor principal de la revolución de octubre.

En su toma de posesión, Arbenz ya anunció sus objetivos. Se trataba de continuar con el proceso de modernización capitalista, pero de manera independiente y con el apoyo de las masas populares. Este objetivo era tanto más imposible de alcanzar en plena guerra fría y en un país como Guatemala cuanto que Arbenz contaba con cortar de raíz el arcaísmo del país –sus estructuras agrarias–, cosa que no se había atrevido a hacer Arévalo.

> Nuestro gobierno se propone abrir el camino del desarrollo económico de Guatemala, tendiendo hacia los tres objetivos fundamentales: transformar nuestro país de

una nación dependiente, con una economía semi-colonial, en un país económicamente independiente; transformar Guatemala de un país retrasado, con una economía principalmente feudal, en una país moderno y capitalista; y hacerlo de forma que esa transformación vaya acompañada del aumento mayor posible del nivel de vida de las grandes masas del pueblo.

(*Fuente:* Jacobo Arbenz, Discurso de toma de posesión, 15 de marzo de 1951.)

La reforma agraria de 1952 fue la gran obra de Arbenz, y contribuyó también a su pérdida y a enterrar la democracia durante muchos años en Guatemala. Pero esa reforma no era radical. No afectaba más que a las tierras no cultivadas de los latifundios y excluía las propiedades de menos de 200 hectáreas. En resumidas cuentas, 600.000 hectáreas fueron distribuidas, lo que acentuó las presiones de la oposición de la derecha. Pero las mayores dificultades vinieron de la compañía estadounidense United Fruit Company (UFCO), que poseía un inmenso latifundio del que el 85% no se trabajaba, por lo que la compañía se vio afectada muy directamente por la reforma agraria. Las propuestas de indemnización hechas por el gobierno se apoyaron en las declaraciones fiscales de la compañía, que había estimado muy a la baja el valor de sus posesiones. El gobierno de los Estados Unidos se apresuró a hacerse cargo de la defensa de la UFCO, acusando a Guatemala de poner en práctica políticas antiamericanas, esto es, de estar a sueldo de los comunistas. En 1954, la CIA organizaba un golpe de Estado desde Honduras. Arbenz dimitió sin haber podido ofrecer resistencia alguna. Se abría un nuevo periodo de represión y militarismo.

Retomaremos más adelante el clima internacional, que, a principios de los años cincuenta, fue perjudicial para la revolución guatemalteca. En pocos años, la euforia democrática pasó al olvido.

▲ **Venezuela** aprovechó esta situación favorable. El 18 de octubre de 1945, un golpe de estado apoyado por el partido socialdemócrata AD destituyó a Medina Angarita. Este partido estaba entonces destinado por los militares a designar cinco de los siete miembros de la Junta de Gobierno. La experiencia que empezaba, conocida bajo el nombre de *trienio*, fue importante en varios aspectos. Bien es cierto que no duró más que tres años (de ahí su nombre) pero las reformas emprendidas por el líder de la Junta, Romulo Betancourt, fueron fundamentales: implantación del sufragio universal, reforma agraria, revisión de los *royalties* pagados por las compañías petroleras extranjeras, leyes favorables a los sindicatos, etc. Este intento por democratizar en profundidad al país resultó ser popular, y la AD ganó todas las elecciones parciales entre 1946 y 1948. Pero los apoyos entre las elites no fueron suficientes para poder proseguir con la experiencia durante más tiempo. Los demás partidos políticos, desde los comunistas hasta la derecha, temían su auge potencial. En 1948, tres años después de haber derrocado a Medina Angarita, los mismos oficiales destituían a Betancourt y a la Junta.

Para la AD, el trienio fue una experiencia muy interesante de la que sacó dos lecciones. Por una parte, midió la importancia del apoyo de una fuerte organización política. En tres años, este partido reafirmó de manera muy importante sus lazos con el mundo sindical y rural. Por otra parte, la AD comprendió hasta qué punto los compromisos eran indispensables. Aislada y prohibida después de 1948, lamentó haber puesto en práctica políticas de exclusión durante el trienio, especialmente las que iban en contra de la Iglesia católica. El sectarismo hacia su rival demócrata-cristiano COPEI (Comité de Organización Político Electoral Independiente) sería evitado en el futuro. Entretanto, Venezuela volvía de nuevo a la dictadura con Marcos Pérez Jiménez.

▲ **Perú**, por su parte, conoció durante la guerra un periodo de calma política en la que el presidente Manuel Prado adoptó una actitud conciliadora hacia el gran partido de la oposición, el APRA. En 1945, José Luis Bustamante resultó elegido en una elección excepcionalmente honrada. El APRA no había sido autorizado a participar, pero pudo aliarse a Bustamante. Se abría una etapa reformista, que sin embargo no pudo durar más de tres años. Bajo la presión de la oligarquía, el presidente fue obligado rápidamente a romper su alianza con el APRA y el partido de Haya de la Torre fue de nuevo declarado ilegal, mientras los militares retomaban el poder en 1948.

Sin embargo, la euforia democrática había conseguido hacer mella incluso en las dictaduras más arraigadas.

▲ En **Nicaragua**, por ejemplo, el dictador Anastasio "Tacho" Somoza respondió a la agitación social de 1944 con la promesa de no intentar obtener un nuevo mandato de ocho años en las elecciones de 1947. Dejó pues que Leonardo Argüello fuese elegido en febrero de 1947 y conservó el título de *Jefe dictador* de la tristemente célebre *Guardia*, policía del régimen. Argüello cometió la imprudencia de exigir la dimisión de Somoza, lo que le valió ser inmediatamente relevado en mayo por un primo de "Tacho", Benjamín Lacayo, que, en septiembre, cedió su puesto a Víctor Román Reyes. Pero en 1950 Somoza retomaba el poder y todo volvía a su cauce.

▲ En **Paraguay**, las consecuencias de la guerra del Chaco tardaron en superarse. El general Franco, un héroe de la guerra, encabezó una revolución anti-liberal en 1936, convirtiéndose en portavoz de los ex-combatientes. Un grupo, los *Febreristas* surgió para brindar su apoyo a las iniciativas reformistas y nacionalistas de Franco, pero no pudo soportar las conspiraciones militares que provocaron su caída en 1937. Entonces le sucedió el vencedor de la guerra del Chaco, el mariscal Estigarribia, que reveló ser un dictador e hizo aprobar una nueva constitución corporativista en 1940 antes de perder la vida en un accidente de avión. El ministro de la Guerra, el general Morínigo, tomó el relevo y asumió todos los poderes mientras duró la guerra, con el apoyo de Brasil y de los Estados Unidos, que querían apartar a Paraguay de la influencia de Argentina, que era neutral. Pero para Morínigo, también el final de la guerra significó la necesidad de una apertura política. Al hacer posible la participación en el gobierno de los conservadores del partido *colorado*, desencadenó en 1946 una oleada de violencia y posteriormente una guerra civil que le opuso a los comunistas, aliados de los *febreristas*. La victoria de los colorados tuvo tal alcance que, a partir de 1947, Paraguay se convirtió en un régimen de partido único durante mucho tiempo.

En otros países, como Honduras y Cuba, el clima de posguerra no causó grandes efectos en las dictaduras del momento.

Los regímenes democráticos –en Costa Rica, en Chile y en Uruguay– aprovecharon la coyuntura para consolidarse. En Costa Rica, pese a todo, hizo falta una guerra civil, declarada en 1948 por el gran dirigente social demócrata, José Figueres, para limpiar el régimen de sus costumbres fraudulentas y de corrupción y para obstaculizar a los comunistas.

El caso de los regímenes considerados como cuasi-democráticos es interesante.

▲ En **Ecuador**, Carlos Arroyo del Río había llegado a la Presidencia en 1939 después de la muerte el presidente Aurelio Mosquera Narváez, cargo que confirmó en unas elecciones fraudulentas. En mayo de 1944, una rebelión popular volvía a poner en el poder a José María Velasco Ibarra, dirigente populista en el exilio. Su intento de democratización –nueva constitución y elecciones en 1945– duró poco. Ya en 1946, la agitación social le obligó a convertir su régimen en dictadura, e Ibarra fue derrocado por un golpe de estado en 1947. La inestabilidad política seguía predominando y pocos Presidentes podían acabar su mandato.

▲ En **Colombia**, Alfonso López había sido elegido en 1942 en unas elecciones mancilladas por la violencia y el fraude. Tuvo que enfrentarse a una feroz oposición tanto por parte de los conservadores como de sus amigos liberales, en especial los partidarios del líder populista Eliecer Gaitán. En 1944, desbarató una intentona de golpe de estado llevada a cabo por los militares afines a los conservadores y en 1945 dimitió, pensando poder promover así un acuerdo con la oposición. No fue así, y el país entró en 1946 en una etapa de extrema violencia.

▲ En **México** el régimen revolucionario, por fin, se estabilizó por completo.

Entre 1934 y 1940, el presidente Lázaro Cárdenas había conseguido anclar la lealtad de las capas populares al régimen revolucionario. A lo largo de esa etapa de seis años, *sexenio*, Cárdenas recurrió a un populismo radical para asentar definitivamente la legitimidad del sistema político.

Cárdenas se fijó como primer objetivo la consolidación del Estado frente a caudillos como Plutarco Elías Calles, que había dominado el periodo 1924-1934. Para ello tenía que dar mayor fuerza a la presidencia de la república, luego tenía que afirmarse como presidente (sus dos predecesores, Emilio Portes Gil y Abelardo L. Rodríguez, no habían sido más que meros instrumentos de Calles), apoyándose en los sectores populares y en un partido. También tenía que dar al Estado un papel preponderante en la modernización de la economía del país.

Su actitud en favor del movimiento obrero se puso de manifiesto de diversas maneras. Animó especialmente la formación de sindicatos –en 1936 dirigía la creación de la Confederación de Trabajadores de México (CTM), encabezada por el comunista Lombardo Toledano– y apoyó numerosas huelgas.

Por otra parte, volvió a dar a la revolución su carácter agrario, retomando la iniciativa de distribución de las tierras. En seis años, 800.000 campesinos se hicieron con 18 millones de hectáreas, lo que representa el doble de lo que había concedido la revolución hasta entonces. La peculiaridad de la reforma agraria mexicana radicó en utilizar la institución tradicional del *ejido*, una estructura de propiedad colectiva que distribuía en usufructo rodales de tierra a las familias. Al tiempo que se retomaba la reforma agraria, se emprendieron trabajos de irrigación, de construcción de vías de comunicación y se concedieron créditos. Cárdenas animó también a los sindicatos agrarios a reagruparse, y en 1938 se formaba la Confederación Nacional de los Campesinos (CNC).

El presidente mexicano emprendió al tiempo la reorganización del partido oficial. En 1938, éste se convirtió en el Partido de la Revolución Mexicana (PRM), organizado según la representación funcional alrededor de cuatro sectores: campesinos, obreros, militares y el sector popular (en su mayoría funcionarios). De esta forma, la alianza con las capas populares era institucionalizada a través del PRM, y cada sector conservaba su autonomía y organizaba su propio mecanismo de cooptación.

Por último, Cárdenas aprovechó la política de buenas relaciones de vecindad de Roosevelt para hacer prevalecer su nacionalismo. En los años treinta, la industria de extracción del petróleo mexicano estaba en manos de las compañías británicas y estadounidenses. Conflictos referentes a los salarios no dejaban de enfrentar a las compañías con los sindicatos, que recurrieron incluso a la Corte Suprema. Ésta dio la razón a los sindicatos, pero las compañías ignoraron la decisión de la justicia. El presidente Cárdenas decidió pues intervenir, y, el 18 de marzo de 1938 expropió las compañías, apoyándose en el artículo 27 de la constitución de 1917.

Esta nacionalización de la industria petrolera provocó la ruptura de las relaciones diplomáticas con Gran Bretaña hasta 1942, y los Estados Unidos orquestaron un boicot mundial de la nueva sociedad, Petróleos Mexicanos (PEMEX), durante treinta años.

A estas dificultades externas, se añadió la oposición interna, que se hizo más activa a medida que la opción obrerista y populista del régimen se afianzaba. La Iglesia, una parte de la clase media y algunos sectores de las fuerzas armadas manifestaban su mal humor. Pero especialmente la burguesía industrial del norte, en los alrededores de Monterrey, se comprometió ya en 1936 en un combate político en contra de Cárdenas, después de un conflicto social en el que el gobierno tomó partido en su contra. Para las elecciones de 1940, el grupo de Monterrey creaba un partido político, el Partido de Acción Nacional (PAN) y apoyaba la candidatura de Juan Andreu Almazán. Esto no fue suficiente para eliminar al candidato oficial del PRM, pero el recién elegido, Manuel Ávila Camacho, puso rápidamente rumbo a la derecha, y sustituyó el apoyo a las capas populares por la búsqueda de la armonía social y de la unidad nacional.

El reparto de las tierras se frenó y las relaciones con la CTM se debilitaron mientras su secretario general, el comunista Lombardo, era sustituido por Fidel Velázquez, un moderado con quien se pactó en 1942 que la Confederación no organizara huelgas durante la guerra.

Tras la llegada a la presidencia en 1946 del primer civil desde los comienzos de la revolución, Miguel Alemán, el PRM pasó a llamarse PRI, Partido Revolucionario Institucional, y a dividirse en tres sectores: obrero, campesino y popular. Los mecanismos de cooptación bien afianzados, Alemán pudo dedicarse por completo a un nuevo objetivo: el desarrollo económico.

Los mecanismos de control clientelista que se sustentaban en los caciques locales se vieron reforzados durante esos años, tanto por la institución del *ejido* como por el sistema del partido único y sus lazos corporativistas con los sindicatos, pese a que la revolución se había hecho al grito de "Muerte a los caciques". El patronazgo político se convirtió en el principal mecanismo amortiguador de las desigualdades sociales y garantizó la estabilidad política del país durante mucho tiempo.

Siendo un hecho que el movimiento de unificación de todas las tendencias en un solo partido tomaba ventaja, los caciques decidieron incorporarse al movimiento con la finalidad de controlar el poder regional a través del partido. Esta segunda fase en el caciquismo posrevolucionario coincide con la subida al poder de "Jaime Lira", después de la muerte de J.M. Salazar en 1930.

Jaime Lira era un arriero indígena educado por Salazar como su hijo adoptivo. De arriero pasó a ser administrador de la hacienda y, a la muerte de Salazar, entra en posesión de sus bienes. Su matrimonio con la hija de grandes productores de café de Cuatzalan reforzó su poder económico.

De 1930 a 1950, Jaime Lira, a la vez gran propietario y productor de aguardiente, ejerce un poder absoluto y arbitrario, designando y quitando a las autoridades a su antojo y ocupando él mismo los puestos administrativos para reafirmar su poder y crear nuevas relaciones políticas en la capital del estado y del país. En dos ocasiones es presidente municipal, en una ocasión diputado federal y una vez diputado local. Obtuvo su poder directamente del cacique anterior y de sus relaciones personales con el general Barrios y el general Maximino Ávila Camacho de quien fue guardaespaldas si podemos usar ese eufemismo.

(*Fuente:* situación del municipio de Zacapoaxtla en el Estado de Puebla,
mencionado y adaptado (los nombres son ficticios) por Luisa Paré en
"Caciquismo y estructura de poder en la sierra norte de Puebla", p. 47 en Roger Batra *et al.*,
Caciquismo y poder político en el México rural, Siglo XXI, 1980.)

En suma, el periodo de posguerra tuvo, para el conjunto del continente, una influencia duradera, al modificar el entorno partidario de dos maneras. Los partidos reformistas, que recogían las reivindicaciones de las capas medias urbanas, llegaron al poder en algunos países o, al menos, se consolidaron como agentes políticos insoslayables de la escena política. Además, los partidos comunistas registraron progresos espectaculares en todas partes, e incluso participaron en alianzas gubernamentales en Costa Rica, Chile, Venezuela o Cuba. En ambos casos esas nuevas fuerzas políticas sacaron provecho del clima de apertura política de la posguerra.

6. La carrera hacia la industrialización

Hemos gastado en el extranjero grandes sumas de dinero en la adquisición de material de guerra. Lo hemos pagado a siete veces su valor, porque siete es el coeficiente de seguridad de la industria bélica y todo ese dinero ha salido del país sin beneficio para su economía, sus industrias o la masa obrera que pudo alimentar.

Una política inteligente nos hubiera permitido montar la fábricas para hacerlos en el país, las que tendríamos en el presente, lo mismo que una considerable experiencia industrial y las sumas invertidas habrían pasado de unas manos a otras, argentinas todas.

Lo que digo del material de guerra puede hacerse extensivo a las maquinarias agrícolas, al material de transporte, terrestre, fluvial y marítimo y a cualquier otro orden de actividad.

Los técnicos argentinos se han demostrado tan capaces como los extranjeros, y si alguien cree que no lo son, traigamos a éstos, que pronto asimilaremos todo lo que puedan enseñarnos.

El obrero argentino, cuando se le ha dado oportunidad para aprender, se ha revelado tanto o más capaz que el extranjero.

Maquinarias, si no las poseemos en cantidad ni calidad suficientes, pueden fabricarse o adquirirse tantas como sean necesarias.

A las materias primas nos las ofrecen las entrañas de nuestra tierra, que sólo espera que las extraigamos. [...]

La defensa nacional exige una poderosa industria propia y no cualquiera, sino una industria pesada.

(*Fuente:* General Perón, 10 de abril de 1944, citado en *El pensamiento peronista*, selección de Aníbal Iturrieta, Ediciones Cultura Hispánica, 1990.)

Lo que para algunos dirigentes nacionalistas, como el argentino Perón, fue una necesidad en tiempos de guerra se convirtió con posterioridad en la solución a los problemas del desarrollo económico latinoamericano. La industrialización llegó a ser la piedra angular de la modernización, y veremos más adelante cómo llegó incluso a dar cuerpo a una ideología, el desarrollismo, aplicado en Brasil bajo el mandato de Juscelino Kubitschek (1956-1960) y en Argentina bajo el de Arturo Frondizi (1958-1962).

A decir verdad, no era ésta la primera experiencia industrializadora de América Latina. Ya hemos descrito anteriormente el proceso de industrialización que se había desarrollado gracias a los progresos de las actividades de exportación, y también el que se debió a las crisis mundiales (Primera Guerra Mundial, crisis de 1929, Segunda Guerra Mundial). En el último caso trataba de compensar la falta de productos importados.

A partir de 1938, la actividad económica se relanzó en América Latina debido al aumento de las exportaciones. Esta última se prolongaría hasta los años 1950-1955 y fomentaría el crecimiento industrial.

Entre 1945 y 1950, la recuperación del crecimiento mundial provocó dos fenómenos que se combinaron para favorecer el crecimiento económico latinoamericano:

aumento de las cantidades de productos exportados e incremento del precio de los mismos. Por añadidura, América Latina tenía recursos disponibles tras la disminución de sus importaciones durante la guerra.

América Latina fue capaz, por tanto, de generar fondos para su desarrollo que vinieron, por lo demás, a compensar la escasez de la ayuda externa. No hubo un Plan Marshall en América Latina, aunque llegaron inversiones. Mientras que los Estados Unidos dedicaban 19.000 millones de dólares para ayudar a Europa entre 1945 y 1950, sólo 400 millones se destinaron a una América Latina que, bien es cierto, no había sufrido directamente las destrucciones causadas por la guerra.

No obstante, hubo diferencias entre los países. Las economías exportadoras de productos agrícolas (Argentina y Uruguay) se vieron afectadas por el final de la guerra, puesto que los europeos empezaron poco a poco a producirlos, mientras que los países exportadores de productos tropicales (Cuba, América Central), de minerales (Chile, Perú) y de petróleo (Venezuela) no tuvieron tales dificultades.

En conjunto, durante los diez primeros años de la posguerra, el crecimiento fue relativamente modesto. Entre 1945 y 1955, el producto interior bruto (PIB) de América Latina sólo aumentó un 4,7%. Con una tasa de crecimiento demográfico del 2,7%, el PIB por habitante apenas creció un 2% durante ese periodo. Aquí también fueron diversos los resultados obtenidos por los distintos países. Argentina destacó por un crecimiento lento del orden del 2,1%, mientras que países como Perú se situaban en la media continental con un 4,8%, y otros, como Ecuador, Brasil y México la superaban ampliamente, con tasas del 4,8%, 5,7% y 6,1% respectivamente.

Para cada uno de estos países, la contribución de los distintos sectores de la economía fue variada, y esa variedad explica a su vez los diferentes resultados globales. Sin embargo, con carácter general, el sector agrícola fue el que menos contribuyó al crecimiento, excepto, claro está, si se trataba de un sector orientado a la exportación.

Exportaciones de banano en América Central (1944-1950) (en millones de cajas)

Años	Costa Rica	Guatemala	Honduras	Nicaragua
1944	3,5	7,7	14,1	1,3
1945	4,6	13,4	20,1	121,0
1946	9,0	15,3	19,0	313,7
1947	11,5	20,1	24,7	467,6
1948	15,4	18,4	24,9	678,6
1949	17,6	10,3	21,7	769,5
1950	16,3	10,4	21,1	661,6
1944-1949 (%)	403%	34%	54%	6.170%

(*Fuente:* Víctor Bulmer-Thomas, *The Political Economy of Central America Since 1920*, Cambridge University Press, 1987, p. 107.)

La agricultura latinoamericana se caracterizaba, aún al terminar la guerra, por latifundios improductivos. Mientras que los demás sectores de la economía registraban importantes transformaciones, muchos sectores rurales latinoamericanos seguían dominados por la figura del latifundista o terrateniente, el propietario de grandes extensiones de tierra que explotaba de manera extensiva y que le reportaban sustanciales ingresos. Hasta los años sesenta, los gobiernos latinoamericanos ignoraban las viejas estructuras agrarias, ya que estaban más bien obsesionados por el desarrollo industrial.

Con todo, este último dependía directamente de las actividades de exportación de productos agrícolas o minerales. Los primeros, en particular los productos tropicales, registraron un verdadero auge. Las exportaciones de banano, por ejemplo, se dispararon.

▲ Los ingresos obtenidos por este crecimiento sin parangón de las exportaciones pudieron en parte invertirse en la industria. Pero el ejemplo de **América Central** puso de manifiesto que esto no fue fácil.

Una parte del remanente fue a parar en primer lugar a otras actividades agrícolas, y esta región experimentó una innegable diversificación de su producción, con nuevos productos de exportación, como el algodón. En lo que se refiere al desarrollo industrial, se veía perjudicado por varios factores, entre los que destacaban el tamaño insuficiente de los mercados y la escasez de recursos energéticos. Pese a ello, conoció una cierta expansión, especialmente en su estructura tradicional (industria alimentaria, tabaco) y apoyándose en pequeñas unidades todavía cercanas al artesanado. De esta forma, al principio de los años cincuenta, el número medio de empleados por establecimiento industrial iba de 5,2 en Honduras a 5,7 en Costa Rica, 6,3 en El Salvador, 13 en Nicaragua y 19,1 en Guatemala. En estos años, todos estos países aprobaron una serie de leyes que potenciaban el desarrollo industrial e iniciaron esfuerzos de integración económica, como veremos en el capítulo siguiente.

Es cierto que en 1948 fue creada la Comisión Económica de las Naciones Unidas para América Latina y el Caribe (CEPAL), que iba a fomentar en gran medida el desarrollo industrial y las experiencias de integración en todo el continente.

Los países exportadores de minerales tuvieron una experiencia distinta.

▲ **Chile**, por ejemplo, cuya actividad industrial estaba muy ligada al sector exportador de minerales, se había visto muy afectado por la crisis de los años treinta. El resultado fue un proceso de industrialización algo lento si se compara con el de Argentina o el de México. Desde 1939, el gobierno chileno fue consciente de la necesidad de una política deliberada para potenciar el desarrollo industrial. Aquel año nacía la Corporación de ayuda a la producción (CORFO), que iba a trabajar en la mejora de las infraestructuras (red de transportes, tendido eléctrico) y llegó a crear una industria siderúrgica nacional. La acción del Estado compensó pues las dificultades del sector exportador, lo que se convertiría en ejemplo para numerosos Estados latinoamericanos.

Pero no todos consiguieron crear un sector industrial potente. De hecho, en 1950, tres países –Argentina, Brasil y México– producían las tres cuartas partes (el 72,4%) de la producción industrial del continente. Con Colombia, Chile, Perú y Venezuela, la proporción alcanzaba el 90,5%, de manera que el resto del continente no contaba más que con el 10%. En el interior de los países, la concentración en ciertas regiones acentuó desequilibrios. Brasil fue, y sigue siendo, un caso límite. El triángulo formado por São Paulo, Río de Janeiro y Belo Horizonte se convirtió rápidamente en el Brasil "útil". A principios de los años cincuenta, cerca de la mitad de la producción industrial se concentraba allí. Estas concentraciones se debían a la aparición de polos de industrialización –São Paulo en Brasil, Medellín en Colombia, Monterrey en México– alrededor de los cuales, como en un círculo concéntrico, se debían desarrollar otras actividades económicas, como los transportes, el comercio, etc.

Salvo estas concentraciones geográficas, las diferencias eran también causadas por las etapas superadas por los diferentes países en la vía de la industrialización. De los bienes de consumo no duraderos producidos casi por doquier (alimentos, textil, muebles, etc.), ciertos países pasaron a los bienes de equipo relativamente sencillos (maquinaria agrícola, equipamiento para industrias textiles) y a los bienes de equipo complejos (industria eléctrica, motores, etc.). Muy pocos pudieron alcanzar, como lo deseaba Perón, la etapa de los bienes intermedios y de la industria pesada (acero, metales, petroquímica, etc.). Ya hemos mencionado cómo Vargas había negociado la participación de Brasil en el esfuerzo de guerra a cambio de una ayuda estadounidense para la implantación de una industria siderúrgica nacional. La gran acería de Volta Redonda fue inaugurada en 1947, permitiéndole a Brasil un despegue no despreciable, rompiendo en cierta medida su dependencia económica y permitiéndole desarrollar una industria automovilística nacional. México y Argentina, así como Chile, Colombia, Perú y Venezuela, consiguieron crear industrias siderúrgicas en un impulso modernizador en el que el orgullo nacional y la lógica militar se enfrentaban a la racionalidad económica.

Industrialización de América Latina

Grado de industrialización en 1950	Época en la que comienza el proceso de sustitución de importaciones				
	1890	*1910*	*1930*	*1940*	*1950*
Avanzada	Argentina Brasil México				
Intermedia	Chile	Colombia	Uruguay	Perú Venezuela	
Débil					Bolivia Ecuador Paraguay América Central

(*Fuente:* C.F.S. Cardoso y H. Pérez Brignoli, *Historia económica de América Latina.* Tomo 2, Editorial Crítica, 1987, p. 192.)

Dependencia de productos de exportación tradicionales, 1948

País	Producto de exportación	% del total de exportaciones
El Salvador	Café	89,2%
Venezuela	Petróleo	89,0%
Honduras	Banano	82,3%
Panamá	Banano	73,6%
Cuba	Azúcar	71,7%
Bolivia	Zinc	71,4%
Guatemala	Café	70,2%
Haití	Café	62,1%
Rep. Dominicana	Azúcar	59,8%
Colombia	Café	58,4%
Costa Rica	Café	57,5%

En suma, en 1950 los tres gigantes disponían de una estructura industrial avanzada (lo que significa que la industria suponía más de un 20% del PIB), ya que habían conocido un proceso de sustitución de importaciones precoz, mientras que otras economías podían ser catalogadas de intermedias y que la mayoría de los pequeños países tenían un débil proceso de industrialización (con una industria que generaba menos del 16% del PIB).

Incluso para los países más desarrollados, la dependencia tecnológica no se rompió por completo. Como consecuencia de esto, hubo costes de producción especialmente altos que penalizaban a la industria latinoamericana en el mercado mundial. Se hacía necesario pues proteger esta industria para que resistiese la competencia.

La doble dependencia, de la ampliación de las actividades de exportación y de las transferencias de tecnología, hacía que la industria latinoamericana fuese especialmente frágil.

Capítulo 4
El seísmo de la revolución cubana (1950-1970)

Sólo hicieron falta unos pocos años para que se olvidase la euforia democrática de la posguerra. Es más, en 1947-1948 la tendencia se invirtió por completo. La interrupción de la revolución guatemalteca en 1954 fue la primera desestabilización de un país llevada a cabo en aras de la lucha contra el comunismo y que provocó la caída de una presidente elegido democráticamente. La guerra fría imponía desde entonces sus duras realidades. Las relaciones interamericanas se organizaron en el marco de la Organización de Estados Americanos (OEA), que hizo las veces de correa de transmisión de la hegemonía estadounidense.

Se dio un caso singular. Bolivia llevó a cabo en 1952 su revolución sin sufrir el infortunio de Guatemala, lo que demostraba de nuevo que el grado de libertad de los países latinoamericanos era proporcional a la distancia que les separaba de Washington.

A finales de los años cincuenta, el orden autoritario entró en crisis. Costa Rica, a partir de 1948, Colombia en 1958 y Venezuela en 1959 aprovecharon para encontrar una fórmula de estabilidad democrática por vía de la negociación y de un reparto del poder que excluía a los comunistas. Esas revoluciones democráticas resultaron, por tanto, aceptables para los Estados Unidos.

A la inversa, la victoria en 1959 de la revolución castrista en Cuba, a pocas millas de Florida, supondría un auténtico seísmo. Sin embargo, la dirección de tal revolución no estaba determinada *a priori*. No obstante, se impuso rápidamente una lógica de enfrentamiento que situaría a la pequeña isla caribeña, y con ella a toda América Latina, en el corazón mismo de las tensiones internacionales. La crisis de Cuba de 1962, y el *aggiornamento* que conllevó, hicieron que se mantuviese la situación durante largo tiempo y provocaron una tensión permanente en las relaciones interamericanas.

En el corto plazo, la revolución cubana tuvo como efecto crear pánico entre las burguesías latinoamericanas, y los militares llevaron a cabo golpes de estado preventivos en serie.

La llegada al poder de Kennedy en 1961 no redujo la voluntad de los Estados Unidos de luchar contra el comunismo, pero modificó los métodos de esa lucha. El programa de la Alianza para el Progreso que Kennedy propuso a América Latina buscaba resueltamente incentivar las reformas con miras a erradicar las raíces de la contestación y su inevitable aprovechamiento por los comunistas. Sin embargo, su deseo de democratizar el continente se saldó con un claro fracaso. Más adelante, a finales de los años sesenta, unos Estados Unidos embarrados en Vietnam desatendieron a América Latina, lo que dio al subcontinente un respiro que algunos militares reformistas aprovecharon para hacerse con el poder, como en Perú en 1968.

Por lo menos, la Alianza por el Progreso se vio acompañada de crecimiento económico en los países latinoamericanos. La industrialización sustitutiva de importaciones se hizo en el marco de la integración de las economías y tuvo, a la postre, resultados muy desiguales.

1. Las exigencias de la guerra fría

Obligadas durante un tiempo a abrir el espacio político, en un ambiente mundial favorable a la democracia, para contener a las clases peligrosas y dar juego a las aspiraciones de las capas medias, las elites dirigentes latinoamericanas no tardaron en aprovechar la oportunidad que les brindó el inicio de la guerra fría para afianzarse y volver a prácticas políticas más basadas en la defensa estricta del orden establecido. Muchas democracias se degradaron o desaparecieron entre 1948 y 1955 con el argumento de que habían dado muchas facilidades a los comunistas.

Esas transformaciones se produjeron en un clima internacional totalmente diferente al que prevaleció durante la guerra y la inmediata posguerra. Las relaciones interamericanas se vieron afectadas de forma duradera. No resulta inútil recordar la evolución de esas relaciones antes de ilustrar, con algunos ejemplos, los cambios que se registraron. No se trata de que el factor exterior haya sido preponderante en la evolución de los regímenes, sino de que creó un entorno que hizo cambiar las mentalidades y dio lugar a nuevos comportamientos.

Es necesario señalar de entrada que, para unos Estados Unidos izados al rango de superpotencia mundial, América Latina no figuraba entre sus prioridades en materia diplomática. El subcontinente parecía estar protegido de la amenaza soviética, de manera que, desde un punto de vista estratégico, importaba poco. Una prueba de esa desatención relativa fue la conferencia sobre seguridad colectiva, que, programada para octubre de 1945, fue retrasada durante dos años.

La Conferencia Interamericana para el mantenimiento de la paz y de la seguridad colectiva se celebró en Río de Janeiro del 15 de agosto al 2 de septiembre de 1947, y dio lugar a la firma de un tratado interamericano de asistencia mutua, más conocido con el nombre de Tratado de Río. Tras reafirmar, en su preámbulo, el ideal de Roosevelt sobre las "relaciones de amistad y de buena vecindad", el tratado establecía como objetivos "asegurar la paz por todos los medios adecuados, suministrar ayuda recíproca efectiva para hacer frente a los ataques armados contra cualquier Estado

Cuadro político de América Latina en 1948-1955

1) La reacción autoritaria

País	Tipo de régimen en 1947	Fecha del cambio	Forma del cambio	Nuevo jefe de Estado	Nuevo tipo de régimen
Argentina	Democracia	1955	Golpe de estado	E. Lonardi	Dictadura
Colombia	Democracia*	1953	Golpe de estado	Gen. G. Rojas	Dictadura
Guatemala	Democracia	1954	Golpe de estado	Cor. C. Castillo	Dictadura
Haití	Democracia	1950	Golpe de estado	Cor. P. Magloire	Dictadura
Perú	Democracia	1948	Golpe de estado	Gen. M. Odría	Dictadura
Venezuela	Democracia	1948	Golpe de estado	Gen. C. Delgado	Dictadura

* Cuasi-democracia

2) La pérdida de autenticidad democrática o la consolidación de cuasi-democracias

País	Tipo de régimen en 1947	Fecha del cambio	Forma del cambio	Nuevo jefe de Estado	Tipo de régimen en 1955
Brasil	Democracia*	1954	Elección	J.C. Filho	Democracia*
Chile	Democracia	1952	Guerra civil	Gen. C. Ibáñez	Democracia*
Costa Rica	Democracia	1948	Golpe de estado	J. Figueres	Democracia*
Ecuador	Democracia*	1947	Elección	C. Mancheno	Democracia*
México	Democracia*	1952	Elección	A. Ruiz	Democracia*
Uruguay	Democracia	1952	Sucesión	Ejecutivo colegiado	Democracia

* Cuasi-democracia

3) La continuidad autocrática

País	Tipo de régimen en 1947	Fecha del cambio	Forma del cambio	Nuevo Jefe de Estado	Tipo de régimen en 1955
Cuba	Dictadura	1952	Golpe de estado	F. Batista	Dictadura
Honduras	Dictadura	1954	Golpe de estado	J. Lozano	Dictadura
Nicaragua	Dictadura	1950	Golpe de estado	A. Somoza	Dictadura
Paraguay	Dictadura	1954	Elección*	Gen. A. Stroessner	Dictadura
Rep. Dominicana	Dictadura	1951	Elección*	H. Trujillo	Dictadura
El Salvador	Dictadura	1948	Golpe de estado	M. de Córdova	Dictadura

*Elecciones no competitivas

americano y hacer frente a las amenazas de agresión contra cualquiera de ellos". Con tales fines, su artículo 3 contemplaba la puesta en marcha de mecanismos de solidaridad continental en caso de agresión. Sin embargo, la naturaleza de tal agresión planteó problemas. La fórmula elegida en el artículo 6 del tratado tendría importantes consecuencias. Al referirse a "una agresión que no sea un ataque armado" o a "cualquier otro hecho o situación susceptible de poner en peligro la paz de América", el artículo daba un margen de interpretación muy amplio sobre la naturaleza de las amenazas a la seguridad colectiva. De hecho, ese artículo fue invocado en 1954 cuando los Estados Unidos consideraron que la revolución guatemalteca ponía en peligro la paz en América.

▲ Tratado Interamericano de Asistencia Recíproca (2 de septiembre de 1947) (extractos)

Artículo 3º

1. Las Altas Partes Contratantes convienen en que un ataque armado por parte de cualquier Estado contra un Estado Americano, será considerado como un ataque contra todos los Estados Americanos, y en consecuencia, cada una de dichas Partes Contratantes se compromete a ayudar a hacer frente al ataque, en ejercicio del derecho inmanente de legítima defensa individual o colectiva que reconoce el Artículo 51 de la Carta de las Naciones Unidas.

Artículo 6º

Si la inviolabilidad o la integridad del territorio o la soberanía o la independencia política de cualquier Estado Americano fueren afectadas por una agresión que no sea ataque armado, o por un conflicto extra-continental o intra-continental, o por cualquier otro hecho o situación que pueda poner en peligro la paz de América, el Órgano de Consulta se reunirá inmediatamente, a fin de acordar las medidas que en caso de agresión se deban tomar en ayuda del agredido o en todo caso las que convenga tomar para la defensa común y para el mantenimiento de la paz y la seguridad del Continente.

A partir de 1947, los Estados Unidos empezaron a estar cada vez más preocupados por la amenaza de subversión comunista en América Latina, al igual que en cualquier otra parte del mundo. Tal preocupación se manifestó de forma aún más clara en 1948, con ocasión de la Novena Conferencia Internacional Americana, celebrada en Bogotá del 30 de marzo al 2 de mayo. Esa conferencia fue extremadamente fértil, puesto que aprobó la Carta de la Organización de Estados Americanos (OEA), un tratado americano de resolución pacífica de conflictos (pacto de Bogotá), una convención económica, dos convenciones sobre los derechos políticos y civiles de las mujeres y 46 resoluciones.

Los Estados representados en Bogotá aspiraban a crear una organización regional inspirada del modelo de la ONU, que defendiese los mismos ideales, al manifestarse, como quedó escrito en el preámbulo de la Carta de la OEA, "segura de que el sentido genuino de la solidaridad americana y de la buena vecindad no puede ser otro que el de consolidar en este Continente, dentro del marco de las instituciones democráticas, un régimen de libertad individual y de justicia social, fundado en el respeto de los derechos esenciales del hombre". La defensa de la democracia parecía exigir la eliminación de los comunistas, pero tal cosa no apareció en la Carta de la OEA. Los latinoamericanos consiguieron incluso sancionar el principio de no intervención, en el capítulo III.

⚠ Carta de la Organización de Estados Americanos (30 de abril de 1948) (extractos)

Capítulo III
DERECHOS Y DEBERES FUNDAMENTALES DE LOS ESTADOS

Artículo 15. Ningún Estado o grupo de Estados tiene derecho de intervenir, directa o indirectamente, y sea cual fuere el motivo, en los asuntos internos o externos de cualquier otro. El principio anterior excluye no solamente la fuerza armada, sino también cualquier otra forma de injerencia o de tendencia atentatoria de la personalidad del Estado, de los elementos políticos, económicos y culturales que lo constituyen.

Artículo 16. Ningún Estado podrá aplicar o estimular medidas coercitivas de carácter económico y político para forzar la voluntad soberana de otro Estado y obtener de éste ventajas de cualquier naturaleza.

Artículo 17. El territorio de un Estado es inviolable; no puede ser objeto de ocupación militar ni de otras medidas de fuerza tomadas por otro Estado, directa o indirectamente, cualquiera que fuere el motivo, aun de manera temporal. No se reconocerán las adquisiciones territoriales o las ventajas especiales que se obtengan por la fuerza o por cualquier otro medio de coacción.

No obstante, los Estados Unidos hicieron que se adoptase en la conferencia una resolución titulada "Preservar y defender la democracia en América", en la que estaba claramente indicado que el comunismo era incompatible con la democracia.

[...] por razón de su naturaleza antidemocrática y de su tendencia intervencionista, las actividades políticas del comunismo internacional, en la misma medida que las de cualquier otra ideología totalitaria, son incompatibles con el concepto de libertad defendido en América.

[...] la situación mundial actual exige que sean adoptadas las medidas oportunas para hacer frente a la amenaza que se cierne sobre el continente americano.

De manera incluso más explícita, fue votada una "Declaración de solidaridad para el mantenimiento de la integridad política de los Estados americanos contra la intervención del comunismo internacional", a petición de los Estados Unidos y en contra de la opinión de Argentina, México y sobre todo Guatemala, en la décima conferencia internacional de Estados americanos, celebrada en Caracas en marzo de 1954. Al preceder en algunas semanas a la intervención en Guatemala, tal declaración otorgó a aquélla un oropel de legalidad jurídica y de legitimidad política.

> [...] el dominio o el control de las instituciones políticas de un Estado por el movimiento comunista internacional, movimiento que sirve para extender el sistema político de una potencia extra-continental, representaría una amenaza para la soberanía y la independencia política de todos los Estados americanos y, por tanto, pondría en peligro la paz en América.

Esa ofensiva contra el comunismo se manifestó claramente en el mundo sindical. Los Estados Unidos estaban particularmente inquietos por la creciente influencia de los comunistas en los sindicatos de sectores económicamente estratégicos, como las actividades de extracción de mineral o petróleo. En la inmediata posguerra, la Federación Americana del Trabajo (AFL) se dedicó a eliminar a los comunistas de los sindicatos latinoamericanos y contribuyó a crear centrales sindicales anticomunistas, de manera que en 1948 nacía la Confederación Interamericana de Trabajadores (CIT), con miras a rivalizar con la poderosa Confederación de Trabajadores de América Latina (CTAL), que contaba con seis millones de afiliados en 1948.

▲ Los partidos comunistas, que habían podido participar en ciertos gobiernos, fueron expulsados del poder e incluso prohibidos. En **Chile**, por ejemplo, el presidente radical González Videla (1946-1952) tuvo, en su elección, el apoyo de los comunistas y les asignó tres ministerios. Desde 1946, la agitación social se extendió en todo el país, obligando a Videla a decretar el estado de sitio en 1947 y a deshacerse de sus colaboradores comunistas. Alentado por los Estados Unidos, el parlamento chileno votó en julio de 1948 una ley encaminada a defender permanentemente la democracia que permitió ilegalizar al partido comunista, pese a que había obtenido 18% de los votos en las elecciones municipales de 1947. Al mismo tiempo que Chile, Costa Rica adoptaba una medida similar, después de que Brasil lo hiciera un año antes.

Así, en esos tres países, la escena política se encogía y la democracia perdía su autenticidad, de manera que sólo Uruguay podía exhibir una verdadera continuidad democrática.

▲ **Ecuador** representa un caso ambiguo. Ya hemos visto en el capítulo anterior que el dirigente populista Velasco Ibarra fue derrocado por un golpe de estado en agosto de 1947, tras haber convertido a su régimen en dictatorial. Seguiría un periodo excepcional de tres alternancias democráticas, ya que, tras una fase interina de un año, se sucederían pacíficamente en el poder Galo Plaza Lasso (1948-1952) y de nuevo Velasco (1952-1956), que mantenía un estilo populista autoritario, y finalmente el conservador Camilo Ponce (1956-1960), antes de que por cuarta vez volviese al poder Velasco durante un año y derivase hacia la dictadura, provocando un golpe de estado militar.

En otros seis países, entre los cuales destacan Perú y Argentina, la democracia no resistió a la reacción autoritaria.

▲ En **Perú**, el golpe de estado de 1948 representó una reacción evidente de los ricos plantadores de azúcar contra la política de reorientación del modelo de desarrollo peruano llevada a cabo por los presidentes Prado (1939-1945) y Bustamante (1945-1948). El general Manuel Odría volvió enseguida a poner la economía en la senda de la mono-exportación. Desde el punto de vista político, acabó con la apertura democrática. El APRA fue ilegalizado y su dirigente Haya de la Torre encontró refugio en la embajada de Colombia durante cinco años. En 1950, Odría se hizo elegir presidente, en unas elecciones no competitivas, para un periodo de seis años.

▲ En **Argentina**, la política de Perón se hizo menos nacionalista y populista tras su reelección en 1951, puesto que la situación económica ya no le permitía las alegrías redistributivas de antaño. En julio de 1952, la muy popular esposa del general, Evita Perón, fallecía a la edad de 33 años. Su encanto y sus obras de caridad no compensarían más el giro económico del gobierno. El régimen se radicalizó, emprendiéndola con la aristocracia y con la Iglesia católica. Las relaciones con el Ejército se degradaron y, en 1955, Perón fue obligado a exiliarse.

Los últimos caudillos latinoamericanos

País	Nombre del dictador o de la dinastía	Periodo de dominio	Periodos de gobierno
Cuba	Fulgencio Batista	1934-1959	1940-1944 1952-1959
Haití	Duvalier	1957-1985	François: 1957-1971 Jean-Claude: 1971-1985
Nicaragua	Somoza	1937-1979	Anastasio "Tacho": 1937-1947, 1950-1956 Luis: 1956-1963 Anastasio "Tachito": 1967-1972, 1974-1979
Paraguay	Alfredo Stroessner	1954-1989	1954-1989
República Dominicana	Trujillo	1930-1960	Rafael: 1930-1938, 1942-1951 Héctor: 1951-1960

En el Caribe, América Central y Paraguay, la dictadura se consolidó. En los años cincuenta y sesenta, seguían allí los últimos *caudillos* que haya conocido América Latina. Todos ellos habían fundado unas dinastías que saqueaban a unos países ya muy pobres, situaban de cuando en cuando en el poder a presidentes fantoches, mantenían clientelas de agradecidos entre las burguesías y mimaban a sus fuerzas armadas o a unas policías que reprimían cualquier forma de contestación. No desdeñaban tampoco el recurso a elecciones no competitivas, como en el caso de Alfredo Stroessner, que fue reelegido ocho veces entre 1954 y 1989.

Tales dictaduras se beneficiaron también de la benevolencia de los Estados Unidos, en la medida en la que destacaban en la lucha contra el comunismo y ofrecían un entorno favorable para las inversiones estadounidenses. Por lo demás, el presidente Eisenhower no puso objeción alguna al lugar elegido, en marzo de 1954, para la sede de la décima conferencia internacional de Estados americanos, en la que tanto se trató de la defensa de la democracia. Reinaba entonces en Caracas uno de los peores dictadores de la región, el general Marcos Pérez Jiménez.

2. La excepción: la revolución boliviana de 1952

Entre 1952 y 1964, Bolivia fue el escenario de una experiencia bastante excepcional.

Es cierto que pocos países latinoamericanos reunían en los años de posguerra condiciones que pudiesen desembocar en movilizaciones sociales y en convulsiones políticas. Para empezar, el trauma provocado por dos guerras perdidas (la del Pacífico y la del Chaco), que habían hecho que Bolivia perdiese más de la mitad de su territorio desde la independencia, predisponía a ese país a los estallidos nacionalistas más violentos. Siendo el país más pobre de América del Sur, Bolivia parecía además no haber salido del siglo XIX, con una esperanza de vida al nacer del orden de 40 años y una tasa de alfabetización que no superaba el 30%. Su territorio montañoso no le daba muchas ventajas, pero tres cuartas partes de la población vivían de la agricultura, al tiempo que las escasas tierras cultivables estaban en manos de latifundistas que recurrían aún a la práctica feudal del *pongueaje*, un trabajo forzado con servicios personales gratuitos, que fue prohibido en 1945. Finalmente, en el poderoso sector minero, que generaba la mayor parte de los ingresos de exportación, prevalecían todavía condiciones inhumanas de trabajo en los Andes. Habían aparecido en los años treinta y cuarenta poderosos sindicatos, que convocaban huelgas de inusitada violencia. En esos años surgió también el Movimiento Nacionalista Revolucionario (MNR), del que ya hemos visto cómo llegó al poder a raíz del golpe de estado de 1943. Otro golpe de estado lo echaría del poder en 1946, pero la popularidad del Movimiento no hizo sino crecer. Hasta tal punto aumentó que, cuando los militares decidieron no aceptar la victoria electoral del MNR en 1951 y de nuevo en abril de 1952, se desató una revuelta popular que, en menos de una semana, llevó al poder a los dirigentes *movimientistas*. Se iniciaba así la revolución boliviana, que, durante doce años, hizo numerosas reformas, bajo la dirección de tres presidentes procedentes del MNR: Víctor Paz Estenssoro (1952-1956), Hernán Siles Zuazo (1956-1960) y de nuevo Víctor Paz Estenssoro (1960-1964).

La primera y más importante consecuencia de los acontecimientos de abril de 1952 fue que el ejército fue derrotado y casi desmantelado. Podría haberlo sido completamente, pero Paz Estenssoro prefirió garantizar su continuidad bajo un control estricto del MNR. Al principio de la revolución, el Ejército no podía, de todos modos, suponer una amenaza, ya que contaba con sólo 8.000 soldados, frente a los 50.000 milicianos que habían ganado las elecciones de abril de 1952.

La segunda consecuencia fue que el MNR, una vez instalado en el poder, empezó inmediatamente a consolidar su dominio ampliando las bases que le sustentaban. Frente a la oligarquía, la famosa *rosca*, el Movimiento tenía que granjearse un apoyo más amplio, así que Paz Estenssoro procedió, el 31 de octubre de 1952, a la nacionalización de las minas de estaño y creó la Compañía Minera Boliviana (COMIBOL). Con tal fin, el presidente hizo, por un lado, que se adoptase, el 21 de julio de 1952, el sufragio universal y, por otro, que se iniciase un proceso de incorporación de las capas populares al régimen revolucionario. Con arreglo a una fórmula ya probada en los regímenes populistas, el MNR favoreció que se creasen sindicatos poderosos. El 17 de abril de 1952 se fundó la Central Obrera Boliviana (COB) y, el 15 de julio de 1953, se creó la Confederación Nacional de Trabajadores Campesinos de Bolivia (CNTCB), perteneciente, por lo demás, a la propia COB. Esa incorporación popular adoptó en Bolivia una forma extrema, puesto que había participación en el gobierno de miembros de la COB –ministerios de Trabajo, de Obras Públicas, de Asuntos Campesinos y de Minas y Petróleo– y se llevó a cabo una reforma agraria. Al igual que en Argentina, los sindicatos se convirtieron rápidamente en maquinarias poderosas de difícil control, mientras, a imagen igualmente de México, el partido se transformó en una empresa de distribución de prebendas, lo que alimentaba el clientelismo hasta en los municipios más pequeños.

El sindicalismo se parece enseguida a una gigantesca empresa de promoción social. Según una estadística del Ministerio de Trabajo, "para 5.100 sindicatos no campesinos, que cuentan con 150.000 adherentes, hay cerca de 51.000 dirigentes sindicales, esto es, 10 por sindicato", que sacan provecho, claro está, de las prerrogativas de su cargo: fuero sindical, reducciones de trabajo, acceso a cupones (*cupos*) de importación a precio reducido, gestión de los economatos en las minas, etc. Se juzgarán mejor los beneficios adicionales que pueden obtener de sus actividades con un ejemplo: "Entre 1957 y 1958 [...] las mercancías exentas de derechos de aduana en favor de varios sindicatos se componían de 6.168 máquinas de coser, 700 radios y 612 bicicletas; los sindicatos de mineros de Siglo XX y de Huanini y el de los empleados del ferrocarril de Uyuni dispusieron del 42% de las máquinas de coser y un único sindicato –el de los mineros de Catavi– obtuvo la totalidad de las bicicletas". El conjunto de ese procedimiento de promoción social provoca la hipertrofia de la "burocracia" sindical y una "corrupción cancerosa", pero, en la medida en que pueden obtenerse recursos, el aparato y las bases sindicales apoyan al régimen.

(*Fuente:* Jean-Pierre Lavaud, *L'instabilité politique en Amérique Latine. Le cas de la Bolivie*, L'Harmattan/IHEAL, 1991, pp. 40-41, citando a Antonio García, "Los sindicatos en el esquema de la revolución nacional: el sindicalismo en la experiencia boliviana de nacionalización y desarrollo", *El Trimestre Económico*, 33 (132), octubre-diciembre de 1966.)

En cuanto a la reforma agraria boliviana, se promulgó el 2 de agosto de 1953. Inspirándose del artículo 27 de la Constitución mexicana de 1917 (véase más adelante), supuso en cierta medida la nacionalización de las tierras. En particular, reafirmó el principio de que "la tierra pertenece a quien la trabaja". Se trató de un mensaje de liberación para los cerca de dos millones de indios que vivían aún en una economía feudal. A decir verdad, las distribuciones de tierras se habían iniciado antes de la elaboración de la ley, inmediatamente tras el triunfo de la revolución.

Decreto-ley 03464 del 2 de agosto de 1953:
Artículo 1. El suelo, el subsuelo y las aguas del territorio de la República pertenecen por derecho originario a la Nación Boliviana.
Artículo 78. Los campesinos que hubiesen sido sometidos a un régimen de trabajo y explotación feudales, en su condición de siervos, obligados, arrimantes, pegujaleros, agregados, forestados, etc., mayores de 18 años, los casados mayores de 14 años y las viudas con hijos menores, son declarados, con la promulgación del presente Decreto, propietarios de las parcelas que actualmente poseen y trabajan, en tanto el Servicio Nacional de Reforma Agraria les dote, racionalmente, de las que les correspondan de acuerdo a las definiciones de la pequeña propiedad o les compense con la explotación colectiva de tierras, que les permita cubrir sus presupuestos familiares.

En total, casi diez millones de hectáreas de terrenos fueron distribuidas a 200.000 familias, especialmente en las tierras altas. Las del valle, más modernas y capitalistas, no se vieron afectadas.

El populismo pareció, en los primeros años de la reforma, encaminarse a estabilizar el nuevo régimen, pero tal cosa no ocurrió en absoluto. Pronto aparecieron divisiones en el seno mismo del MNR, entre sus dirigentes principales, y se trasladaron hasta las bases del partido por vía de las circunscripciones y de las clientelas sindicales respectivas. Sin duda influyeron las rivalidades personales, pero hubo también divergencias reales sobre el curso que debería adoptar la revolución. ¿Prolongación de las nacionalizaciones? ¿Economía de mercado para poder beneficiarse de los subsidios estadounidenses? La segunda opción fue la finalmente adoptada.

Cuando se celebraron las elecciones presidenciales de 1956, la situación distaba mucho de ser brillante, y el candidato elegido, Hernán Siles Zuazo, tuvo rápidamente que emprender un programa de contención de los déficit provocados por las políticas redistributivas anteriores.

El resultado fue una acentuación de las divisiones internas en el MNR y un claro descontento de los sindicatos. La agitación social que se registró entonces llegó incluso a poner a poner al país al borde de la guerra civil, ya que los sectores sociales movilizados podían recurrir con facilidad a la fuerza, puesto que estaban organizados en milicias desde 1952. Siles no tuvo más remedio que recurrir al Ejército para pacificar el país, y su sucesor Paz Estenssoro adoptó la misma política a partir de 1960.

Diez años después del comienzo de la revolución, el balance distaba de ser positivo. El PNB per cápita había disminuido un 20%, la producción de estaño se había reducido en un 40% e incluso los campesinos beneficiados por la reforma agraria estaban descontentos. La corrupción y la ineficacia debilitaban de manera considerable a la economía y hacían que la estabilización del régimen se enfrentase a dificultades. La huida hacia adelante que suponía una inflación desbocada arruinaba a los pequeños ahorradores y erosionaba, así, los apoyos del régimen entre las capas medias.

Desde su derrota, las fuerzas armadas se habían otorgado nuevas tareas "civiles" y, de hecho, se habían acercado al pueblo. Además, se habían modernizado de manera considerable, gracias a la ayuda de los Estados Unidos, y disponían de mandos, como los generales Barrientos y Ovando, que eran muy populares.

En un clima enrarecido, las elecciones de 1964 se saldaron con la victoria del dúo Paz-Barrientos, pero el 4 de noviembre el presidente Paz fue derrocado por su vicepresidente Barrientos y los militares se hicieron cargo del poder, poniendo fin a doce años de revolución e inaugurando un periodo de 18 años de autoritarismo militar inestable.

3. La consolidación de la democracia en Costa Rica, Colombia y Venezuela

Al hallar una fórmula de estabilidad democrática, Costa Rica, en 1948, Colombia, en 1958, y Venezuela, en 1959, fueron excepciones notables en el convulso panorama político de América Latina. En los tres casos, fueron negociaciones entre las elites las que precedieron a la instalación duradera de la democracia.

▲ La guerra civil de 1948 fue, para **Costa Rica**, un acontecimiento de enormes implicaciones.

En 1940, la llegada al poder de Calderón Guardia había supuesto un cambio cualitativo importante. A diferencia de los dirigentes liberales que se habían sucedido desde principios de siglo, Calderón mostró gran preocupación por la "cuestión social" y dio pie al intervencionismo estatal. Las reformas que emprendió fueron de gran calado: añadido de un capítulo constitucional sobre las garantías sociales, creación de la Caja Costarricense de Seguridad Social, promulgación de un código laboral. Esas medidas le granjearon la simpatía de los sectores progresistas, pero provocaron la cólera de los plantadores de café que le habían apoyado al principio. Con miras a recabar apoyos para las elecciones de 1944, Calderón se dirigió claramente a los comunistas y a la Iglesia católica. Sin embargo, su estilo de gobierno siguió siendo paternalista, por no decir populista, y el régimen sufría una importante corrupción. Eso explica que los jóvenes intelectuales de tendencia socialdemócrata se mostraran muy críticos con el régimen y con la alianza de éste con los comunistas.

Puesto que la Constitución prohibía la reelección consecutiva, Calderón consiguió que le sucediera en 1944 Teodoro Picado, a raíz de un proceso fraudulento. En 1945,

José Figueres y sus compañeros fundaron el Partido Socialdemócrata y multiplicaron las críticas a la corrupción. José Figueres era, en esa época, un joven ingeniero que había dirigido, en un discurso que sería famoso, fuertes críticas a la política social y a la sumisión de Calderón a los estadounidenses. Tal discurso, transmitido por la radio, fue censurado y Figueres tuvo entonces que exiliarse en México, lo que le convirtió en mártir. Durante su estancia en México, Figueres se reunió con muchos refugiados de países de América Central y el Caribe, entonces sometidos, casi todos, a dictaduras. Llegó a pactar, de algún modo, con ellos, con miras a la "liberación", primero de Costa Rica y luego de los otros países (especialmente, la Nicaragua de Somoza y la República Dominicana de Trujillo).

En 1948, cuando se acercaban las elecciones, la situación era explosiva. Por un lado estaba Calderón, apoyado por los comunistas y la Iglesia, que intentaba volver al poder y, por otro, la oposición, que reunía tanto a la oligarquía como a los socialdemócratas, con tres lemas: anticomunismo, anticalderonismo (el "régimen de ocho años") y defensa de la transparencia del sufragio. A raíz del escrutinio, el candidato de la oposición, el periodista Ulate, fue declarado vencedor por el Tribunal Nacional Electoral. Fue inmediatamente acusado de fraude y el Congreso anuló las elecciones. Los partidarios de Ulate se lanzaron entonces a la lucha armada, bajo la dirección de Figueres. Un mes después, este último resultaría vencedor en la lucha que le oponía a los partisanos comunistas y a un ejército que ya estaba debilitándose desde principios de siglo. Un primer acuerdo (pacto de la Embajada de México) puso fin a los enfrentamientos, pero subsistía el problema de los militantes comunistas armados. Por tal razón, se entablaron negociaciones directas entre Figueres y Manuel Mora, el dirigente del Partido Comunista, que dieron lugar a un nuevo pacto (el pacto de Ochomogo).

Tal pacto sacó a la luz la convergencia de voluntades reformadoras de los dos dirigentes: los comunistas aceptaban renunciar a las armas si se mantenían las garantías sociales, a lo que Figueres respondió que pensaba ampliar tales garantías. Sentó las bases así de un consenso que habría de perdurar. En efecto, tras haber neutralizado a la burguesía de plantadores de café (*cafetaleros*), al arrastrarla con él en una lucha contra el "caldero-comunismo", confiscó a los comunistas su principal caballo de batalla, las reformas sociales.

El 1 de mayo de 1948 fue suscrito un tercer pacto, el pacto Ulate-Figueres, que sancionaba el acuerdo entre los vencedores con vistas al volver a la normalidad. El pacto preveía que una junta de gobierno presidida por Figueres conservaría el poder durante dieciocho meses, pero reconocía la victoria de Ulate en las elecciones de febrero y planificaba su ascenso al poder. Finalmente, estipulaba que la junta convocaría elecciones a una asamblea constituyente que trabajaría con un borrador de constitución redactado por una comisión nombrada por la junta.

La presidencia de dieciocho meses de Figueres supuso cambios importantes. En el fondo, las políticas públicas fueron resueltamente reformadoras. Así, el 19 de junio de 1948, Figueres anunció la nacionalización de todo el sistema bancario. La junta buscaba dotarse de medios para orientar las actividades productivas del país y para estimular la industrialización mediante el control del sistema financiero. Esa decisión espectacular no fue sino la primera de una serie de cambios que modificaron el modelo de desarrollo del país. Además, en la forma, Figueres destacó por prohibir la participación del partido comunista (Vanguardia Popular) y del partido de Calderón Guardia (Partido Republicano Nacional) en las elecciones de diciembre de 1948. De resultas de tal decisión, el partido comunista no podría, hasta 1975, participar en las elecciones. Por último, el 8 de noviembre de 1949, Figueres entregó el poder al Ulate, que cumplió con normalidad su mandato hasta 1953, fecha en la que Figueres resultó elegido triunfalmente.

▲ En **Colombia**, ya hemos visto que, a finales de los años treinta, la sociedad estaba muy dividida entre los seguidores de Gaitán y de Gómez. En 1938 fue elegido presidente un liberal moderado y, en 1942, de nuevo López, pero la tensión no disminuyó. En las elecciones de 1946, los liberales se dividieron. Como Gaitán quiso ser candidato, el conservador Mariano Ospina Pérez ganó las elecciones, dando fin así al periodo de hegemonía liberal.

La polarización política se hizo más intensa. El gobierno trató de purgar de la administración a todos los liberales, pero éstos, mayoritarios en el Congreso, resistieron por todos los medios. Poco a poco, los enfrentamientos se hicieron cada vez más violentos e iniciaron un periodo que se denominó precisamente *La Violencia* y que, entre 1948 y 1953, provocó la muerte de 150.000 personas (esto es, el 1% de la población).

Gaitán hizo que sus tropas pasaran de oponerse al Estado conservador a oponerse al Estado mismo. Sin embargo, el 9 de abril de 1948, fue asesinado en el centro de Bogotá. Se produjeron disturbios de una amplitud inimaginable. El *Bogotazo* desencadenó una violencia que duró tres días. La situación se agravó incluso más cuando, en noviembre de 1949, fue elegido presidente el conservador Laureano Gómez en unos comicios anticipados en los que los liberales rechazaron participar. En 1953, el general Gustavo Rojas Pinilla tomó el poder, con el apoyo de los partidos políticos, para acabar con la violencia. No obstante, en vez de mejorar, la situación empeoró en el campo. Además, Pinilla tuvo la osadía de intentar destruir el sistema bipartidista, lo que provocó la reacción inmediata de los dos partidos tradicionales.

Resulta de interés la forma en la que los partidos liberal y conservador negociaron su vuelta al poder, para fundar un régimen de "Frente Nacional". A lo largo de todo el año 1957, las direcciones de ambos partidos discutieron sobre cómo distribuirse el poder. La fórmula que acordaron fue la de un reparto estricto de los puestos en el gobierno, en todos los niveles, y una alternancia de poder, por un periodo de 16 años (esto es, cuatro mandatos).

La idea consistía en eliminar las causas de los enfrentamientos suprimiendo cualquier posibilidad de exclusión total del poder de cualquier partido. Fue aprobada en referéndum en diciembre de 1957 y, al año siguiente, se inauguró el régimen de Frente Nacional.

Fueron por tanto restauradas las instituciones democráticas, pero se trataba de una democracia limitada (el sistema impedía a cualquier otro partido participar en la vida cívica del país) y, además, vigilada (el estado de sitio estaría en vigor hasta 1982). En tales condiciones, perdió todo sentido la participación popular, habida cuenta de la falta de competencia. El Frente Nacional fue un régimen de desmovilización política, pero se trató de una consecuencia intencionada, tras años de violencia política.

▲ En **Venezuela**, el régimen del dictador Pérez Jiménez, que surgió tras varios años de revueltas a raíz del fracaso de la experiencia del *trienio*, se distinguió por una represión política feroz que, progresivamente, le aisló por completo. Tras anular las elecciones de 1952, Pérez Jiménez organizó un plebiscito y declaró que esperaba mantenerse en el poder indefinidamente. Los partidos de oposición (que eran ilegales) protestaron enérgicamente, pero la chispa que hizo caer al dictador procedió del interior del régimen, como ocurre a menudo en circunstancias parecidas. El año 1957 se distinguió, en efecto, por una crisis fiscal sin precedente alguno. Los ingresos obtenidos del *boom* petrolero de los años cincuenta habían permitido al dictador gastar sin ton ni son, pero tal procedimiento se agotó y el Estado estaba casi en quiebra. Las elites conservadoras se mostraron entonces muy críticas y aunaron su voz a la de la oposición para exigir la marcha del dictador. Fue la propia institución militar la que dio los primeros pasos. El ejército empezó rápidamente a dividirse sobre la necesidad de derrocar al dictador, y se impuso la idea de que preservar la unidad de la institución exigía la dimisión de Pérez Jiménez.

Los partidos, todos ellos víctimas en igual medida de la represión, mostraron su solidaridad. El Partido Comunista, AD, COPEI y la URD (Unión Republicana Demócrata) decidieron en junio de 1957 formar una junta patriótica que coordinaría las actividades de oposición encaminadas a derrocar al dictador. Temiendo perder el control de la situación, cuatro dirigentes de tres partidos de la oposición no comunista (AD, COPEI y URD) se reunieron, en secreto, en Nueva York y se pusieron de acuerdo para repartirse el poder tras las elecciones, fuese quien fuese la fuerza vencedora. Decidieron también excluir al partido comunista de todo acuerdo posterior, pese al papel que había desempeñado en la resistencia.

El 21 de enero de 1958, la junta patriótica organizó una inmensa manifestación en Caracas. Los sindicatos y las organizaciones patronales se adhirieron al movimiento. Finalmente, los militares se negaron a reprimir las manifestaciones y, el 23 de enero, Pérez Jiménez abandonó el poder. Tras varios días de confusión y de debates sobre la composición de la nueva junta de gobierno, el día 27 los militares se comprometieron oficialmente a facilitar la democratización.

No obstante, tanto las fuerzas conservadoras (compañías petroleras, los Estados Unidos, los militares golpistas) como los partidos políticos (COPEI, URD) temían que AD se convirtiese en un partido hegemónico, gracias a sus apoyos populares. Ese temor obligó a todos los sectores a entablar negociaciones entre agosto y septiembre de 1958.

Los acuerdos que fueron firmados supusieron el acta de nacimiento de la democracia venezolana. Respecto de las reglas del juego político, el Pacto de Punto Fijo, firmado el 31 de octubre de 1958, fue un modelo de acuerdo. Establecía que todos los partidos respetarían el resultado de las elecciones posteriores y que, cualquiera que fuese su

120

resultado, los partidos vencidos obtendrían una auténtica participación en el poder. Tal pacto fue estrictamente aplicado por el primer presidente, el socialdemócrata Rómulo Betancourt. Lo sería también por los militares, que aceptaron volver a ser una "institución apolítica, obediente y no deliberadora" a cambio de una amnistía general.

En lo que atañe al fondo de las políticas que se llevarían a cabo, se firmó, por los partidos políticos, una "Declaración de Principios y Programa Mínimo de Gobierno", que delimitó el modelo de desarrollo que se adoptaría a partir de 1959. Tal modelo consistió en favorecer la inversión privada y, simultáneamente, en ampliar el campo de actuación del Estado.

El caso de Venezuela representa el ejemplo más elaborado de transición a la democracia por medio de un pacto (democracia pactada). Sin embargo, son necesarios dos comentarios más para poder entender su éxito.

En primer lugar, al igual que en Costa Rica y Colombia, el partido comunista fue excluido del reparto del poder. Es, sin embargo, cierto que los pactos sentaron las bases de un consenso tan amplio que los intentos comunistas de situarse al margen del sistema (guerrillas en Venezuela y Colombia) se saldaron con un fracaso.

En segundo término, el sector privado se había visto muy perjudicado en Venezuela en los últimos años de dictadura, por lo que había dejado de apoyar al régimen. La naciente democracia tuvo que enfrentarse a cúmulo tal de demandas que sólo pudo satisfacerlas con ayuda de los petrodólares. Tanto los sectores populares como la patronal se beneficiaron de los subsidios del Estados y tal cosa contribuyó, en no escasa medida, al enraizamiento de la democracia.

4. La victoria de Fidel Castro en Cuba

Fulgencio Batista, que hacía y deshacía gobiernos en Cuba desde los años treinta, había prometido en 1952 elecciones libres, con miras a contener la movilización social y el descontento de un ejército obligado a reprimir huelgas. Sin embargo, los cubanos se despertaron el 10 de marzo de 1952 con una dictadura que reponía a Batista en el poder.

La contestación se inició, a partir de 1953, con huelgas estudiantiles. El 26 de julio de ese mismo año, un grupo de 165 estudiantes intentó hacerse con el Cuartel de Moncada, en el sudeste de la isla. El ataque fue un fracaso, pero en el juicio que le sucedió, el jefe del grupo, Fidel Castro, pronunció un discurso muy largo –"La Historia me absolverá"– que más tarde se convertiría para muchos en el símbolo de la liberación de Cuba y de toda América Latina. Ciertamente, el discurso fue arreglado y reescrito algunos años después, pero eso no quita que demostraba una evidente sensibilidad social y la ausencia de referencias ideológicas notorias.

Fidel Castro había nacido en 1926 de un padre español que había emigrado de su Galicia natal para convertirse en un rico cultivador de caña de azúcar en la provincia oriental de Cuba. Su educación en un colegio de los jesuitas y sus estudios de derecho le predisponían a engrosar las filas de la alta burguesía. Sin embargo, desde muy joven, desplegó una gran actividad en los sindicatos estudiantiles, mostrando inclinaciones hacia la acción política. Ya en 1947, participó en una expedición contra el dictador dominicano Trujillo. En 1952 se presentó a las elecciones legislativas que habría de anular Batista. Encarcelado en octubre de 1953 en la Isla de los Pinos tras el ataque al Moncada, Castro tuvo tiempo para meditar sobre los escritos de José Martí, el héroe de la independencia cubana. Gracias a una amnistía general concedida por el dictador Batista, en un gesto dirigido a mejorar su imagen, Castro sólo cumplió, de su condena, once meses de cárcel. Se escapó entonces a México, de donde regresó con un barco, el *Granma*, con 81 compañeros, entre los que se contaban su hermano Raúl y el argentino Ernesto "Che" Guevara, para intentar derrocar a Batista. Fue un nuevo fracaso y sólo un puñado de hombres pudo escapar, con los hermanos Castro y el Che, a las montañas de Sierra Maestra. La lucha que desarrollaron allí fue durante largo tiempo ocultada por el régimen, pero, en febrero de 1957, un periodista estadounidense del célebre *New York Times*, Herbert Matthews, consiguió reunirse con los rebeldes en las montañas y publicó una serie de artículos sobre su lucha. Enseguida, el mundo se apasionó con esos nuevos héroes y la dictadura empezó a perder sus apoyos internacionales, especialmente en los Estados Unidos. El régimen, completamente corrupto, de Batista se vio debilitado, aunque el "Movimiento del 26 de julio" era aún incapaz de provocar una sublevación general. De hecho, la estrategia de Castro, que consistía en asegurarse un santuario en las zonas rurales y a esperar a las revueltas urbanas, no tuvo éxito. Pocos campesinos se unieron al movimiento y éste no encontró respuesta sino entre las capas medias. El "Manifiesto de Sierra Maestra" de julio de 1957, que exigía la democracia, elecciones libres, libertad de prensa y tierras para los campesinos, no cambió nada las cosas. En diciembre de 1957, Castro y sus rebeldes *barbudos* no suponían una amenaza seria para el régimen.

▲ "La historia me absolverá"

En este juicio se está debatiendo algo más que la simple libertad de un individuo: se discute sobre cuestiones fundamentales de principios, se juzga sobre el derecho de los hombres a ser libres, se debate sobre las bases mismas de nuestra existencia como nación civilizada y democrática. [...]

Nosotros llamamos pueblo si de lucha se trata,

– a los seiscientos mil cubanos que están sin trabajo deseando ganarse el pan honradamente sin tener que emigrar de su patria en busca de sustento;

– a los quinientos mil obreros del campo que habitan en los bohíos miserables, que trabajan cuatro meses al año y pasan hambre el resto compartiendo con sus hijos la miseria, que no tienen una pulgada de tierra para sembrar y cuya existencia debiera mover más a compasión sin no hubiera tantos corazones de piedra;

– a los cuatrocientos mil obreros industriales y braceros cuyos retiros, todos están desfalcados, cuyas conquistas les están arrebatando, cuyas viviendas son las infernales habitaciones de las cuarterías, cuyos salarios pasan de las manos del patrón a las del garrotero, cuyo futuro es la rebaja y el despido, cuya vida es el trabajo perenne y cuyo descanso es la tumba;

▶

▶ – a los cien mil agricultores pequeños, que viven y mueren trabajando una tierra que no es suya, contemplándola siempre tristemente como Moisés a la tierra prometida, para morirse sin llegar a poseerla, que tienen que pagar por sus parcelas como siervos feudales una parte de sus productos, que no pueden amarla, ni mejorarla, ni embellecerla, plantar un cedro o un naranjo porque ignoran el día que vendrá un alguacil con la guardia rural a decirles que tienen que irse;

– a los treinta mil maestros y profesores tan abnegados, sacrificados y necesarios al destino mejor de las futuras generaciones y que tan mal se les trata y se les paga; a los veinte mil pequeños comerciantes abrumados de deudas, arruinados por la crisis y rematados por una plaga de funcionarios filibusteros y venales;

– a los diez mil profesionales jóvenes: médicos, ingenieros, abogados, veterinarios, pedagogos, dentistas, farmacéuticos, periodistas, pintores, escultores, etc., que salen de las aulas con sus títulos deseosos de lucha y llenos de esperanza para encontrarse en un callejón sin salida, cerradas todas las puertas, sordas al clamor y a la súplica.

¡Ése es el pueblo, el que sufre todas las desdichas y es por tanto capaz de pelear con todo el coraje! A ese pueblo, cuyos caminos de angustias están empedrados de engaños y falsas promesas, no le íbamos a decir: "Te vamos a dar", sino: "¡Aquí tienes, lucha ahora con todas tus fuerzas para que sea tuya la libertad y la felicidad!". [...]

El problema de la tierra, el problema de la industrialización, el problema de la vivienda, el problema del desempleo, el problema de la educación y el problema de la salud del pueblo: he aquí los seis puntos para los que nuestros esfuerzos habrían tendido a aportar soluciones, con la conquista de la libertades públicas y de la democracia política. [...]

En cuanto a mí sé que la cárcel será dura como no lo ha sido nunca para nadie, preñada de amenazas, de ruin y cobarde ensañamiento, pero no la temo, como no temo la furia del tirano miserable que arrancó la vida a setenta hermanos míos. Condenadme, no importa, la historia me absolverá.

(*Fuente:* Fidel Castro, 16 de octubre de 1953.)

Las cosas cambiaron por completo en 1958. Así, en marzo, el gobierno estadounidense decretó un embargo sobre los suministros de armas a Cuba, lo que suponía situar el plano de igualdad la legitimidad de la lucha del dictador Batista y la de la guerrilla. En abril, se convocó una huelga general, que fracasó, pero Castro decidió que la guerrilla debía ser más agresiva. Los combates se intensificaron, pero en ningún caso en la forma de guerra declarada. A los golpes de efecto de los rebeldes respondía una violenta y salvaje represión por el ejército, que se cebaba especialmente en las capas medias y en los estudiantes. Esa represión, con arreglo a un esquema clásico, tuvo a su vez el efecto de alejar del régimen a numerosas categorías sociales. Al percibir que sus apoyos menguaban, Batista intentó una salida política. Puesto que su mandato expiraba en febrero de 1959, organizó unas elecciones presidenciales en noviembre que se saldaron con una abstención masiva.

Tras una última y vana maniobra por obtener el apoyo de la administración Eisenhower, Batista huyó del país el 31 de diciembre de 1958. El dictador se había dado cuenta de que su ejército, desmoralizado y corrupto, sería derrotado. Éste, por su lado, sabía que Batista huiría y que sólo pretendía preparar su exilio.

El poder cayó entre las manos de Fidel Castro, que no supo bien qué hacer con él. El vacío político era inmenso y las demandas de la población exigían una rápida respuesta. En un primer momento, se creó un Ejecutivo colegiado, con un presidente de la república, Manuel Urrutia, un primer ministro, José Miró Cardona, y un jefe de las fuerzas armadas, Fidel Castro. Cuando las ejecuciones sumarísimas deterioraban la imagen del nuevo régimen, Fidel Castro viajó a los Estados Unidos para dar garantías a la administración Eisenhower sobre sus intenciones. Hizo varias proclamas anticomunistas, como cuando se preguntó: "¿Por qué se inquietan ustedes de los comunistas? No hay comunistas en mi gobierno" y cuando señaló que el partido comunista cubano, el Partido Socialista Popular (PSP), era legal bajo la dictadura y había condenado el intento de insurrección de 1953. Destacó también en Estados Unidos que eran urgentes varias reformas, especialmente en el campo. Sin embargo, no tuvo mucho éxito y se inició una gran incomprensión mutua.

El 17 de mayo de 1959, Castro proclamó una de las reformas más radicales de la revolución: la reforma agraria.

Al prohibir a los extranjeros poseer tierras en Cuba, esa reforma perjudicaba de entrada a los intereses estadounidenses y, en particular, a las grandes compañías que explotaban la caña de azúcar. Las críticas se hicieron más fuertes en los Estados Unidos y fueron retomadas, en Cuba, por el presidente Urrutia. La respuesta de Castro a las acusaciones de deriva comunista hizo que el país se adentrara en una vía autoritaria. En julio, denunció a los enemigos de la revolución y, seguro de su popularidad, dimitió. Impresionantes manifestaciones reclamaron de inmediato su regreso y, cuando Urrutia se retiró, Castro retomó triunfalmente sus labores de gobierno. En octubre, hizo detener al comandante del Ejército del Aire, el mayor Huberto Matos, que se había quejado también de la creciente influencia de los comunistas. Condenado a veinte años de prisión, Matos no pudo beneficiarse, como Castro en la época de Batista, de la clemencia del nuevo gobernante y representó durante largo tiempo el símbolo de una bifurcación de la revolución.

Los últimos meses de 1959 contemplaron intentos de rebelión o amenazas más o menos serias de intervención estadounidense para restablecer a Batista.

En 1960, la revolución cubana adoptó una dirección más firme. En política exterior, se aproximó a la Unión Soviética, al tiempo que rompía con los Estados Unidos. En el interior, las nacionalizaciones y la política social le otorgaban su especificidad económica, mientras que el autoritarismo fue su fachada política. Esos diferentes aspectos estaban estrechamente vinculado entre sí y apareció una lógica de conjunto, que representó la identidad de esa revolución. Así, el nacionalismo de los revolucionarios no podía sino provocar un enfrentamiento con la potencia que dominaba tan claramente la economía de isla. Castro quiso, por lo demás, sacar provecho de los vínculos privilegiados entre Cuba y los Estados Unidos, y reclamó a éstos una asistencia económica exorbitante, de 30.000 millones de dólares, petición que fue evidentemente rechazada. Castro se dirigió entonces a la Unión Soviética, que, en febrero de 1960, suministró una ayuda de 100 millones de dólares y prometió comprar cuatro millones de toneladas de azúcar anuales. Tres meses más tarde, se restablecieron las relaciones diplomáticas entre los dos países. Cuba empezó entonces a importar petróleo de la URSS, obteniéndolo a un precio menor que el del que procedía de Venezuela. No obstante, las compañías estadounidenses instaladas en la isla se negaron a refinarlo, de modo de Castro las confiscó. Como reacción, Eisenhower anuló la cuota de la que disponía Cuba en las importaciones norteamericanas de azúcar. Castro, a su vez, respondió nacionalizando todas las compañías estadounidenses instaladas en la isla (telefonía, extracción de minerales, cigarrillos, etc.) y, durante el verano de 1960, nacionalizó igualmente todos los bancos y en torno a 380 empresas cubanas. Eisenhower decretó entonces un embargo económico total, en un ambiente que no podía estar más crispado. La tesis de Eisenhower y de su vicepresidente Richard Nixon, en virtud de la cual Castro era comunista, se vio reforzada por el compromiso soviético de ayudar a la isla, que incluía el suministro de armas,

⚠ Ley de Reforma Agraria de la República de Cuba (17 de mayo de 1959)

Artículo 1: Se proscribe el latifundio. El máximo de extensión de tierra que podrá poseer una persona natural o jurídica será treinta caballerías*. Las tierras propiedad de una persona natural o jurídica que excedan de ese límite será expropiadas para su distribución entre los campesinos y los obreros agrícolas sin tierras. [...]

Artículo 12: A partir de un año con posterioridad a la promulgación de la presente Ley no podrán explotar colonias de caña las Sociedades Anónimas que no reúnan los siguientes requisitos:

a) Que todas las acciones sean nominativas.

b) Que los titulares de esas acciones sean ciudadanos cubanos.

c) Que los titulares de esas acciones no sean personas que figuren como propietarios, accionistas o funcionarios de empresas dedicadas a la fabricación de azúcar. [...]

Artículo 15: La propiedad rústica sólo podrá ser adquirida en lo sucesivo por ciudadanos cubanos o sociedades formadas por ciudadanos cubanos. [...]

Artículo 16: Se establece como "mínimo vital" para una familia campesina de cinco personas una extensión de dos caballerías de tierra fértil, sin regadío, distante de los centros urbanos y dedicadas a cultivos de rendimiento económico medio.

El Instituto Nacional de Reforma Agraria será el encargado de reglamentar y dictaminar, en cada caso, cuál es el "mínimo vital" necesario. [...]

Artículo 17: Las tierras privadas expropiables en virtud de los dispuesto por esta Ley y las tierras del Estado serán otorgadas en áreas de propiedad proindivisas a las cooperativas reconocidas por esta Ley, o se distribuirán entre los beneficiarios [...].

---

* Una caballería es más o menos equivalente a 13,5 hectáreas.

Sin embargo, en el terreno político, Castro tardó en decidirse. No se habló más de elecciones tras el episodio teatral de su dimisión de julio de 1959. El Movimiento del 26 de julio no era, por lo demás, un partido político, de manera que Castro sólo podía contar con su ejército para recabar apoyos. En el otoño de 1960, creó de todos modos unos Comités de Defensa de la Revolución (CDR) con miras a movilizar a la población frente a una eventual invasión, pero también, por supuesto, para vigilarla y organizarla. Poco a poco se puso en marcha un orden autoritario. La justicia sólo era independiente de manera nominal, los sindicatos funcionaban bajo el control del gobierno y la prensa estaba amordazada.

Con todo, se iniciaron rápidamente las reformas. Así, el régimen consiguió, con una enorme campaña, erradicar el analfabetismo. La sanidad y la vivienda, además de los problemas agrarios, recibieron, tal y como había anunciado Castro en 1953, una atención prioritaria.

En particular, Ernesto Guevara elaboró un plan de reestructuración económica que tuvo resultados ambiguos. La idea consistía en romper la dependencia del país respecto de las exportaciones de azúcar. Había que diversificar la producción agrícola y fomentar la industrialización. Sin embargo, la consecuencia directa del plan fue una caída de la producción de azúcar, que pasó de 6,8 millones de toneladas en 1961 a 4,8 millones en 1962 y a 3,8 millones en 1963, lo que privó al país de ingresos esenciales. La industrialización, por su parte, se vio dificultada por el embargo estadounidense.

La presión internacional perturbaba seriamente, en efecto, el curso de la revolución. Desde finales de 1959, la CIA empezó a reflexionar sobre cómo derrocar a Fidel Castro. Los exiliados cubanos que acabaron en Miami estaban dispuestos a apoyar cualquier solución que les permitiese desembarazarse de los usurpadores. En julio de 1960, se aceptó la idea de una invasión, algo tradicional en el Caribe, y Eisenhower dio la orden de que se preparasen soldados a tal efecto. Se creó un campo de entrenamiento en Guatemala, del que tuvieron noticia los servicios secretos cubanos. El 31 de diciembre de 1960, Castro acusó a Eisenhower de preparar una invasión de su país y redujo el personal de la embajada estadounidense en La Habana. El 4 de enero, Eisenhower rompió relaciones diplomáticas con Cuba y traspasó con alegría tan espinosa cuestión a su sucesor, John F. Kennedy. Éste decidió entonces dar luz verde a la invasión, con la condición de que no hubiese soldados estadounidenses implicados. El intento de invasión tuvo lugar el 17 de abril de 1961 en la Bahía de Cochinos y fue un auténtico fracaso. Los atacantes fueron recibidos por las tropas de Castro y no recibieron cobertura aérea alguna por parte de los Estados Unidos.

Ese acontecimiento supuso un triunfo para Castro. Los Estados Unidos habían desvelado sus verdaderas intenciones. Sin embargo, al contrario que en Guatemala, la voluntad de restaurar el antiguo orden se saldó con un fracaso. Al mismo tiempo, esa victoria de David contra Goliat presentó inmediatamente luces y sombras. Antes del ataque. Castro había proclamado que su revolución era "socialista" y Kruchev le había garantizado su apoyo incondicional. En diciembre de 1961, Castro se declaró marxista-leninista. El apoyo de la Unión Soviética habría de concretarse en un intento de instalación en la isla de misiles de alcance medio. Se trataba de una amenaza inaceptable para los Estados Unidos y la crisis que se desató en octubre de 1962 puso al planeta al borde de la confrontación nuclear. Tras unas negociaciones secretas, Kruchev aceptó retirar los misiles a cambio del compromiso de Estados Unidos de no atacar Cuba. Durante el transcurso de la crisis, Fidel Castro se mantuvo al margen de las negociaciones. Cuba no era sino un peón en el enfrentamiento entre las dos superpotencias. La crisis permitió sin duda que siguiese el proceso revolucionario, pero Cuba había adquirido, de manera espectacular, el estatus de satélite de Moscú.

No obstante, más allá de esas consideraciones geopolíticas, la revolución cubana provocó un auténtico trauma en toda América Latina. Para los sectores progresistas, se convirtió en un ejemplo. Se había demostrado que resultaba posible iniciar cambios sociales incluso en contra de la voluntad del gran hermano estadounidense. Tal tarea demostraría ser más fácil fuera del área caribeña. A la inversa, para las burguesías, el peligro de una expansión de la revolución iba a provocar, a corto plazo, reflejos de supervivencia. A más largo plazo, se agitaría a menudo el fantasma de la amenaza comunista para bloquear cualquier intento de reformas.

5. Los golpes de estado preventivos

Con miras a evitar un posible contagio revolucionario, los militares optaron por hacerse directamente con el poder, con la complicidad más o menos explícita de unas burguesías atemorizadas. Pese a que la reacción autoritaria que había provocado el comienzo de la guerra fría había perdido poco a poco impulso a finales de los años cincuenta, como demuestra la caída de los dictadores Odría en Perú en 1956, Rojas Pinilla en Colombia en 1957 y Pérez Jiménez en Venezuela en 1958, se sucedieron a buen ritmo golpes de estado preventivos, especialmente contra presidentes en su mayor parte elegidos.

Los golpes de estado preventivos (1962-1969)

País	Fecha del golpe de estado	Presidente derrocado	Modo de acceso al poder
Argentina	Marzo 1962	Arturo Frondizi	Elección
Perú	Julio 1962	Manuel Prado	Elección
Guatemala	Marzo 1963	Gen. M. Ydígoras	Elección
Ecuador	Julio 1963	Carlos J. Arosemena	Elección
Rep. Dominicana	Septiembre 1963	Juan Dosch	Elección
Honduras	Octubre 1963	Ramón Villeda Morales	Elección
Brasil	Abril 1964	Joao M. Goulart	Elección
Bolivia	Noviembre 1964	Víctor Paz Estenssoro	Elección
Argentina	Junio 1966	Arturo Illía	Elección
Perú	Octubre 1968	F. Belaúnde Terry	Elección
Panamá	Octubre 1968	Arnulfo Arias	Elección

Resultaría excesivo afirmar que todos esos golpes de estado no fueron sino reacciones a la revolución cubana. Ésta creó sin duda un clima de tensiones en el continente, en el que cualquier intento de reformas o de alianza con la izquierda estaba proscrito, pero los golpes de estado se debieron también a la evolución interna de cada país.

▲ Así, **Argentina** buscó en aquellos años una fórmula imposible de democracia sin peronismo. Los militares que habían expulsado a Perón del poder y del país en 1955 se dedicaron rápidamente a reconstruir la democracia sobre nuevas bases. En 1956 crearon con tal fin una Comisión para la Defensa de la Democracia, encargada de eliminar del entorno partidario sus escorias peronistas. Fueron organizadas elecciones legislativas, en julio de 1957, y presidenciales, en febrero de 1958. El triunfador en estas últimas, Arturo Frondizi, pertenecía a la familia radical. Sin embargo, el viejo partido de Yrigoyen, la Unión Cívica Radical (UCR), estaba dividido en dos facciones, de manera que, para ganar las elecciones, Frondizi tuvo que adoptar un discurso nacionalista y populista que le permitiese seducir a los peronistas. Su política económica no tardó, pese a todo, en provocar el descontento del electorado. Frondizi tuvo que gestionar rápidamente una situación contradictoria. Influido por la experiencia brasileña de desarrollismo llevada a cabo por Kubitschek, pretendió acelerar la industrialización del país, pero tuvo de enfrentarse con una situación económica adversa y aplicar la terapia de choque recomendada por el Fondo Monetario Internacional. Los resultados fueron alentadores. Argentina volvió a crecer, con tasas de 8% en 1959 y de 7% en 1960, la inflación se redujo de 113% en 1959 a 27% en 1960 y a 13,5% en 1961 y surgieron numerosas industrias nuevas, como la de automoción, la siderurgia, etc. Con todo, el coste social fue alto, puesto que el poder adquisitivo de los trabajadores disminuyó más del 25% en 1959, lo que condujo a muchas huelgas e hizo que los defensores del justicialismo peronista pasasen a la oposición. Por añadidura, la apertura a los capitales extranjeros, y en particular la autorización otorgada para explotar el petróleo argentino a compañías extranjeras, molestaron en gran medida a los círculos nacionalistas.

Desaparecieron los apoyos políticos de Frondizi y las elecciones legislativas y provinciales de marzo de 1962 se saldaron con una abierta derrota de sus partidarios. Los peronistas, con cuyo apoyo contaba Frondizi y de los que había, por tal razón, legalizado el partido, alcanzaron un destacado primer lugar con 35% de los votos, frente al 28% de la fracción radical de Frondizi y 22% de la fracción radical rival. Tales resultados fueron inaceptables para los militares, que derrocaron al Presidente Frondizi el 29 de marzo de 1962. Los militares organizaron entonces nuevas elecciones presidenciales en julio de 1963, sin contar con los peronistas, de las que el radical Arturo Illía salió vencedor. Curiosamente, Illía habría de cometer el mismo error que Frondizi. Legalizó al partido peronista con la esperanza de que le apoyaría. Sin embargo, con ocasión de las elecciones legislativas de marzo de 1965, los partidarios del antiguo dictador exiliado se mantuvieron fieles a su formación, que obtuvo 30,3% de los sufragios, adelantando así a la formación del presidente Illía, con 28,9%. En junio de 1966, los militares usurparon de nuevo el poder.

El gobierno militar que se instaló entonces bajo la presidencia del general Juan Carlos Onganía no tuvo nada de provisional. Sus objetivos no consistían sólo en revitalizar la democracia. Onganía proclamó de entrada el inicio de la "revolución argentina" e implantó de golpe un nuevo tipo de régimen, que se ha venido en llamar burocrático-autoritario.

La estrategia consistía en tratar las causas socio-económicas de los males argentinos y no sólo sus manifestaciones políticas. Gracias a la naturaleza represiva del régimen, pudo llevarse a cabo un programa económico de lucha contra la inflación, que incluía una congelación de salarios durante dos años. Sin embargo, Onganía no pudo evitar un aumento espectacular de la violencia política, ya que una parte de la izquierda decidió tomar las armas contra un régimen opresivo. Además, y sobre todo, Onganía fue incapaz de concitar los apoyos políticos suficientes para su programa económico. El partido radical y los peronistas se mantuvieron firmes en la oposición, de manera que la escena política estaba peligrosamente polarizada. El sucesor de Onganía, el general Roberto Levingston (1970-1971), no tuvo más remedio que legalizar al partido peronista y autorizó incluso la vuelta al país del propio Perón.

▲ Al igual que Argentina y los peronistas, **Perú** intentó por todos los medios impedir a la Alianza Popular Revolucionaria Americana (APRA) su ascenso al poder. Elegido sin garantías en 1950, el general Odría aceptó organizar comicios libres en 1956. El candidato vencedor, Manuel Prado, inició una liberalización del régimen, abriendo un periodo de *convivencia* que se manifestó en la legalización del partido comunista y del APRA. Su programa económico, continuista con el de su predecesor, le permitió cosechar algunos éxitos. El fundador del APRA, Raúl Haya de la Torre, que pudo por fin presentar su candidatura, superó en poco a sus dos principales adversarios, Fernando Belaúnde Terry y Manuel Odría. Como Haya de la Torre sólo había obtenido el 33% de los votos, correspondió al parlamento, dominado por el APRA, designar al vencedor de los comicios. Los militares se lo impidieron, se hicieron con el poder y anunciaron nuevas elecciones para 1963. Esa vez, el 9 de junio, Belaúnde triunfó y los militares no protestaron. El nacionalismo y el progresismo habrían de inspirar su política, en las negociaciones con la compañía petrolera americana IPC y en las reformas fiscal y agraria. Esa última fue una decepción para los campesinos sin tierra. Al mismo tiempo, la agitación en el campo se vio agravada por las actividades de un grupo de guerrilleros que, aplicando la teoría del Che Guevara, pretendían instalar allí un *foco*, a partir del cual se propagaría la revolución. La represión que Belaúnde desató contra esa guerrilla se saldó en 1966 con varios miles de muertes, lo que desacreditó al régimen. Por encima de todo, sensibilizó a toda una fracción de las fuerzas armadas, que encontró en esos hechos la forma de convencerse de la necesidad urgente de reformas en el país. Se estaba gestando el golpe de estado reformista de 1968, del que hablaremos más adelante.

▲ En **Brasil**, la elección de Juscelino Kubitschek de Oliveira en 1956 supuso un giro notable. Decidido a realizar "cincuenta años de progreso en cinco años", Kubitschek consiguió movilizar a los brasileños en favor de la modernización del país, de la que fue un símbolo la construcción en cuatro años de una capital nueva y futurista, Brasilia. El desarrollismo hizo progresar a la industria a una tasa anual del 10%, aunque a costa de un endeudamiento público considerable. El sucesor de Kubitschek, Jânio Quadros, tuvo por tanto que hacer frente a una situación económica delicada. Elegido en enero de 1961, dimitió en agosto. Su vicepresidente, João Goulart, que había sido ministro de Trabajo del presidente populista Vargas, le relevó, en contra de la opinión de los militares. Éstos impusieron entonces un régimen parlamentario dirigido a debilitar al presidente. Sin embargo, en 1963 se restableció, por referéndum, el régimen presidencial. La desconfianza de las fuerzas armadas no hizo sino aumentar, especialmente porque la situación económica se degradaba y porque Goulart resultó ser incapaz de poner en marcha medidas de estabilización. Al igual que en otros países, la vida política se polarizaba y el presidente se apoyaba cada vez más en una izquierda cuya influencia crecía. El intento de Goulart de movilizar a los campesinos, iniciando una campaña de sindicalización, fue una clara amenaza para los grandes terratenientes. Finalmente, el 31 de marzo de 1964, los militares se sublevaron, con el apoyo discreto pero firme de los Estados Unidos, y el Presidente Goulart tuvo que abandonar el país. El intento de consolidación democrática llevado a cabo, de forma caótica, desde 1946 se saldó con un fracaso, y Brasil sería gobernado sólo por militares hasta 1985.

▲ En **Ecuador**, los militares habían acabado en 1961 con el cuarto mandato del dirigente populista Velasco. Su sucesor, el vicepresidente Carlos Julio Arosamena, dio muestras de nacionalismo y de veleidades izquierdistas, lo que le deparó la misma suerte en 1963.

▲ **Bolivia** fue escenario entre 1957 y 1964 de una agitación social crónica que afectó tanto a las actividades mineras como al campo. Ya hemos visto que se recurrió al Ejército para reprimir a los movimientos sociales, lo que hizo que aquél incubase ambiciones políticas. El general René Barrientos Ortuño, que se adueñó del poder en 1964, fue un presidente muy popular, que hablaba el quechua (el idioma materno de muchos bolivianos) y que se abstuvo de gobernar el país con mano de hierro, como hicieron los militares brasileños o argentinos. Pese a todo, tuvo que implantar el estado de sitio en 1965 para disolver a las milicias de mineros y se mostró particularmente eficaz en su lucha contra la guerrilla. El Che Guevara y Régis Debray habían llegado algunos años antes para crear en los Andes del sur de Bolivia un *foco* revolucionario. Es cierto que la guerrilla del Che Guevara no tenía muchas posibilidades de éxito, pero su muerte el 9 de octubre de 1967 hizo de él el símbolo de la lucha revolucionaria en el mundo entero.

> La gorra negra del Che es la imagen más expresiva que América Latina ha transmitido al mundo desde el enorme sombrero de Zapata. Y la revolución cubana se hizo mayor todavía, por estar dominada por la doble figura de Fidel, fuerza vital, poder absoluto, aparato dominante, palabra abundante, y del Che, al que llegó la muerte, que quizá había buscado, en el corazón perdido del continente, solitario, apasionado, en ruptura permanente, llamado por lo absoluto, incluido el de un riguroso orden nuevo. Era una unión estrecha y contradictoria entre el rojo de la fuerza y el negro de la revuelta.
>
> (*Fuente*: Alain Touraine, *La parole et le sang. Politique et société en Amérique Latine*, Éditions O. Jacob, 1988, p. 358.)

La muerte trágica de Barrientos en un accidente de helicóptero en 1969 permitió que saliesen a la luz las rivalidades entre facciones rivales del ejército, hasta que, en 1971, el general Hugo Bánzer se impusiera por la fuerza por un período de ocho años.

En América Central y el Caribe, las ondas de choque de la revolución cubana se hicieron sentir de forma más directa.

▲ En **Guatemala**, la colaboración del régimen militar en la preparación de la expedición anticastrista de Bahía de Cochinos tuvo consecuencias importantes. El 13 de noviembre de 1960, unos jóvenes oficiales se rebelaron contra el presidente Ydígoras. El intento fue un fracaso, pero había nacido un movimiento de guerrilla que iba a combatir al régimen durante más de treinta años. Cuando Ydígoras permitió la vuelta al país de Arévalo, el presidente derrocado en 1954 y al que se acusaba de ser comunista, se produjo un golpe de estado preventivo en 1963.

▲ En **Honduras**, la agitación social que culminó con la gran huelga de 1954 había provocado primero una apertura y luego un endurecimiento del régimen. En 1956, la promulgación de una ley de defensa del régimen permitió ilegalizar al partido comunista y que los militares se hiciesen con el poder. Elegido en 1957, Ramón Villeda Morales intentó llevar a cabo una reforma agraria, y los militares le derrocaron en 1963. El nuevo dictador, el general López Arellano, iba a permanecer en el poder durante ocho años.

▲ En **Panamá**, el golpe de estado de octubre de 1968 supuso un cambio histórico. El viejo dirigente populista Arnulfo Arias fue derrocado por una junta militar a la que controló enseguida el jefe de la Guardia Nacional, el general Omar Torrijos, un líder carismático nacionalista y reformista. En 1970, Torrijos inició una serie de reformas sociales (ley de Educación, código del trabajo, ley sobre la vivienda) y promulgó una ley bancaria que hizo de Panamá un centro financiero de importancia internacional. En particular, utilizó inmediatamente la cuestión del Canal para consolidar su régimen y, por utilizar sus propias palabras, "transformar esta caricatura de país en una nación".

▲ Por último, en la **República Dominicana**, el asesinato de Trujillo en 1961 inauguró un período de inestabilidad política. La burguesía local, durante largo tiempo apartada del poder y de sus prebendas, mostró un comportamiento predador, al lanzarse sobre los bienes del dictador fallecido. La elección del opositor Juan Bosch a la presidencia en diciembre de 1962 no sirvió para tranquilizarla. Éste no dudó, además, en dar muestras de una voluntad reformadora suicida en aquellos tiempos de histeria anticomunista. El 25 de septiembre de 1963 fue derrocado por el ejército. El triunvirato que se estableció no cumplió sus promesas de vuelta rápida del orden democrático y fue objeto de ataques por sectores del ejército –los "constitucionalistas"– partidarios de organizar elecciones o del retorno de Bosch al poder. El 24 de abril de 1965, éstos lanzaron una ofensiva que sería vencida el día 28 con una intervención militar de los Estados Unidos. Tal acontecimiento tuvo repercusiones importantes. Se trataba de la primera intervención directa de los *marines* estadounidenses desde 1926, lo que afectó de manera duradera a las relaciones interamericanas. El apoyo sistemático de los Estados Unidos a las dictaduras conservadoras y represivas fue, a partir de entonces, fuertemente criticado, como lo fueron igualmente los países –Brasil, Honduras, Paraguay, Nicaragua, El Salvador y Costa Rica– que integraron tropas en la Fuerza de Paz Interamericana que la Organización de Estados Americanos (OEA) puso en marcha para "restaurar la democracia" en la República Dominicana.

6. La Alianza por el Progreso y el Reformismo

Con todo, la diplomacia parecía haber sustituido al uso de la fuerza en la política exterior de los Estados Unidos con respecto a América Latina. Se reconsideró, a partir de 1958, el apoyo incondicional prestado a los dictadores, tras una gira desastrosa del vicepresidente Richard Nixon en América Latina. Fue particularmente abucheado en Caracas y tuvo ocasión de darse cuenta del alcance de los sentimientos anti-yankis que había provocado el apoyo al dictador Pérez Jiménez, caído en desgracia.

Fue la revolución cubana la que acabó por convencer a muchos responsables políticos estadounidenses de que resultaba urgente emprender reformas pacíficas en América Latina. En su discurso inaugural del 20 de enero de 1961, el nuevo presidente, John F. Kennedy, propuso a sus compatriotas una "lucha contra los enemigos comunes de la Humanidad: la tiranía, la miseria, la enfermedad y la guerra". América Latina recibiría en esa lucha una atención excepcional.

El 13 de marzo de 1961, Kennedy propuso al subcontinente un esfuerzo conjunto para promover el desarrollo económico, iniciar reformas estructurales e instaurar o consolidar la democracia. Esa "Alianza para el Progreso" no hacía sino retomar, en realidad, toda una serie de propuestas elaboradas desde 1955, en particular por el brasileño Kubitschek antes de convertirse en presidente de su país. Al día siguiente, el joven presidente demócrata solicitó al Congreso la autorización para crear un Fondo Interamericano para el progreso social. Más adelante, tras el fiasco del intento de invasión de Cuba, presentó sus proyectos con ocasión de la Conferencia excepcional del Consejo Interamericano económico y social de la OEA que se celebró en Punta del Este, en Uruguay, del 5 al 17 de agosto de 1961. Se firmaron allí dos documentos importantes. El primero, la Declaración de los Pueblos de América, establecía una serie de objetivos generales que figuraban detallados en el segundo, la Carta de Punta del Este.

> Objetivo general de la Alianza para el Progreso:
> Unir todas las energías de los pueblos y gobiernos de las Repúblicas americanas para hacer un gran esfuerzo de cooperación que acelere el desarrollo económico y social de los países participantes de América Latina, con miras a que puedan alcanzar un alto grado de bienestar, con igualdad de oportunidades para todos, en sociedades democráticas que se adapten a sus deseos y necesidades propios.

▲ Carta de Punta del Este, 17 de agosto de 1961

Los 12 objetivos de la Alianza para el Progreso para alcanzar en un decenio:

– aumento del PNB por habitante de al menos 2,5% al año;
– distribución más equitativa de las riquezas nacionales;
– reequilibrio de las estructuras económicas nacionales a nivel regional y funcional;
– aceleración del proceso de industrialización;
– aumento de la producción agrícola;
– elaboración de programas de reforma agraria;
– eliminación del analfabetismo y escolarización obligatoria durante al menos seis años;
– mejora de la situación sanitaria para prolongar la duración de la vida;
– construcción de alojamientos a bajo precio;
– estabilización de los precios;
– acuerdos de integración económica para crear un mercado común latinoamericano;
– desarrollo de programas de cooperación para reequilibrar el comercio exterior de los países.

Las ambiciones eran inmensas, puesto que deberían mejorarse las condiciones de vida y modernizarse las estructuras políticas. Se trataba de emprender una auténtica revolución en frío, que descansase en un esfuerzo común de todos los americanos. Los Estados Unidos se comprometieron a aportar 20.000 millones de dólares durante diez años, y se pedía a los latinoamericanos que consiguiesen 80.000 millones.

El diagnóstico era certero, y manifiesto el interés en luchar contra las desigualdades. Así, la insistencia en la importancia de las reformas agrarias otorgó al programa un carácter audaz y casi radical. Sin embargo, no se sabe qué tuvo más importancia, si la voluntad de cambiar las estructuras socio-económicas o la de proteger la estabilidad política, instaurar la democracia o acabar con el castro-comunismo. Sin duda, se apostó a que los cambios económicos desembocarían naturalmente en la democratización o que acompañarían armoniosamente a los esfuerzos en esa dirección. Se pensaba, como había dicho el presidente Kennedy, que "quienes hacen imposibles las revoluciones pacíficas convierten en inevitables las revoluciones violentas". Con todo, la administración Kennedy se había mostrado ambiciosa en exceso y había desdeñado los obstáculos para el cambio que América Latina presentaba.

Se demostró rápidamente que la realidad era ajena a cualquier simplificación, y no se tardó en hablar de fracaso de la Alianza para el Progreso.

El objetivo de un aumento anual del 2,5% del PNB por habitante, por ejemplo, no pudo cumplirse. Ciertamente, el PNB aumentó a una tasa del 4,5% durante los siete primeros años del programa, pero el crecimiento demográfico de América Latina, del 3%, limitó el progreso del PNB per cápita al 1,5%.

Las reformas fiscal y agraria se enfrentaron a una oposición feroz por parte de las burguesías latinoamericanas. En los propios Estados Unidos, todos los *policy makers* estaban convencidos de su necesidad. ¿Acaso no iba a impedir la reforma agraria la llegada del comunismo? En total, sólo un millón de familias de campesinos latinoamericanos sacaron provecho de la redistribución de las tierras, lo que mantuvo a 14 millones de familias al margen.

Sin embargo, el fracaso más espectacular de la Alianza para el Progreso fue de tipo político. Mientras que el objetivo era favorecer la eclosión de regímenes democráticos, se registraron, en los cinco primeros años del programa, nueve golpes de estado contra presidentes civiles legalmente elegidos. Ante tal violación del espíritu de la alianza, la reacción de los Estados Unidos fue, al principio, ambigua y luego pasó de una oposición franca al apoyo directo. Kennedy aceptó reconocer al gobierno militar que había derrocado al presidente argentino Frondizi, pero se opuso a los militares peruanos que se negaron en 1962 a reconocer la victoria electoral del APRA. Interrumpió la asistencia económica y militar y llamó a consultas a su embajador. No supo muy bien después qué actitud adoptar frente a los otros golpes de estado y alternó una tolerancia bienintencionada y una oposición moderada. Su sucesor, Johnson, hizo gala de menos escrúpulos. Apoyó con entusiasmo el derrocamiento de Goulart en Brasil y no dudó en enviar, como hemos visto, a los *marines* a la República Dominicana en 1965.

País	Año del golpe de estado	Actitud de los Estados Unidos
Argentina	1962	Tolerancia
Perú	1962	Oposición
Guatemala	1963	Tolerancia
Ecuador	1963	Tolerancia
Rep. Dominicana	1963	Oposición
Honduras	1963	Oposición
Brasil	1964	Apoyo político
Rep. Dominicana	1965	Apoyo militar

Tal cambio de actitud no supuso sino una ilustración adicional de un viejo dilema de diplomacia estadounidense. Preocupada en exportar su modelo democrático, Estados Unidos otorgó, sin embargo, prioridad a la estabilidad política y a la defensa de sus intereses en perjuicio de la naturaleza de los regímenes políticos. Los militares latinoamericanos le parecían la garantía más sólida contra la expansión castro-comunista y, después de todo, quizá encarnaban la necesidad previa de purgar las sociedades.

Hay tres posibilidades, por orden de preferencia: un régimen democrático decente, la continuación del régimen de Trujillo o un régimen castrista. Debemos perseguir la primera, pero no podemos renunciar a la segunda mientras no estemos seguros de evitar la tercera.

(*Fuente:* John F. Kennedy, tras la muerte del dictador Trujillo, en la República Dominicana, 1961.)

Además, el proyecto que la administración Kennedy había diseñado para esas sociedades fue también un fracaso, lo que no hizo sino reforzar la aceptación de la opción militar.

El reformismo que preconizaba Kennedy, y que simbolizaban figuras emblemáticas como el venezolano Rómulo Betancourt o el costarricense José Figueres, no pudo llevarse adelante. Los sectores del centro-izquierda, a los que apostaba la administración demócrata, se mostraban debilitados tras años de luchas contra las dictaduras. Les era difícil además creer en la sinceridad del compromiso democrático de los Estados Unidos. Por su parte, la fuerzas conservadoras y la izquierda no ahorraban críticas a los programas de reformas, considerados demasiado radicales para los primeros y insuficientemente revolucionarios para la segunda,

Dos países, Chile y Perú, habrían podido ser ejemplos de la puesta en marcha de la filosofía reformista de la Alianza para el Progreso. Su fracaso simbolizó el naufragio de las grandes ideas de Kennedy.

▲ En **Chile**, la llegada al poder en 1964 del demócrata-cristiano Eduardo Frei presentó las condiciones óptimas para la aplicación del reformismo.

Inspirado por la doctrina social de la Iglesia católica, Frei anunció que quería reducir las desigualdades y modernizar la economía, mediante una reforma agraria, el apoyo a la industria y el fomento de las exportaciones. El objetivo consistía desde luego en establecer a la democracia cristiana como alternativa a la izquierda, llevando a cabo reformas de alcance. No le faltó el apoyo de los Estados Unidos, que habían financiado la campaña electoral de Frei su aportación económica alcanzó 144 millones de dólares al año.

Se iniciaron las reformas pero, a pesar de la buena voluntad manifiesta del gobierno, el clima social no tardó en degradarse. Así, los grandes terratenientes se opusieron a la reforma agraria y, cuando el gobierno intentó reducir el alcance de ésta, fueron las organizaciones campesinas y la izquierda quienes presionaron al gobierno. Paralelamente, creció de manera sustancial la intervención del Estado en la economía, hasta el punto de que, aparte de Cuba, ningún otro país de América Latina presentaba una economía mixta con un Estado tan intervencionista. La patronal chilena se opuso a tal modelo tanto más cuanto que las empresas públicas absorbían una gran parte de los recursos financieros.

La derecha, en su conjunto, empezó a retirar su apoyo a la Democracia Cristiana. Para ampliar su apoyo social, el gobierno se dedicó entonces a cortejar a las capas sociales desfavorecidas, lo que provocó que se multiplicaran unas reivindicaciones a las que no podía dar respuesta. Así, tras haber conseguido dominar la inflación en los dos primeros años de su mandato, Frei tuvo que resignarse a verla aumentar de nuevo, del 21,9% en 1967 al 34,9% en 1970. El número de huelgas pasó de 564 en 1964 a 1.819 en 1970.

En suma, el programa reformista defendido por Kennedy fue objeto de múltiples resistencias, ya que iba a la vez demasiado lejos y no lo suficientemente rápido. La época se caracterizaba por la polarización política, y ese fracaso del reformismo explica a la vez la naturaleza más radical de las reformas que emprendieron los socialistas chilenos en 1970 y el alcance de la reacción autoritaria de 1973.

▲ **Perú** registró en octubre de 1968 un golpe de estado reformista que habría tenido que recibir el apoyo de los Estados Unidos. Los militares peruanos habían desarrollado en los años cincuenta y sesenta una doctrina de "progreso social y desarrollo integrado" nacionalista y reformista, influida por las tesis de la CEPAL sobre la dependencia y el subdesarrollo. En el Centro de Altos Estudios Militares (CAEM), divulgaban un concepto de la seguridad nacional que no era sólo militar, sino también económico y social. Los oficiales del Ejército, que se declaraban a sí mismos "combatientes contra el subdesarrollo" al lado del pueblo, se encontraban frustrados por el inmovilismo de los gobiernos. El grupo de oficiales que tomó el poder el 3 de octubre de 1968 tenía, por tanto, grandes planes para el Perú. Disponía además, en la persona del general Juan Velasco Alvarado, de un líder indiscutible que demostró enseguida poseer un gran carisma político.

Seis días después del golpe, Velasco nacionalizó la International Petroleum Corporation (IPC), la compañía estadounidense que explotaba el petróleo peruano, e inició sin tardanza una reforma del aparato estatal, una reforma agraria y la expropiación de los grandes terratenientes. Las tensiones con los Estados Unidos no pudieron evitarse, habida cuenta de que Perú quería liberarse de cualquier dependencia y de que adoptó, con tal fin, una política exterior claramente tercermundista.

> Esta política internacional nueva e independiente se basa en la convicción de que ella deber responder únicamente a los intereses nacionales. Son ellos los que dictan su sentido y su rumbo; son ellos los que definen sus límites y sus objetivos. Dentro de esta perspectiva, el Perú ha ampliado sus contactos diplomáticos, comerciales y culturales con países de fisonomía política distinta a la nuestra.
>
> (*Fuente:* Juan Velasco Alvarado, *148 aniversario de la independencia, 28 de julio de 1969*, citado por Drik Kruijt, en *La Revolución por decreto: Perú durante el gobierno militar*, FLACSO, 1991, p. 179.)

Es cierto que los Estados Unidos estaban entonces embarrados en Vietnam y que América Latina no era el objeto principal de sus preocupaciones. Aunque la revolución de Velasco no recibió ningún apoyo, no tuvo que sufrir, al menos hasta 1974, una oposición activa por parte de Washington. Así, por ejemplo, la enmienda Hickenlooper, que desde 1962 preveía aplicar sanciones económicas a los países que nacionalizaban compañías estadounidenses, no se aplicó a Perú en 1968.

Con todo, los Estados Unidos habían de nuevo elegido otorgar prioridad a la defensa de los inversores privados en vez de favorecer una experiencia de democratización y de reformas.

Retrospectivamente, estaba claro que la retórica de la Alianza para el Progreso en lo relativo a la democracia no había tenido efecto y que había incluso demostrado ser contraproducente. A la inversa, el otro aspecto de la política anticastrista de Kennedy, la asistencia militar, progresó de manera considerable. Mientras que tal asistencia había ascendido a 65 millones de dólares anuales entre 1953 y 1961, pasó a una media de 172 millones durante los tres años de la administración Kennedy. Los militares latinoamericanos serían los verdaderos beneficiarios de la fobia hacia la nueva Cuba. Se sentirían apoyados en los años setenta para ocupar la escena política, al tiempo que las técnicas de contra-insurgencia provocaban desgarros en la sociedad civil.

7. La integración económica: ¿llave del desarrollo?

La Alianza para el Progreso supuso igualmente para América Latina una ayuda económica particularmente creciente, que pasó de una media anual de 204 millones de dólares bajo la presidencia de Eisenhower a 1.300 millones entre 1962 y 1965. Ya hemos indicado que América Latina disfrutó de tasas de crecimiento razonables durante esos años, pero sería excesivo achacarlas sólo al programa de ayuda de Kennedy.

De hecho, el continente presentaba desde el inicio de los años cincuenta tasas de crecimiento elevadas, de resultas del régimen de acumulación excluyente que describiremos en el capítulo siguiente.

Tasas de crecimiento del PIB (%)

Años	Argentina	Brasil	México	Chile	Colombia	Perú	Venezuela
1950-55	3,2	5,7	6,1	3,1	5,3	5,1	8,7
1955-60	2,7	5,9	6,1	4,3	3,9	4,7	6,7
1960-65	2,8	4,9	5,9	3,5	4,5	6,3	5,4

(*Fuente:* CEPAL, *Estudios económicos de América Latina, 1963, 1965, 1967,* en Celso Furtado, *La economía latinoamericana desde la conquista ibérica hasta la revolución cubana,* Siglo XXI, 1969, p. 141.)

Bajo la influencia de los análisis de la CEPAL, creada en 1948, se puso especial énfasis en la industrialización sustitutiva de importaciones, y varios países, como Brasil, exhibieron progresos espectaculares.

Tasas de crecimiento del PIB industrial (industrias mineras) (%)

Años	Argentina	Brasil	México	Chile	Colombia	Perú	Venezuela
1950-55	7,8	6,6	4,7	−2,9	4,3	8,8	8,7
1955-60	14,3	11,9	6,1	3,5	6,8	11,9	6,6
1960-65	7,8	11,1	4,2	5,0	4,4	2,6	3,7

(*Fuente:* CEPAL, *Estudios económicos de América Latina, 1963, 1965, 1967,* en Celso Furtado, *La economía latinoamericana desde la conquista ibérica hasta la revolución cubana,* Siglo XXI, 1969, p. 140.)

Tasas de crecimiento del PIB industrial (industrias manufactureras) (%)

Años	Argentina	Brasil	México	Chile	Colombia	Perú	Venezuela
1950-55	3,8	8,1	6,6	5,4	6,9	7,8	11,6
1955-60	3,8	10,3	8,1	3,2	6,1	6,1	9,1
1960-65	4,1	4,9	8,0	6,7	5,9	7,4	9,4

(*Fuente:* CEPAL, *Estudios económicos de América Latina, 1963, 1965, 1967,* en Celso Furtado, *La economía latinoamericana desde la conquista ibérica hasta la revolución cubana,* Siglo XXI, 1969, p. 140.)

Esa industrialización fue posible gracias a protecciones arancelarias y en el marco de una integración de los mercados latinoamericanos. Para los expertos de la CEPAL, y en particular para su famoso secretario general, Raúl Prebisch, la integración favorecía la industrialización del continente gracias a las complementariedades y a las economías de escala que comportaba.

La integración se llevó adelante primero en América Central, en donde, con 1,5 millones de habitantes en los cinco países (Guatemala, Honduras, El Salvador, Nicaragua y Costa Rica), el tamaño mismo de los mercados suponía el obstáculo principal para el desarrollo. Los esfuerzos de integración se originaron en 1951 por conducto de una doble iniciativa. Por un lado, la CEPAL invitó, en mayo, a los países del istmo a que formaran un Comité de Cooperación Económica (CCE); por otro, esos mismos países firmaron en octubre la Carta de San Salvador, que alumbró a la Organización de Estados Centroamericanos (ODECA). La ODECA y sus proyectos de integración política se difuminarían rápidamente, ya que no pudieron evitar el inicio de una guerra entre El Salvador y Honduras en 1969. Sin embargo, el CCE tuvo un éxito evidente y fue el motor de la integración económica. Así, el 10 de junio de 1958, se firmó un tratado multilateral de libre comercio y de integración económica.

La orientación que adoptó el Mercado Común Centroamericano (MCCA) se alejó, sin embargo, de las ideas originales de la CEPAL, lo que explica en gran medida sus disfuncionamientos posteriores. La CEPAL propuso en efecto "una integración limitada y gradual, de cooperación mutua y recíproca". Ponía el acento en el fomento de la industrialización en la región y, en menor medida, en el establecimiento de un área de libre cambio. Sin embargo, se abandonó rápidamente la política de industrialización en beneficio de una liberalización del comercio. El tratado general de integración económica centroamericana, firmado el 13 de diciembre de 1960, establecía un plazo de cinco años para crear un mercado común, que se limitó en la práctica a ser una zona de libre cambio. Las presiones interiores, de los sectores agroexportadores, y externas, de los Estados Unidos, no fueron ajenas a ese cambio de dirección.

Con todo, los resultados de la integración no tardaron en dejarse notar.

El comercio intrarregional registró entre 1961 y 1970 un crecimiento espectacular. En términos de valor, las exportaciones intrarregionales de multiplicaron casi por diez, para alcanzar el 26,2% del total de las exportaciones de la región. No obstante, sus beneficios de repartieron de forma muy desigual. En 1970, Guatemala y El Salvador suponían, por sí solos, el 61,5% del comercio regional, frente al 6,3% de Honduras y al 16,1% de Costa Rica y Nicaragua. Esos dos últimos países habían registrado, sin embargo, progresos considerables, puesto que la parte de Costa Rica en los intercambios regionales pasó del 14% al 21% entre 1965 y 1968 y la de Nicaragua creció del 9% al 16%. Por el contrario, la de Honduras no despegaría jamás, y tal desequilibrio no sería ajeno a su decisión de retirarse del libre comercio, que adoptó después de su guerra contra El Salvador en 1969.

En lo que atañe a la naturaleza de los intercambios, los productos manufacturados se hicieron mayoritarios, al pasar del 50% del total en 1961 al 90% en 1970. Tal aumento demostraría que se dio un proceso de industrialización sustitutiva durante esos años. En efecto, el producto industrial de la región aumentó a una tasa anual media del 8,4% entre 1961 y 1970, apoyándose en los bienes de consumo. Pero fueron sobre todo industrias de ensamblaje las que se instalaron en América Central, lo que agravó la dependencia de la región.

Tanto los intercambios comerciales como la industrialización perdieron fuelle en los años setenta.

En lo relativo a los países del Cono Sur, Raúl Prebisch ya había señalado en 1949 que la transición desde la etapa inicial de la industrialización a la de fabricación de bienes intermedios se enfrentaba igualmente al tamaño insuficiente de los mercados. El 18 de febrero de 1960 se firmó, por tanto, el Tratado de Montevideo, que creó una Asociación Latino Americana de Libre Comercio (ALALC). A Argentina, Chile, Brasil y Uruguay, se sumaron México, Perú y Paraguay. Más adelante, Colombia y Ecuador ratificarían el tratado, de manera que en 1968 todos los países de América Latina habían optado por una liberalización del comercio. Las ambiciones eran, sin embargo, modestas. No se trataba en absoluto de pergeñar un auténtico mercado común, sobre la base del modelo europeo o centroamericano. Se facilitarían los intercambios comerciales mediante la negociación producto a producto y el establecimiento de una amplia zona de libre cambio en doce años.

Para tal fin, se establecieron dos mecanismos. El primero establecía que los países debían iniciar negociaciones bilaterales todos los años y crear una lista de productos para los que harían concesiones en materia de desarme arancelario. El otro preveía una negociación multilateral cada tres años con miras a crear una lista común de productos cuyos intercambios se verían potenciados en el caso de todos los países. Aparecieron dificultades inmediatamente. En las negociaciones bilaterales anuales, los compromisos no eran firmes, puesto que cada país podía retirar productos de la lista. Las negociaciones multilaterales, las más importantes, sacaron a la luz el poco entusiasmo de países como Argentina o Brasil en hacer concesiones. La primera lista común, negociada en 1964, contenía ciertamente 180 productos, pero se trataba de productos básicos en los que cada país estaba especializado y en los que descansaba tradicionalmente el comercio regional. Las negociaciones posteriores fracasaron, habida cuenta de que tenían que incluir productos industriales en los que la competencia era importante y que afectaban a los intereses nacionales.

Paralelamente a esas negociaciones producto por producto, el tratado planteaba el problema de la complementariedad. La idea, muy sencilla, consistía en evitar que los países de América Latina iniciaran las mismas producciones y entablaran una competencia inútil y dañina para todos. Su puesta en marcha demostró ser un asunto delicado, de manera que, seis años después de la entrada en vigor del tratado, sólo se habían aprobado cuatro acuerdos de complementariedad, en sectores que representaban el 0,5% del comercio entre las partes.

Se planteó en todos los países la cuestión de las ventajas obtenidas del tratado. Bolivia, Ecuador, Paraguay y Uruguay recibieron el estatus de países de "retraso relativo", lo que los exoneraba de una parte de las cláusulas de reciprocidad en las concesiones para favorecer los intercambios. Más tarde, se introdujo una nueva distinción entre los tres grandes –Argentina, Brasil y México– y los países que disponían de "mercados insuficientes". Tal cosa no sirvió para mucho y los tres grandes fueron los principales beneficiarios de la liberalización progresiva de los intercambios.

El continente en su conjunto sacó mucho menos provecho de la experiencia de la ALALC que América Central de la del MCCA. La proporción del comercio latinoamericano en el comercio mundial sólo pasó del 7% en 1962 al 10,6% en 1966.

A partir de 1967, la ALALC empezó a estancarse. La liberalización afectaba, bien es cierto, a casi 10.000 artículos, pero no se modificaron sustancialmente ni la naturaleza tradicional del comercio ni el grado de industrialización. Se decidió acelerar la integración con ocasión de una cumbre en Punta del Este en 1967, lo que abrió la puerta a nuevas experiencias en los años setenta.

Por su parte, los países que tenían "mercados insuficientes" iniciaron, a instancias de Chile, un acercamiento subregional. Chile, Perú, Colombia, Ecuador, Bolivia y Venezuela firmaron en 1969 el acuerdo de Cartagena, que creó el Pacto Andino. Impulsado en sus inicios por gobiernos nacionalistas, se vería afectado por los cambios políticos de los años setenta.

Capítulo 5
Los años sombríos (1968-1979)

Los años setenta, delimitados por el inicio de dos revoluciones prometedoras, la peruana en 1968 y la sandinista en Nicaragua en 1979, ofrecieron un sombrío panorama en el que el autoritarismo tomó un nuevo cariz, sistemático, violento y encarnizado.

En un contexto internacional y continental renovado, una corta calma permitió inicial y brevemente ver eclosionar experiencias de militarismo reformista en Bolivia, Panamá, Ecuador y Honduras, ignoradas o toleradas por los Estados Unidos. La izquierda llegó a alcanzar el poder, por la vía de las urnas, en Chile y en Jamaica.

La primera crisis del petróleo de 1973 no facilitó la tarea de los gobiernos reformadores. Por todas partes puso cruelmente de manifiesto lo inadecuado que resultaba el modelo de desarrollo de América Latina. El carácter excluyente del modelo lo convertía en socialmente insoportable y por añadidura en económicamente ineficaz, incluso disfuncional.

La protesta ante las desigualdades adoptó diferentes formas. Algunos habían optado ya desde hace mucho tiempo por la lucha armada, alimentando así el ciclo infernal de la represión. La Iglesia católica, por su lado, se comprometió con voluntarismo con los desheredados. La invención en América Latina de la teología de la liberación se debe a la importante brecha social causada por el modelo de desarrollo y por la naturaleza de los regímenes políticos.

Desde 1971, el golpe de estado de Bánzer en Bolivia significaba un retroceso. Después vendría Chile, y luego Uruguay y Argentina. Se instalaban regímenes burocráticos autoritarios, practicando la represión a una escala desconocida hasta entonces. Políticas económicas monetaristas se extendían en el marco autoritario, ignorando sus costes sociales.

En este contexto de represión, pocas eran las escapatorias. La literatura latinoamericana adquirió en estos años una notoriedad mundial, alimentándose de la desolación política del continente.

Sin embargo, en 1976 fue elegido en los Estados Unidos un presidente demócrata, Jimmy Carter, que iba a manifestar una gran preocupación por América Latina. Su cruzada en favor de los derechos humanos y de la democracia se saldaría con resultados ambiguos. Pero ya estaba sembrado lo que en el siguiente decenio iba a germinar.

1. Un contexto internacional y continental renovado

Los años sesenta se caracterizaron por un giro en las relaciones internacionales. La hegemonía y la homogeneidad de los dos bloques se fueron desmoronando lentamente. La era de distensión significó a la vez un mejor entendimiento de las dos grandes potencias y el inicio de una multipolarización del mundo. El Tercer Mundo, escenario de enfrentamientos Este-Oeste, se afirmó como un actor importante e insoslayable en la escena internacional.

América Latina no quedó al margen de esta evolución. El nacionalismo encontró allí un foro privilegiado de expresión y surgieron nuevas fuerzas políticas ansiosas por modificar el juego político.

Dos factores contribuyeron a instalar en América Latina un clima de distensión, creando así un espacio de libertad que aprovecharon las fuerzas progresistas.

Cuba, en primer lugar, se dedicó a partir de 1968 a definir una nueva política exterior, más moderada. En dos años, el cambio fue profundo y espectacular. En enero de 1966, Fidel Castro tomaba la iniciativa de convocar una conferencia "tricontinental" para crear una red de solidaridad revolucionaria entre los pueblos del Tercer Mundo. Al año siguiente, la estrategia de exportación de la subversión castrista conocería esperanzas y desengaños. En julio se celebró en La Habana la conferencia de la Organización Latinoamericana de Solidaridad (OLAS), que intentaba federar los esfuerzos por implantar los *focos* revolucionarios, pero en octubre mataron a Che Guevara en Bolivia, lo que supuso el fin de toda una época. A partir de 1968, la prioridad pasó a ser la de consolidar una economía socialista en Cuba, siguiendo los consejos de la Unión Soviética, que nunca había visto con agrado el aventurerismo castrista. Al aprobar la intervención de las tropas del Pacto de Varsovia en Checoslovaquia el 21 de agosto de 1968, Fidel Castro entraba en las filas de la ortodoxia.

Los Estados Unidos, en segundo lugar, se adaptaron muy bien a este giro cubano y pudieron apartar un tiempo su mirada de América Latina. A la brillantez algo estéril de Kennedy y de su Alianza para el Progreso, ya abandonada por Johnson (1963-1968), la seguirían el desprecio y el menosprecio de la administración Nixon (1969-1974).

Henry Kissinger, consejero del presidente para la seguridad antes de convertirse en Secretario de Estado en 1973, tuvo una importante influencia en la política exterior de los Estados Unidos durante los años 1969-1974. Pero tenía una visión del mundo que no asignaba a los países en vías de desarrollo más que un papel secundario. Su voluntad para reconstruir un concierto de las naciones se inspiraba de la Europa del siglo XIX y lo ignoraba todo de las realidades de los países del Sur.

Viene usted a hablar sobre América Latina, pero esto no tiene importancia. Nada importante puede venir del Sur. La historia nunca se ha escrito en el Sur. El eje de la historia empieza en Moscú, pasa por Bonn, llega a Washington y sigue hasta Tokio. Lo que ocurre en el Sur no tiene la más mínima importancia.

(*Fuente:* Henry Kissinger dirigiéndose a Gabriel Valdés, Ministro de Asuntos Extranjeros chileno, en junio de 1966, citado por Michael J. Francis, en "United States Policy Toward Latin America During the Kissinger Years", p. 30 en *United States Policy in Latin America. A Quarter Century of Crisis and Challenge, 1961-1986*, bajo la dirección de John D. Martz, The University of Nebraska Press, 1988.)

América Latina fue pues borrada de la agenda de la política exterior de la administración republicana. Es cierto que la guerra de Vietnam centraba toda su atención y que en el subcontinente reinaba la estabilidad, democrática o autoritaria.

Por ello, la conciencia de una explotación económica y el sentimiento de un abandono político se conjugaron para favorecer la aparición de un auténtico "latinoamericanismo".

A partir de 1968-1969, la voluntad latinoamericana de poner en cuestión un orden interamericano tachado de falta de equidad era patente. La creación de la Comisión Especial de Coordinación Latinoamericana (CECLA) dentro de la OEA lo puso de manifiesto ya en 1963. En mayo de 1969, los ministros de Asuntos Exteriores latinoamericanos, reunidos en Chile, elaboraban el "consenso de Viña del Mar", documento en el cual se acusaba de manera evidente a los Estados Unidos de impedir el desarrollo autónomo de América Latina. Ésta pedía la estabilización de las cotizaciones de sus productos de exportación, así como el respeto del "derecho soberano de cada país para disponer libremente de sus recursos naturales". En 1970, los 19 países miembros de la CECLA entablaban negociaciones con los Estados Unidos, que prosiguieron en 1971, 1972 y 1973. Ningún resultado tangible se desprendió de ellas, ya que los Estados Unidos rechazaban cualquier concesión. América Latina manifestó su cólera y frustración en la IIIª Asamblea General de la OEA en 1973. Ese año representó sin embargo un giro. A la crisis económica mundial se añadió la reacción autoritaria, especialmente en Chile, y las veleidades nacionalistas latinoamericanas fueron condenadas al silencio durante un decenio.

2. La izquierda en el poder: el otoño de la emancipación

Este contexto internacional de distensión de los años 1968-1973 facilitó la eclosión del reformismo.

Así, en varios países, experiencias llevadas a cabo por la izquierda en el poder tendrían, más por su fracaso que por sus éxitos, consecuencias duraderas. La emancipación de estos países –Perú, Panamá, Bolivia, Chile, Ecuador, Honduras, Jamaica e incluso El Salvador– no duró más que unos años, como un corto otoño que anuncia un largo invierno.

La izquierda en el poder

País	Periodo reformista	Jefe de Estado del periodo	Modo de acceso al poder
Perú	1968-1975	Gral. Juan Velasco Alvarado	Golpe de estado
Panamá	1968-1981	Gral. Omar Torrijos Herrera*	Golpe de estado
Bolivia	1969-1971	Gral. Juan José Torres*	Golpe de estado
Chile	1970-1973	Salvador Allende Gossens	Elección
Ecuador	1972-1976	Gral. Guillermo Rodríguez Lara	Golpe de estado
Honduras	1972-1975	Gral. Oswaldo López Arellano	Golpe de estado
Jamaica	1972-1980	Michael Manley	Elección
El Salvador	1979-1980	Coronel Majano	Golpe de estado

*No gobernó durante todo el periodo.

▲ En los últimos meses del año 1968, **Perú** sorprendió a América Latina por su audacia. La "revolución humanista" de Velasco denunciaba con claridad "el orden social y económico injusto" y proclamaba "la armonía, la justicia y la dignidad". Se plasmó rápidamente en reformas fundamentales, entre las que destacó la reforma agraria por su carácter radical.

En 1969, Velasco declaraba a los campesinos que los grandes propietarios "no se alimentarían más de su miseria". Las grandes plantaciones de caña de azúcar de la costa fueron expropiadas y concedidas a unas Cooperativas Agrícolas de Producción (CAPS). No fueron sin embargo desmanteladas. El deseo de preservar la productividad imperó sobre la voluntad de distribuir las tierras. De hecho, esa reforma sólo distribuyó unas pocas tierras. El objetivo se centraba más en combatir la dualidad de la sociedad rompiendo la oligarquía. En la sierra, Velasco quiso favorecer el desarrollo de la pequeña y mediana propiedad. Las tierras, tanto las de los grandes propietarios como las de las comunidades indias, pasaron a ser controladas por Sociedades Agrícolas de Interés Social (SAIS) en las que antiguos peones se codeaban con indios. En pocos años, las tres cuartas partes de las tierras de cultivo del país eran administradas por cooperativas, y la gran propiedad había desaparecido casi por completo.

La voluntad del gobierno revolucionario de las fuerzas armadas de modificar la estructura piramidal de la sociedad se puso de manifiesto en la búsqueda de movilización de los sectores sociales desfavorecidos. Esta voluntad se expresó primero en la forma en que el régimen intentó organizar las *barriadas*, las chabolas que rodeaban la capital, Lima. Se emprendió un gran esfuerzo la desaparición de las viviendas precarias, facilitando principalmente el acceso a la propiedad y mejorando la calidad de vida de las comunidades que se bautizaron *pueblos jóvenes*. Tres meses después del golpe se creaba una Oficina Nacional para el Desarrollo de Pueblos Jóvenes (ONDEPJOV), con el fin de animar a los habitantes de estas comunidades a autogestionarse y a asistirlos en la búsqueda de soluciones a sus problemas.

En 1971, el gobierno revolucionario buscó apoyos más amplios entre los obreros y los campesinos. Se votó una ley de movilización social que dio origen a un Sistema

Nacional de Apoyo a la Movilización Social (SINAMOS). Velasco quiso establecer un lazo directo entre los campesinos, los obreros y el poder y recuperar todas las iniciativas de movilización que surgían. Al mismo tiempo, tejía una inmensa red de clientela a través de la manipulación del SINAMOS que distribuía ayudas y dirigía o cooptaba las organizaciones populares.

Esa estrategia populista de construcción de una base de apoyos populares completó los ataques contra la oligarquía de la costa. La idea consistía claramente en despojar al régimen político de su carácter elitista y en rehacer la democracia peruana sobre una amplia base participativa.

La revolución de Velasco no tuvo nada de intento de edificación del socialismo. Se trataba más bien de una empresa autoritaria de incorporación de las capas desfavorecidas urbanas y rurales, con el fin de facilitar el desarrollo del país.

Poco a poco, la oposición creció. Los sindicatos, especialmente los que estaban dominados por el APRA, al igual que las organizaciones campesinas, no podían conformarse con el rígido marco del SINAMOS. Las elites eran naturalmente hostiles a una experiencia de este tipo y las capas medias se mostraron molestas ante la naturaleza autoritaria del régimen. La situación económica en declive y las presiones estadounidenses debilitaron poco a poco el régimen. En 1973, Velasco cayó enfermo, mientras que la agitación social crecía. El 29 de agosto de 1975, fue derrocado por el general Morales Bermúdez.

▲ Ocho días después del golpe de estado peruano, el 11 de octubre de 1968, los militares se hacían con el poder en **Panamá** para emprender una experiencia similar.

Desde su independencia en 1903, Panamá buscaba una soberanía convertida en ficción por el tratado que preveía la construcción del canal interoceánico por los Estados Unidos y por el asentamiento de tropas estadounidenses. La vida política de este pequeño país centroamericano estaba marcada por intentos –en 1926, 1936, 1947, 1955 y 1967– de volver a negociar el tratado, así como por las luchas entre los diversos clanes de la oligarquía local.

La perspectiva de las elecciones presidenciales de 1968 dividió como de costumbre a la oligarquía, hasta tal punto que el presidente de la república, que se había comprometido ostensiblemente en la campaña para hacer elegir al sucesor escogido por él, fue acusado de violar la constitución. El Parlamento proclamó incluso la destitución del presidente pero, tras un requerimiento de la Guardia Nacional, la Corte Suprema anuló el procedimiento. Las elecciones tuvieron pues lugar el 12 de mayo en un clima execrable y se saldaron con una ajustada victoria del candidato de la oposición, Arnulfo Arias, que ya había sido presidente en 1940-1941 y 1949-1951, victoria que sólo fue reconocida tras presiones ejercidas por los Estados Unidos y la Guardia Nacional.

Arias juró su cargo el 1 de octubre de 1968, para diez días. Por tercera vez perdía el cargo antes de finalizar su mandato. Los motivos inmediatos del golpe de estado fueron consecuencia de una serie de decisiones torpes que revelaban el deseo del nuevo presidente de reorganizar la jerarquía militar. En realidad, los militares nunca habían aceptado realmente la victoria de Arias y soportaban mal la polarización de su institución que ésta había provocado. El 11 de octubre, en un manifiesto, declaraban haber actuado para cortar el camino del jefe del ejecutivo, tachado de "dictador" y de "usurpador" y de tener "inclinaciones nazis y fascistas". Se fijaban como objetivo "el restablecer el orden constitucional de la nación, remplazando el régimen del usurpador por un gobierno provisional que se encargaría de la pesada tarea de restablecer el dominio de la constitución y de las leyes, asegurando al país un régimen de libertad, derecho y democracia".

Mientras que el 13 de octubre la junta de gobierno aún reafirmaba su carácter provisional y su intención de convocar elecciones lo antes posible, el 18 ya afloraban las intenciones de los militares de transformar profundamente la vida política del país. Así, se hizo público un decálogo, cuyo título –"Postulados de la revolución sin dictadura y de libertad con orden"– resumía por sí solo una ambición moralizadora. Un "movimiento de restauración de la República" y de "nuevas escalas de valores humanos" debían instalarse antes de pensar en organizar elecciones.

A finales de 1969, el general Omar Torrijos Herrera anulaba la junta y asumía, él solo, los poderes dictatoriales. Su carisma iba a permitirle, como hemos visto con anterioridad, encaminar rápidamente a su país en una vía original de reformismo y de nacionalismo. En cuanto al canal, las negociaciones con los Estados Unidos se retomaron en 1974, se vieron favorecidas por la elección de Jimmy Carter en 1976 y concluyeron en 1977. Los acuerdos Torrijos-Carter, que preveían la restitución del canal a Panamá el 31 de diciembre de 1999, fueron acogidos triunfalmente en Panamá y en toda América Latina. El prestigio internacional de Torrijos estaba en lo más alto, pero la oposición a su régimen, la oligarquía que lo tachaba de comunista, no había bajado la guardia por ello. Torrijos se adelantaría renunciando al cargo de jefe de gobierno en 1978. Conservó sin embargo el control de la Guardia Nacional hasta su muerte en un misterioso accidente de avión el 31 de julio de 1981.

▲ Entre 1969 y 1971, **Bolivia** vivió una experiencia tan corta como radical. La muerte del dictador Barrientos en 1969 abrió un periodo de inestabilidad. Se puso de manifiesto que los militares estaban divididos y cubrían más o menos todo el espectro político. Así, el general Ovando ejerció la presidencia de septiembre de 1969 a octubre de 1970, siguiendo una línea reformista moderada que recordaba a la del Movimiento Nacionalista Revolucionario (MNR). Pero su sucesor, Juan José Torres Gonzales, que gobernó de octubre de 1970 a agosto de 1971, fue aún más lejos, haciendo asumir a los militares la responsabilidad revolucionaria del desarrollo nacional. Estos dos gobiernos tuvieron en común el oponerse al liberalismo de Barrientos, el llevar a cabo nacionalizaciones (entre las que figura la de los bienes de la Gulf Petroleum Company) y el adoptar medidas en favor de los sindicatos; Torres llegó incluso a proponer a ciertos sindicalistas participar en su gobierno. La oligarquía boliviana no podía aceptar tales reformas. Las relaciones con los Estados Unidos no tardaron en degradarse, tanto más cuanto que el nacionalismo de Ovando y de Torres los incitó a acercarse a Cuba. El violento golpe de estado de Hugo Bánzer de los días 19-21 de agosto supuso una importante inflexión no sólo para Bolivia, sino para toda América Latina, en la medida en que se anticipó en dos años al de Pinochet en Chile.

▲ **Chile** fue el país de América Latina que más se comprometió con la construcción del socialismo. Las elecciones del 4 de septiembre de 1970 daban la victoria a Salvador Allende, con sólo el 36,3% de los votos, ante una derecha dividida. Tomando posesión del cargo el 4 de noviembre, Allende y su gobierno de coalición de la Unidad Popular (UP), en el que participaban diversos partidos de izquierda, socialistas, comunistas, socialdemócratas y demócratacristianos disidentes, emprendía inmediatamente reformas importantes.

En política exterior, se establecían relaciones diplomáticas con Cuba (el mismo día de la investidura), la República Popular China, la República Democrática Alemana y Vietnam del Norte. Fidel Castro visitaría Chile en noviembre de 1971 y Allende iría a Cuba y a la URSS en noviembre de 1972. Quedaba patente la postura anti-estadounidense, que por cierto existía, aunque con menos brío, en numerosos países de América Latina en la época.

En política interior, la UP consideraba la economía chilena subdesarrollada y dependiente. Se trataba pues de poner fin a las concentraciones de riquezas y a los monopolios con reformas radicales que apuntaban a la estabilización absoluta de la economía. Se crearía un "área de propiedad social" que permitiera al Estado aplicar un nuevo modelo de desarrollo.

Ya en enero de 1971 fueron nacionalizados los primeros bancos, así como las primeras industrias (fábricas de cemento, minas de hierro y de salitre). En julio de 1971, el Estado controlaba la casi totalidad de la industria minera (incluidas la minas de cobre) y todas las actividades consideradas estratégicas (especialmente metalúrgicas).

Al mismo tiempo, el gobierno procedió en el transcurso de este primer año a una redistribución del poder adquisitivo en favor de las capas desfavorecidas. Una concepción keynesiana de relanzamiento por la demanda lo llevó a subir los salarios, aun a riesgo de aumentar el déficit fiscal. Ciertamente, la UP debía ampliar su clientela en previsión de las elecciones municipales de abril de 1971. Siguiendo esta misma lógica, la reforma agraria fue acelerada, y en enero de 1971 la propiedad mayor del país (730.000 hectáreas) fue expropiada. En apenas un año, la UP expropió tanto como lo había hecho el gobierno anterior de Frei en seis años.

El año 1971 fue coronado por el éxito. Las importantes reformas llevadas a cabo no parecían tener ninguna influencia negativa sobre la salud de la economía. Al contrario, el crecimiento alcanzó un 7,7%, frente a un 3,6% en 1970, y la inflación bajó al 22%. Pero, al mismo tiempo, el crecimiento del consumo superó al de la producción, lo que provocó importantes desequilibrios financieros. El gobierno prestó menos atención a estos problemas según crecía su popularidad. En abril de 1971, la UP ganaba las elecciones municipales con el 49,75% de los votos. La oposición estaba de nuevo dividida, pero por última vez. A lo largo del año, la democracia cristiana se acercó a la derecha y el paisaje político llegó a ser bipolar.

Las dificultades económicas y la bipolarización política iban a hacer peligrar el logro de la experiencia socialista.

A pesar de ello, en 1972 el ritmo de las nacionalizaciones no disminuyó. En febrero fueron los transportes marítimos, en marzo las industrias Dupont y en abril los bienes de ITT, la compañía estadounidense de comunicaciones. Estas nacionalizaciones, especialmente de la industria, y el cariz de requisición que tomaron, reavivaron el conflicto tanto con la burguesía nacional como con los Estados Unidos. Siendo cada vez más agresiva la oposición, limitando por todos los medios los Estados Unidos las fuentes de crédito, ciertos sectores de extrema izquierda tomaron iniciativas (ocupación de tierras, de fábricas), de forma que el gobierno se vio en una situación muy incómoda. Pese a dos reuniones de estudio –"reunión de El Arrayán" en febrero, "cónclave de Lo Curro" en junio– el gobierno no cambió de política hasta el mes de agosto de 1972. Procedió entonces a una devaluación y autorizó una subida de los precios y de los salarios. Como protesta, el sector privado, con el transporte por carretera a su cabeza, se puso en huelga en octubre durante 26 días, paralizando la economía del país y obligando al gobierno a reconsiderar el aumento de los precios. Peor aún, recurriendo al estado de emergencia y a los militares, el presidente Allende procedió el 3 de octubre a una reorganización ministerial que dio entrada al gobierno a militares. La movilización de la pequeña y media burguesía, apoyada por los partidos de la oposición, había sido general.

Desde octubre de 1972, los sectores más radicales de la UP aventajaban a los partidarios del acomodo político. La huelga había puesto de manifiesto que la polarización había llegado al máximo. Los tres militares en el gobierno podían ofrecer una posibilidad de normalización de la situación. Nada más lejos de la realidad.

En las elecciones legislativas de marzo de 1973, la UP fue vencida por la oposición unida, pero, con el 43,9% de los votos, obtenía un resultado mejor que en la elección presidencial de 1970. Bajo la presión de diversos partidos de su coalición, Allende no podía aceptar las condiciones impuestas por los militares para participar en el nuevo gobierno. La colaboración de los militares durante seis meses no trajo la calma política. Sólo los había acercado al poder. En las fuerzas armadas se impuso entonces la idea de que ya no podrían ser simples artífices de querellas políticas.

Entre abril y septiembre de 1973, el presidente Allende buscó distintas salidas a la crisis, con reajustes económicos y reorganización ministerial. Todo ello en vano. La oposición, apoyada cada vez menos discretamente por los Estados Unidos, organizaba el bloqueo de las instituciones y empeoraba la crisis económica llamando a huelgas reiteradas y haciendo incluso uso de la violencia. El 11 de septiembre de 1973, Allende se suicidó en su Palacio Presidencial de la Moneda, una vez que el ejercito lo asaltó.

El golpe de estado militar sancionaba el fracaso político de la izquierda chilena. El régimen militar que se instalaba iría mucho más allá de una simple puesta en orden.

▲ En **Ecuador**, el descubrimiento de yacimientos de petróleo en la provincia oriental en 1967 iba a despertar la codicia de muchos. En 1972, el ejército no estaba dispuesto a que esta riqueza fuese dilapidada por el dirigente populista Assad Bucaram, que sin lugar a dudas iba a ganar las elecciones. Por tanto, el ejército tomó el poder y lo confió al general Rodríguez Lara, que pronto reveló ser partidario de un nacionalismo semejante al sus vecinos peruanos. Hizo que Ecuador se sumara a la Organización de Países Exportadores de Petróleo (OPEP) y controló las compañías petroleras extranjeras implantadas en su país, gracias a la creación de la Corporación Estatal Petrolera Ecuatoriana (CEPE). Por desgracia, el auge súbito del petróleo no favoreció a todos los ecuatorianos, y las diferencias sociales se hicieron mayores. Pese a las grandes ambiciones anunciadas, el gobierno, que quería ser "revolucionario, nacionalista, social-humanista y a favor de un desarrollo autónomo", únicamente llevó a cabo una modesta reforma agraria. En 1975, los precios del petróleo caían. La agitación social se agravó, las críticas de la burguesía se exacerbaron, y el general Rodríguez Lara fue derrocado el 11 de enero de 1976, poniendo fin a un corto y tímido intento de revolución a la peruana.

Otros tres pequeños países de la zona de América Central y del Caribe se vieron afectados por este brote militar reformista.

▲ **Honduras**, ya en 1969, había conocido una movilización nacional en pro de la democracia que la "guerra del fútbol" vino a reavivar. Como respuesta a las peticiones de la patronal y de los sindicatos, los dos principales partidos firmaron el 7 de enero de 1971 un acuerdo político de unión nacional, conocido como el *pacto*, sellando la voluntad de ambos partidos de gobernar juntos.

El régimen de unión nacional establecido tras las elecciones de 1971 duró poco. Antes de que se emprendiera ninguna reforma, el general López Arellano derrocó el gobierno el 4 de diciembre de 1972, con el apoyo de grandes sectores sociales. Honduras entró entonces en una fase de reformismo militar. En 1974 se promulgó una ambiciosa reforma agraria, al tiempo que se desarrollaba el plan nacional que preveía la participación activa del Estado en el proceso de desarrollo económico. Este plan gozó del apoyo de organizaciones sindicales, pero los sectores de la patronal criticaron el intervencionismo a ultranza del Estado, que se concretó en la creación de la Corporación Nacional de Inversiones (CONADI). Víctima de un escándalo financiero, López Arellano fue derrocado el 22 de abril de 1975.

▲ De 1972 a 1980, **Jamaica** conoció, con Michael Manley, un periodo de "socialismo democrático" que no trastocó las instituciones de Westminster. A pesar de reformas sociales fundamentales, la experiencia acabó en un fracaso económico en parte debido a la hostilidad de las instituciones financieras internacionales.

▲ Por último, **El Salvador** vio la llegada al poder en 1979 de militares dispuestos a democratizar el país. Veremos más adelante que la lógica de crisis se apoderó de ellos rápidamente.

3. La crisis de un modelo de desarrollo económico

América Latina, que no había sufrido cambio alguno desde los años treinta, entró en los años setenta con un modelo de desarrollo prácticamente igual. La industrialización por sustitución de importaciones había producido, es cierto, tasas de crecimiento impresionantes. Sin embargo, este modelo traería consigo desequilibrios. En lo social era muy excluyente, favoreciendo las oligarquías y las nuevas burguesías. En lo económico, provocó profundos déficit en las cuentas externas de los países.

Algunos factores vinieron a perturbar el desarrollo armonioso del continente. El crecimiento demográfico fue sin duda el más importante.

Crecimiento demográfico de América Latina

País	Tasa de crecimiento (%)		Población (en millones de habitantes)	
	1940-1950	1960-1970	1960	1970
Argentina	1,9	1,5	20,9	24,3
Bolivia	1,9	2,3	3,6	4,7
Brasil	2,6	2,8	70,3	93,2
Chile	1,6	2,3	7,6	9,7
Colombia	2,5	3,3	15,5	22,2
Costa Rica	3,1	3,3	1,2	1,7
Cuba	1,9	2,0	6,8	8,3
Ecuador	2,2	3,3	4,3	6,0
Guatemala	3,2	2,8	3,7	5,2
Haití	1,8	2,1	4,1	5,2
Honduras	2,1	2,3	1,9	2,6
México	2,9	3,4	35,0	50,7
Nicaragua	2,4	2,9	1,5	2,0
Panamá	2,5	2,9	1,0	1,4
Paraguay	1,9	3,3	1,8	2,4
Perú	1,6	3,0	10,0	13,6
Rep. Dominicana	2,8	3,3	3,0	4,2
El Salvador	1,6	3,2	2,4	3,4
Uruguay	1,2	1,4	2,6	2,9
Venezuela	2,6	3,2	7,3	10,7
América Latina	2,2	2,7	204,5	274,4

Excepto Uruguay y Argentina, la gran mayoría de los países de América Latina conoció tasas de crecimiento demográfico excepcionalmente altas durante los años sesenta y setenta. México, con una tasa del 3,4%, vio prácticamente duplicar su población en veinte años. Fue también el caso de otros cinco países que tuvieron un crecimiento demográfico del 3,3%.

Para todos estos países, el crecimiento económico fue tanto más penalizado cuanto que la demografía galopante fue acompañada de una fuerte urbanización. Mientras que menos de la mitad (el 46%) de latinoamericanos vivía en zonas urbanas en 1960, la proporción pasó al 65% en 1980. Evidentemente, subsistían diferencias entre los países: América Central y la zona andina seguían todavía con predominio rural durante estos años. Pero en todos los países la concentración urbana creaba enormes problemas. El desarrollo industrial había permitido en la posguerra una amplia absorción de mano de obra, pero el crecimiento de la industria se agotaba y no podía seguir el ritmo de la inmigración. Las infraestructuras y la vivienda eran, por otra parte, insuficientes y las grandes ciudades latinoamericanas estaban rodeadas por un cinturón de chabolas cada vez mayor.

Tasas de urbanización de América Latina

País	1960	1970	1980
Argentina	67,6	78,9	81,6
Bolivia	29,9	29,3	44,7
Brasil	39,4	47,6	62,8
Chile	62,9	70,7	74,2
Colombia	46,1	57,7	66,3
Costa Rica	37,8	45,7	49,0
Ecuador	34,7	44,7	45,7
Guatemala	31,0	31,8	36,5
Haití	12,6	17,3	23,1
Honduras	22,5	32,0	38,8
México	46,2	58,7	65,5
Nicaragua	33,9	39,7	53,8
Panamá	41,0	47,1	55,3
Paraguay	33,8	36,0	38,6
Perú	35,8	51,9	63,4
Rep. Dominicana	30,5	40,0	46,8
El Salvador	32,6	38,8	44,2
Uruguay	70,9	79,9	83,8
Venezuela	61,7	74,9	76,2
América Latina	40,6	48,6	55,3

Estos inconvenientes no fueron subsanados sino acrecentados por el régimen de acumulación.

La ideología desarrollista que impregnó las políticas económicas de todo el continente llevó a los distintos gobiernos a favorecer por todos los medios la industrialización de sus países.

Esta elección tuvo como primera consecuencia un relativo abandono de las actividades agrícolas. Vimos como en los años sesenta países como Argentina importaban productos alimentarios, cuando pocos años antes sus exportaciones de carne o de cereales habían inundado el mercado.

La obsesión por la industrialización llevó a los Estados a realizar importantes inversiones en infraestructuras necesarias para desarrollo industrial y para atraer capitales extranjeros y compañías multinacionales. Éstas instalaron numerosas unidades de producción especialmente en países más desarrollados, como Brasil, México y Argentina. Llegaron a controlar el sector de las industrias de bienes de equipo y de bienes de consumo duradero, dejando el control de las industrias de bienes de consumo no duradero en manos de las burguesías nacionales.

Tasas de penetración de compañías multinacionales

	México (1970)*	Brasil (1972)**
Industrias de bienes de consumo no duraderos		
– alimentación y bebida	50,0%	32,0%
– textil	8,6%	44,0%
Industrias de bienes de equipo y de bienes de consumo duradero		
– material no eléctrico	87,1%	74,0%
– material eléctrico	81,9%	78,0%
– equipos de transporte	69,6%	84,0%
Total industrias manufactureras	45,4%	50,0%

* participación de compañías multinacionales en el capital de las 290 mayores empresas manufactureras.
** participación de compañías multinacionales en los activos de las 300 mayores empresas manufactureras.
(*Fuentes: Tiers-Monde,* abril-junio de 1978, citado por Pierre Salama y Jacques Valier en *L'Amérique latine dans la crise. L'industrialisation pervertie,* Nathan, 1991, p. 56.)

Los bienes de consumo producidos en América Latina se orientaron hacia los mercados internos, de los que estaban excluidos las tres cuartas partes de la población. Las capas superiores y las nuevas capas medias-altas adoptaron pautas de consumo occidentales que, a su vez, alimentaron una producción totalmente inútil para el desarrollo de los países, y por añadidura el consumo se convirtió en ostentación, lo que hizo más insoportables si cabe las diferencias sociales. Peor aun, no sólo los sectores sociales situados en lo más bajo del escalafón no podían acceder a este mercado, sino que su parte de renta nacional disminuyó durante los años sesenta y setenta. Es cierto que los más ricos no se enriquecieron más, en todos los países, pero los más pobres se empobrecieron y las capas medias-altas se enriquecieron.

Evolución de la distribución de la renta en Brasil (% de la renta nacional)

Categoría de ingresos	1960	1970	1976
50% más pobres	17,4	14,9	13,1
30% intermedios	27,8	23,2	21,7
20% más ricos	54,8	61,9	66,2

(*Fuente:* Draibe D., Dir., "Relatorio sobre la situaçao social do pais", NEPP, Universidad de São Paulo, 1988; Retrato o Brasil, nº 29, Editora Politica, citados por Pierre Salama y Jacques Valier en *L'Amérique latine dans la crise. L'industrialisation pervertie*, Nathan, 1991, p. 60.)

Evolución de la distribución de la renta en México (% de la renta nacional)

Categoría de ingresos	1960	1970	1976
40% más pobres	14,3	12,2	10,9
55% intermedios	45,5	49,2	63,6
5% más ricos	40,2	38,6	25,5

(*Fuente:* I. de Navarrere, *La distribución del ingreso en México, tendencias y perspectivas. El perfil de México en 1980*, Siglo XXI, 1971; "La distribución del ingreso y el gasto familiar en México", SPP, agosto de 1979, citados por Pierre Salama y Jacques Valier en *L'Amérique latine dans la crise. L'industrialisation pervertie*, Nathan, 1991, p. 60.)

Socialmente injusto, el modelo demostró rápidamente estar vacío de contenido económico. Se manifestó en un déficit crónico del comercio exterior. Paradójicamente, cuanto más avanzaban los países en la vía de la industrialización, más se endeudaban y más empeñaban su futuro.

La crisis del petróleo de 1973 agravó considerablemente la situación de los países importadores de carburantes, como Brasil, al gravar su balanza exterior. Pero tuvo también otras consecuencias que dieron lugar a la crisis de la deuda después de la segunda crisis del petróleo de 1979. En efecto, el incremento del precio del crudo aportó gran liquidez a los países de la OPEP. Estos capitales disponibles se pusieron en manos de bancos privados que rivalizaron en la búsqueda de métodos de reciclaje. De ahí, una oferta de crédito sin gran preocupación por la rentabilidad, que América Latina aprovechó para mantener tasas de crecimiento elevadas, en una coyuntura mundial sombría. En 1978 las transferencias netas de capitales de América Latina se saldaron con un balance positivo equivalente al 26% del valor de sus exportaciones.

Así, entre 1973 y 1980 el crecimiento fue de un 5% de media en América Latina y en el Caribe, mientras que para los países de la OCDE alcanzó solamente el 3%. La utilización de este dinero no fue en todos los casos racional, y a principios de los ochenta la deuda de América Latina alcanzaba ya los 200.000 millones de dólares.

Naturalmente, los resultados fueron dispares de un país a otro, en función de los cambios políticos que surgieron. El autoritarismo desbocado que inundó América Latina a partir de 1973 pudo aplicar recetas monetaristas sin presiones sociales.

4. Una contestación proteiforme

La reacción autoritaria se mostró tanto más violenta cuanto que los movimientos sociales habían hecho oír su voz al final de los años sesenta. El orden social injusto, producto de una estructura de posesión de la tierra no equitativa, de un sistema fiscal ineficaz y del régimen de acumulación excluyente, suscitó reacciones de rechazo de distintos tipos.

Ya hemos visto cómo un reformismo por arriba intentó a su modo poner fin a las desigualdades. De hecho, el conjunto de la sociedad latinoamericana pareció sentir una súbita repulsión.

▲ En **México**, Venezuela y Brasil fueron las universidades las que llevaron el combate contra el régimen, sin gran éxito.

Así, los estudiantes mexicanos inmersos en la corriente mundial de protesta organizaron el 2 de octubre de 1968 una inmensa manifestación que se saldó con la muerte de al menos 300 participantes. La masacre de Tlatelolco, a tan sólo diez días de la apertura de los Juegos Olímpicos de Verano de México, mancillaría durante mucho tiempo la imagen de un régimen revolucionario convertido en conservador y que rechazaba cualquier avance democrático.

▲ En **Argentina**, los sindicatos y los estudiantes se unieron en contra del régimen dictatorial de Onganía. El 29 de mayo de 1969, la segunda ciudad del país, Córdoba, fue el escenario de una insurrección extremadamente violenta. Toda la ciudad se sumó a la manifestación. La calma no llegó más que tras una semana de enfrentamientos, y el régimen no pudo reponerse de ello. Este *cordobazo* representó el inicio de una modificación en las formas de protesta. Las acciones armadas serían entonces más numerosas, dando a la vida política argentina un aspecto de lo más violento.

Apareció en el país una guerrilla urbana en torno a dos polos: el Ejército Revolucionario del Pueblo (ERP), de ideología trotskista, y los *montoneros*, peronistas. Estos últimos luchaban por el regreso al poder del dirigente justicialista al tiempo que vengaban su destitución de 1955. Así, el 29 de abril de 1970 unos *montoneros* secuestraban al antiguo presidente Aramburu, que había derrocado a Perón, y lo ejecutaban después de haberle hecho comparecer ante un tribunal revolucionario.

Pero nada más volver al poder Perón en 1973, los *montoneros* fueron perseguidos y tuvieron que recurrir a actos de violencia cada vez más desesperados.

154

▲ El sistema político colegiado de **Uruguay** fue sin duda en parte responsable de la parálisis del país en los años sesenta. Frente a la corrupción y al cinismo de la clase política, un movimiento de liberación nacional, conocido bajo el nombre de *tupamaros* (del nombre del jefe inca Tupac Amaru), se organizaba en 1962. Mientras que en un principio se limitaban a desvelar casos de corrupción, los *tupamaros* optaron por la acción violenta en 1965, atacando bancos o secuestrando para obtener rescates que se distribuían en los barrios más pobres. Utilizando una retórica nacionalista y populista, los *tupamaros* contribuyeron a la desacreditación de la clase política. En 1966, el sistema presidencial fue restablecido, pero no así la efectividad y la honradez gubernamental. La escala de violencia de los *tupamaros* se hizo mayor, hasta el punto de que en 1971 se llamó al ejército para poner orden en el país.

▲ La situación en **América Central** de los años setenta creó un terreno propicio para las explosiones de violencia. La movilización popular alcanzó allí un grado no superado hasta entonces, al confluir muchos factores.

Se produjeron cambios tanto en las actividades agrícolas como en las industriales, que incrementaron las diferencias sociales. El aumento de las exportaciones de productos agrícolas tradicionales, estimulado por las altas cotizaciones en el mercado mundial y la introducción de nuevos productos, como la carne, provocaron un movimiento de concentración de tierras en el campo. Al mismo tiempo, el tejido de las pequeñas industrias de tipo artesanal fue aniquilado por un proceso de concentración industrial sin precedente. América Central no se salvó de la primera crisis del petróleo, y en los años setenta sufrió una aceleración de la inflación, fenómeno casi desconocido hasta entonces. Amplios sectores sociales, tanto rurales como urbanos, se encontraron de golpe empobrecidos.

Los movimientos reivindicativos populares recobraron vitalidad por esta triple evolución, lo que se expresó de distintas maneras.

El mundo rural, en primer lugar, fue el escenario de una agitación creciente que se puso de manifiesto con la invasión de tierras. Sin duda es en El Salvador, en donde la densidad de población era mayor, donde el proceso de concentración de tierras tomó el giro más dramático. La proporción de campesinos sin tierra pasó del 19,8% en 1961 al 41,1% en 1975. Aquel año nació en el campo el Bloque Popular Revolucionario (BPR), que tres años más tarde emprendió la lucha armada. Pero poderosos movimientos campesinos se desarrollaron también en otros países, especialmente en Honduras.

Los movimientos sociales urbanos, en segundo lugar, entraron en plena efervescencia. En todos los países, el panorama sindical se transformó y los movimientos reivindicativos se radicalizaron. En Nicaragua, junto al Frente Sandinista de Liberación Nacional (FSLN), fundado en 1962, que llevaba a cabo acciones de insurrección, el Movimiento del Pueblo Unido (MPU), compuesto de organizaciones muy diversas, fue el verdadero motor de la movilización social.

El trasfondo religioso, en tercer lugar, representó un papel determinante. El compromiso de la Iglesia católica con el pueblo, afirmado en la segunda conferencia episcopal latinoamericana de Medellín (1968), hizo realidad en América Central con la aparición de un movimiento religioso popular que tuvo consecuencias políticas importantes. En Guatemala, por ejemplo, este movimiento se enfrentó en un primer momento con la jerarquía eclesiástica, afín a los militares en el poder. Pero el trabajo de reflexión llevado a cabo por los curas en sus parroquias, que ofreció una vía de expresión a las poblaciones marginadas, en especial los indios, fue brutalmente reprimido. La solidaridad de la Iglesia se vio reforzada y su papel de oposición al régimen, reafirmado.

Por último, Guatemala puso de manifiesto la importancia del movimiento étnico en el desarrollo de la guerra. La conjunción de factores étnicos y religiosos fue la originalidad de este conflicto. Un movimiento con miras a la emancipación india se desarrollaba en efecto desde hacía algunas décadas, bajo la forma de una ruptura con las formas tradicionales de autoridad política y religiosa. Al mismo tiempo, la Iglesia católica penetró en las tierras indias, y su importancia creció bajo los regímenes autoritarios. Este trasfondo de movilización india fue ajeno a las actividades de los distintos grupos guerrilleros que aparecieron en los años setenta.

Posteriormente, entre 1974 y 1976, los dos mundos se encontraron cuando los indios se unieron poco a poco a la lucha, especialmente a la del Ejercito Guerrillero de los Pobres (EGP). Es verdad que los intentos de colonización de nuevas tierras, con el apoyo de misioneros católicos, se había saldado, para los indios, con crueles fracasos. Pero la frustración de éstos no pudo ser utilizada por la guerrilla más que por el papel de mediador desempeñado por la Iglesia. Ésta participó activamente en la toma de conciencia de los indios, al tiempo que algunos de sus miembros ayudaban activamente a la guerrilla. Los jesuitas colaboraron también en el trabajo de reflexión, y su voluntad de ayudar a los pobres llevó a alguno de sus miembros a unirse a la guerrilla.

El encuentro de las dos utopías, la religiosa y la revolucionaria, fue una característica de todos los movimientos de protesta centroamericanos. En El Salvador, la Iglesia estuvo en el origen mismo del movimiento revolucionario a través de la Federación de Campesinos Cristianos Salvadoreños (FECCAS). El compromiso de la Iglesia, cuya figura emblemática, Monseñor Romero, fue asesinado por el ejército el 24 de marzo de 1980, encontraba su fuente de inspiración en la gran renovación anunciada por el Concilio ecuménico del Vaticano II, entre octubre de 1962 y diciembre de 1965.

⚠ Organizaciones revolucionarias en Guatemala

– EGP (Ejército Guerrillero de los Pobres), dirigido por Ricardo Ramírez (*comandante Rolondo Morán*); primera implantación: 1972; primera acción pública: 1975; castro-guevarista, con un fuerte componente de teología de la liberación; principal "organización de masas": el CUC (Comité de Unidad Campesina); principales escenarios de operación: distrito de Quiché y norte de Huehuetenango.

▶

- ORPA (Organización del Pueblo en Armas), dirigido por Rolando Asturias (*comandante Gaspar Llom*); primera implantación: 1971; primera acción pública: 1979; ideología sincrética: referencias castro-guevaristas, nacionalpopulares e "indigenistas"; practicas foquistas, rechazo del principio de "organizaciones de masas"; principales escenarios: distritos de San Marcos, Quetzaltenango, Sololá y Chimaltenango (zona de volcanes y pie de monte)
- FAR (Fuerzas Armadas Rebeldes), dirigidas por Jorge Soto (*comandante Pablo Monsanto*); nacidas en 1963, aniquiladas en 1966 y 1970, se dedican a infiltrarse en las organizaciones sindicales a partir de 1971, retoman la lucha armada en 1979; marxismo-leninismo ortodoxo; principal escenario: Petén.
- PGT (Partido Guatemalteco del Trabajo), partido comunista, fundado en 1949, apoya activamente al gobierno de Arbenz; relaciones caóticas y fluctuantes con la guerrilla en los años sesenta; dirección aniquilada en 1966 y de nuevo en 1972; estalla en varias facciones a partir de 1978, alguna de ellas opta por la lucha armada, pero no consiguen crear una zona de operación propia.
- URNG (Unión Revolucionaria Nacional Guatemalteca): en el momento de su creación en 1982 reúne el EGP, la ORPA, las FAR y el PGT-Núcleo de Dirección Nacional.

(*Fuente:* Yvon Le Bot, *La Guerre en Terre Maya. Communauté, violence et modernité au Guatemala (1970-1982)*, París, Karthala, 1992, p. 113.)

Nacido en 1943 en Vigo (Galicia), Fernando Hoyos pasa por varias universidades europeas (Salamanca, Múnich, Lovaina, Madrid) antes de ir a formar seminaristas en El Salvador y de allí ir a Guatemala en 1972. Al año siguiente, se nacionalizó y se ordenó. Ya en esta época profesaba su entrega "al servicio de los pobres". Era uno de los artífices de la teología de la liberación y uno de los principales animadores de lo que iba a convertirse en CUC (Comité de Unidad Campesina).

Durante años recorrió los pueblos de Chimaltenango y del Quiché [...]. Decía misa en pobres chozas sin exigir retribución alguna, a diferencia de otros curas; organizaba reuniones familiares, formaba grupos de discusión y de reflexión. Celebración y "concienciación" se seguían además la una a la otra, cuando no se confundían [...]. Consciente y metódicamente, F. Hoyos defendía la opinión contraria de la Iglesia adicta a las ceremonias y distante, sustituyendo a su simbolismo el de la Iglesia de los pobres en la que el sacerdote, figura paternal y autoritaria, se transformaba en la de un "hermano mayor" [...].

En 1980, de vuelta de una reunión en Roma, F. Hoyos dio a conocer a su entorno su integración en la guerrilla y su decisión de separarse de la Compañía de Jesús (sin embargo, uno de sus superiores opina que "ha muerto como jesuita"). Se unió a los combatientes en el monte y se convirtió en comandante Carlos.

(*Fuente:* Yvon Le Bot, *La Guerre en Terre Maya. Communauté, violence et modernité au Guatemala (1970-1982)*, París, Karthala, 1992, p. 147-149.)

Romero había permitido a la Iglesia católica mostrarse más cercana a las preocupaciones de sus fieles, haciendo "entrar aire fresco de fuera", como decía el Papa Juan XXIII. En el aspecto social, por ejemplo, el Vaticano II afirmaba la primacía del destino común de los bienes sobre el de la propiedad privada. El tercer mundo tenía que sacar lección de ello para denunciar las estructuras arcaicas de las sociedades.

Del 26 de agosto al 8 de septiembre de 1968 tuvo lugar en Medellín (Colombia), la segunda conferencia general episcopal latinoamericana, para dar lugar a una lectura propiamente latinoamericana del Vaticano II. De entrada, los temas de la paz, de la justicia y de la pobreza se impusieron. Allí se habló de "desarrollo integral", de "liberación de cualquier situación de opresión", de "situación de pecado", de "violencia instrumentalizada", de "cambios de estructura", de "concienciación" y de "educación liberadora". El mensaje no tenía ninguna ambigüedad: "la justicia, y por lo tanto la paz, se conquistan gracias a una acción dinámica de concienciación y de organización de los sectores populares, capaces de presionar los poderes públicos, a menudo impotentes en sus proyectos sociales sin el apoyo popular".

La "teología de la liberación" había nacido. Iba a caracterizarse por un intento de análisis de las sociedades que hacía uso de las ciencias sociales y a menudo del marxismo, y por una opción evangélica para los pobres del continente. En 1971, el peruano Gustavo Gutiérrez compilaba los principios en un libro célebre, *Teología de la liberación. Perspectivas*. El mensaje liberador de la teología de la liberación no llevó a todo el episcopado latinoamericano a defender el uso de la violencia; nada más lejos de la realidad. De hecho, hacía hincapié en la liberalización del pobre y en el "potencial evangelizador del pobre".

El episcopado latinoamericano se esforzó pues en acercarse a los desheredados con una nueva lectura de la Biblia, en el marco de "comunidades eclesiásticas de base". Éstas conocieron un desarrollo espectacular, especialmente en Brasil y el América Central, convirtiéndose en focos molestos de protesta para los regímenes autoritarios.

En cambio, la Iglesia popular no era mayoritaria en América Latina. En el transcurso de la tercera conferencia episcopal latinoamericana de Puebla (México, los días 27 de enero - 12 de febrero de 1979), los teólogos de la liberación fueron apartados de los debates. El conservadurismo reafirmaba su liderazgo, y la Iglesia rechazaba tomar partido por los movimientos revolucionarios.

5. Los Estados terroristas

La llegada al poder de gobiernos de izquierdas en países como Perú, Bolivia o Chile, junto con el incremento de la violencia urbana –atentados, toma de rehenes, asesinatos–, que se había fijado como principal objetivo los intereses capitalistas, no pudo dejar indiferentes a las fuerzas armadas latinoamericanas. Su vuelta al poder significó un importante cambio cualitativo.

Las dictaduras militares de los años setenta fueron realmente excepcionales por la amplitud de la represión que ejercieron. Lo fueron también por instalarse en países como Chile y Uruguay, que parecían estar protegidos contra el virus del militarismo. Lo fueron, al fin y al cabo y sobre todo, porque sus objetivos eran sorprendentemente ambiciosos. Ya no se trataba de corregir los resultados de una elección o de echar fuera del poder a un indeseable, sino ni más ni menos que de reformar toda la sociedad, con el fin de que cualquier rasgo de reformismo de izquierdas fuese completa y definitivamente erradicado. Se desarrolló una ideología de seguridad nacional que ponía de manifiesto el peligro que representaba la izquierda para los valores cristianos occidentales. Debía llevarse a cabo, en nombre de estos valores, una guerra interior contra fuerzas políticas a las que se consideraba responsables de la decadencia moral y de los desórdenes económicos y sociales. La purga política debía permitir también encarrilar de nuevo los países en las vías del desarrollo económico.

Podemos deducir que con tales objetivos los militares no podían fijarse plazos.

Los golpes de estado terroristas

País	Fecha del golpe de estado	Tipo de régimen derrocado	Autor o beneficiario del golpe de estado	Duración del régimen autoritario
Bolivia	1971	Dictadura	Coronel Hugo Bánzer*	11 años
Chile	1973	Democracia	Gral. Augusto Pinochet	17 años
Uruguay	1973	Democracia	Junta militar	11 años
Perú	1975	Dictadura	Gral. Francisco Morales Bermúdez	5 años
Argentina	1976	Democracia	Junta militar	7 años
Ecuador	1976	Dictadura	Junta militar	3 años

* No gobernó durante todo el periodo del régimen autoritario.

▲ El coronel Bánzer abrió el baile en **Bolivia** en agosto de 1971, después de un intento abortado siete meses antes, poniendo fin al militarismo reformista del general Torres. En cuanto llegó al poder, lanzó una ola de represión contra la izquierda, principalmente entre los sectores estudiantiles. La oposición fue amordazada, incluida la de las fuerzas armadas, que contaban con elementos favorables al reformismo. En su lucha contra la "subversión", Bánzer podía contar con el apoyo de Brasil y de los Estados Unidos, así como con una fracción del MNR que participó en el gobierno al lado de la extrema derecha. El objetivo era despolitizar un cuerpo social demasiado tiempo dominado por potentes sindicatos y modernizar la economía. Pero la estricta aplicación de las indicaciones preconizadas por el FMI (supresión de precios subvencionados, devaluación, etc.) no tardó en provocar el aumento masivo del coste de la vida. Ante el descontento creciente, el régimen se endureció, reprimiendo con violencia todas las manifestaciones. En noviembre de 1974, sacaban por la fuerza a los civiles del gobierno. A partir de 1976, las presiones del presidente estadounidense Carter y de todos los sectores sociales obligaron a Banzer a considerar una salida política.

El fracaso de las negociaciones con Chile acerca de un acceso al océano, antes de la conmemoración del centenario de la guerra del Pacífico en 1979, fue sin duda lo que terminó por convencer a Bánzer de emprender una salida política. Las elecciones fueron programadas pues para julio de 1978. Pero en diciembre de 1977, mujeres de mineros encarcelados comenzaron una huelga de hambre para reclamar la liberación de los presos políticos. El movimiento se extendió rápidamente, volviendo a poner en jaque el control del régimen sobre el movimiento sindical. A finales de enero de 1978, se declaró una amnistía total; los sindicatos se veían reforzados y las bases mismas del autoritarismo, debilitadas. La maniobra de Bánzer, que consistía en ganar las elecciones para dar un segundo impulso a su régimen, se anunciaba más arriesgada de lo previsto.

El 9 de julio de 1978, el candidato oficial, el general Pereda, obtenía el 50% de los votos tras una elección fraudulenta. Otros candidatos, ya presidentes bajo el régimen del MNR, aparecían con fuerza (Paz Estenssoro con el 10,8% y sobre todo Siles Suazo con el 24,6%), lo que ponía de manifiesto la impopularidad de los militares. El anuncio del resultado dividió el país y ensombreció la imagen de Bolivia a nivel internacional, mientras que justamente la organización de la elección perseguía el doble objetivo inverso. El 21 de julio, Pereda recurrió a un golpe de estado para confirmar su victoria electoral puesta en cuestión.

Pero, cuatro meses más tarde, una fracción del ejército que se autocalificaba "institucionalista", derrocaba a Pereda e instalaba en su lugar al general Padilla. Éste prometió nuevas elecciones para julio de 1979. Desgraciadamente, ni de este escrutinio ni del anterior salió un claro vencedor, y la transición democrática boliviana se anunciaba caótica.

▲ En **Chile**, más que en ningún otro sitio, el golpe de estado del 11 de septiembre de 1973 significó un giro que los militares quisieron hacer definitivo. El Congreso fue inmediatamente disuelto, la Constitución suspendida, los partidos políticos prohibidos y los medios de comunicación puestos bajo vigilancia. El sistema político debía ser destruido y la población aterrorizada. Se impuso el estado de sitio y empezó la represión realmente salvaje. Cerca de 250.000 chilenos tuvieron que emprender el camino del exilio para escapar del encierro, la tortura o la muerte; y la siniestra Dirección de Inteligencia Nacional (DINA) hacía desaparecer a 11.000 personas.

El general Pinochet consolidó su autoridad gracias a una concentración y a una centralización del aparato represivo y se rodeó de un grupo de tecnócratas (los *Chicago boys*, es decir, jóvenes economistas formados por Milton Friedman en la Universidad de Chicago) que iba a ofrecerle un proyecto en el que basar la legitimación de su poder. Se trataba básicamente de un proyecto de reconstrucción y de reinserción capitalista, llamado "nuevo modelo de desarrollo orientado hacia el exterior" que, al contrario del modelo de industrialización por sustitución de importaciones, hacía hincapié en las exportaciones y en la apertura a la competencia internacional. Pero no sólo se trataba de un proyecto económico; era también social y político. Los principios de mercado debían regir el funcionamiento del conjunto de la sociedad, siguiendo los principios neoliberales, lo que suponía una "democracia restrictiva y conservadora". El objetivo era la destrucción de todo rasgo de marxismo, que representaba una amenaza permanente, como pretendía la "doctrina de la seguridad nacional".

De hecho, los excelentes resultados económicos de los primeros años consolidaron los cimientos del régimen. Pero los militares quisieron llegar más lejos y reorganizaron definitivamente la vida política. Ya en marzo de 1974 hacían público un "manifiesto" en el que afirmaban que el régimen no sería un paréntesis y que perseguían la creación de una "democracia limpia de vicios". Sin embargo, ningún debate político sobre el futuro del régimen se abrió antes de 1976.

Cuando éste empezó, opuso rápidamente a varios sectores de la coalición en el poder. Por un lado los más intransigentes, los *duros*, deseaban perpetuar el régimen surgido del golpe de Estado de 1973, es decir, un régimen excepcional bajo el báculo personal de Pinochet. Por otro, los moderados, o *blandos*, pretendían que una institucionalización mínima era necesaria para consolidar la legitimidad del régimen tanto en el interior como en el extranjero.

El régimen pudo aprovechar sus éxitos económicos, el auge masivo y el milagro de finales de los años setenta para clavar más el clavo y asentar la legalidad del régimen. Las etapas de este proceso de institucionalización son interesantes.

Ya en 1976 se elaboraron "actas constitucionales" que no hacían más que legalizar la junta en el poder y especialmente su aparato represivo, sin dictaminar sobre la naturaleza del régimen. En 1977, se redactó un proyecto de constitución (plan Chacarillo) con el fin de responder a las presiones internacionales (administración Carter) y a las de la Iglesia católica. El plan establecía un proceso de institucionalización que abarcaba el periodo 1978-1985, con el objetivo final de transferir el poder a los civiles en el marco de una democracia controlada por militares. Este plan nunca fue adoptado, y en 1978 Pinochet lanzó una "consulta nacional" sobre "nuevas bases institucionales", una vez más como respuesta a las presiones internacionales. En octubre de 1978, una comisión (comisión Ortuzar) propuso un proyecto de constitución. El debate se limitó a la duración del mandato de Pinochet: ¿1989 o 1997? Pero Pinochet no tuvo realmente el cuenta los trabajos de la comisión y prácticamente redactó él mismo la constitución. Finalmente, la que iba a ser aprobada en 1980 fijó el mandato hasta 1989, pero estipuló que en esa fecha deberían tener lugar elecciones y que la Junta presentaría un candidato único (sin lugar a dudas Pinochet) para el periodo 89-97.

La Constitución de 1980 fue importante por tres motivos: puso fin momentáneamente a la crisis interna y fijó un marco en el que deberían circunscribirse los enfrentamientos políticos; por otra parte, contenía dos modelos políticos: uno de transición, la dictadura militar; otro, para el futuro, una "democracia limitada"; por último representaba una victoria de los militares y ponía de manifiesto hasta qué punto la oposición era inexistente (la constitución fue aprobada en un referéndum por el 67% de la población).

El régimen estaba en ese momento en la cumbre de su legitimidad, puesto que era a la vez eficaz y legal. Sin embargo, esta legitimidad iba erosionarse muy rápidamente, debido a los problemas económicos que encontró el gobierno a partir de 1981. La estrategia de la legitimación gracias a los logros económicos resultaría contraproducente.

▲ En **Uruguay,** el 27 de junio de 1973, el presidente de la república, Juan María Bordaberry, decretaba la disolución del Parlamento, debido a "graves violaciones de los principios constitucionales", y tomaba así todos los poderes.

La crisis latente desde hacía algunos años en este país, de la que la actividad terrorista, las huelgas, la inflación y la polarización ideológica eran los síntomas, tenía causas económicas y sobre todo políticas. El tipo de régimen no era viable por más tiempo. Prueba de ello, la elección presidencial de 1971, que vio a seis candidatos del partido *colorado* enfrentarse a tres del partido *blanco.* El sistema de doble voto simultáneo, que hacía coincidir las elecciones primarias de los partidos con la elección presidencial, permitió al candidato en cabeza de los *colorados* salir vencedor (dado que el total de los votos de los seis candidatos de esta tendencia era superior al de los tres *blancos*) a pesar de que el candidato en cabeza de los *blancos* obtuvo más votos que él. La izquierda, en cambio, a diferencia de Chile, no representaba una amenaza creíble, y sumó el 18,3% de los votos en esas elecciones, apoyándose en una plataforma mucho más moderada que la de la Unidad Popular Chilena. Un clima de terror extremo, ocasionado por las actuaciones de los *tupamaros* y un régimen político paralizado constituyeron una irresistible invitación a los militares para ocupar un espacio político olvidado.

De hecho, desde el mes de febrero de 1973, Bordaberry había aceptado la creación de un Consejo de Seguridad Nacional (COSENA), compuesto por militares, una especie de gobierno paralelo que se imponía poco a poco como el verdadero centro de poder. Pero en ningún momento los militares pensaron en quitar del poder a Bordaberry. Se instaló un régimen autoritario colegiado –el estado de sitio fue declarado para poder emprender la guerra contra la subversión. Los demás partidos de izquierda fueron prohibidos y sus dirigentes detenidos. Los otros partidos fueron suspendidos y el sistema electoral abandonado. A finales de 1975, Uruguay, con tres millones de habitantes, contaba con 6.200 presos políticos.

En 1976, poco antes del final de su mandato, Bordaberry sugirió prohibir los partidos políticos tradicionales, para sustituirlos por un sistema corporativista de representación de las grandes corrientes de opinión. Los militares lo rechazaron y sustituyeron a Bordaberry por Aparicio Méndez.

El régimen iba entonces a intentar institucionalizarse. El 1 de septiembre, Méndez prohibía a 15.000 dirigentes de los partidos tradicionales cualquier actividad política durante 15 años. El objetivo era favorecer la creación de una nueva clase política que el régimen autoritario contaba cooptar. Curiosamente, los militares no hicieron ningún esfuerzo por atraer a su causa grandes masas de partidarios. Ningún partido se creó. Ninguna figura resaltó, a imagen de Pinochet en Chile. La *democradura* que intentaban instalar debía permitir, según sus términos, "fortificar, moralizar, homogeneizar y democratizar eficazmente los futuros partidos políticos". Todo ocurría como si la larga tradición democrática uruguaya tiñese los comportamientos militares de un respeto por el civilismo, hasta tal punto que, en 1980, los militares sintieron la necesidad de someter a consulta popular un proyecto de constitución. La respuesta de los uruguayos en el referéndum del 30 de noviembre de 1980 fue contundente: una participación del 87% y un 57,2% en contra.

Mientras que hasta entonces el régimen pudo compensar su carácter ilegal por un crecimiento económico del orden del 5% al año, la segunda crisis del petróleo, añadida a su desengaño político, resultó serle fatal.

▲ En **Perú**, el general Francisco Morales Bermúdez se dedicó, nada más llegar al poder en 1975, a desmantelar el edificio reformador establecido siete años antes mientras pretendía seguir la vía de Velasco. Su plan Tupac Amaru de 1977, destinado a reforzar una "democracia social plenamente participativa" (expresión empleada por Velasco), significaba una vuelta atrás, en el sentido de austeridad económica y de condiciones favorables a las inversiones extranjeras. Pero Morales tuvo que hacer frente a una agitación social creciente provocada por un descenso del nivel de vida de los peruanos. Los métodos represivos que empleó no hicieron más que alimentar el descontento. Así, el 19 de julio de 1977, mientras que una huelga general paralizaba el país, Morales hizo detener a más de 700 dirigentes sindicales, lo que no había ocurrido en Perú desde 1919.

Las reivindicaciones económicas no tardaron en transformarse en la exigencia de una liberalización política. Sometido a la presión de las organizaciones financieras internacionales y de la calle, obligado a hacer frente a divisiones en el seno de las fuerzas armadas sobre el camino que seguir, presionado por los Estados Unidos del presidente demócrata Carter, el dictador anunciaba el mismo 28 de julio de 1977 su intención de emprender una transición hacia la democracia.

El 18 de junio de 1978 se organizaban unas elecciones para elegir a los 100 miembros de una Asamblea Constituyente. Se saldaron con un espectacular avance de la izquierda. El APRA llegó ciertamente en cabeza con un 35% de los votos, pero le seguía la Izquierda Unida con el 29%. Las elecciones presidenciales de 1980 se perfilaban reñidas.

▲ Estaba claro en **Argentina** entre 1971 y 1973 que los militares habían fracasado desde el punto de vista económico y político. El presidente Lanusse no cesaba en su intento por desposeer a los militares de su cargo en el poder y dar la espalda a la experiencia catastrófica de la revolución argentina de Onganía. La vuelta de civiles al poder era ineludible y con ellos la de Perón. El 11 de marzo de 1973, Héctor Cámpora, candidato del Frente Justicialista de Liberación (coalición que agrupaba, además de peronistas, a conservadores y demócrata-cristianos), llegaba en cabeza de la elección presidencial. El 30 de marzo, la Junta lo declaraba oficialmente elegido. El 20 de junio, Perón emprendía su vuelta triunfal a Argentina tras un largo exilio. ¿Podría poner fin a la agitación social y a la violencia? Las circunstancias que rodeaban su llegada no dejaban presagiar ninguna mejora. El 20 de junio, en efecto, cerca del aeropuerto Ezeiza donde iba a aterrizar su líder, dos tendencias peronistas se enfrentaron, causando numerosas muertes.

En un clima deletéreo, violento, Cámpora dimitía el 13 de julio, y se celebraron nuevas elecciones el 23 de septiembre. Perón obtenía la victoria con más del 60% de los votos, y su tercera mujer, María Estela Isabel Martínez de Perón, se convertía en vicepresidenta. La "reconstrucción nacional" estaba en marcha.

Desde el día siguiente, el Ejército Revolucionario del Pueblo se quedaba fuera de la ley, y parecía que Perón iba a reprimir a las fuerzas de izquierda. La tradicional alianza con los sindicatos iba por cierto a ser reactivada, apoyándose en el Acta de compromiso nacional firmada por el Ministro de Economía de Cámpora, José Ber Gelbard, y los sindicatos. Pero la intensidad de la violencia no disminuiría. El día 25, el secretario general de la CGT era asesinado; al día siguiente lo fue el dirigente de las Juventudes Peronistas.

El general Perón casi no tuvo tiempo para demostrar que su segundo intento de populismo hubiese podido dar mejores resultados que el primero. El 1 de julio de 1974, moría, dejando la presidencia a su mujer Isabel. La presidenta, una antigua cupletista que Perón había contratado como secretaria, no tenía ninguna experiencia en el poder. En el terreno político eso permitió a su consejero, José López Rega, imponer sus puntos de vista y especialmente lanzar los grupos armados de la Alianza Argentina Anticomunista (AAA) en la lucha contra la subversión. El estado de sitio se declaró en todo el territorio el 6 de noviembre de 1974. En el terreno económico la incuria se convirtió en regla y la inflación se disparó. Especialmente, las diferentes facciones que se valían, de cerca o de lejos, del peronismo y que el líder histórico conseguía mal que bien mantener unidas gracias a un sutil juego de distribución de prebendas, estallaron, reivindicando cada una la autenticidad de la herencia. Así dos de los más importantes grupos terroristas peronistas, los *montoneros* y la Juventud Peronista, anunciaban la vuelta a la lucha armada. Haciendo un quite, Isabel recurrió a aumentos de salarios, alimentando así una peligrosa espiral hiper-inflacionista.

A principios de 1976, el caos económico y la violencia política alcanzaban su paroxismo. El 16 de febrero, aunque Isabel Perón disolvió el Parlamento y convocó nuevas elecciones, las fuerzas armadas estaban dispuestas a hacerse con la situación. El 24 de marzo de 1976, derrocaban a la presidenta y el 28 ponían al general Jorge Videla a la cabeza del Estado.

Un año más tarde, una estimación daba cuenta de 6.000 ejecuciones y del encarcelamiento de 15.000 presos políticos. La "guerra sucia" acababa de empezar e iba a resultar la más mortífera de todas la emprendidas en América Latina en estos años sombríos.

A igual que Chile, la Argentina de Videla tenía como ambición una reorganización total de la sociedad. No se trataba ya, como en 1966, de cortar el camino a una fuerza política cualquiera. El gobierno de Videla lanzaba un proceso de reorganización nacional que se fijaba como objetivo la salvación de la nación. El "proceso" consistió tanto en purgar la universidad de sus profesores, estudiantes y bibliotecas "subversivos" como en exiliar artistas, amordazar los medios de comunicación y hacer "desaparecer" todo sospechoso de simpatía incluso lejana o implícita con la izquierda.

En 1980, se ganaba la guerra sucia, pero la economía estaba en crisis, a imagen y semejanza de la quiebra, el 28 de marzo de 1980, del primer banco privado del país, el Banco de Intercambio Regional.

▲ Del mismo modo que entre 1972 y 1975 **Ecuador** había conocido una tenue imitación de la revolución peruana, los años 1976-1979 se caracterizaron por un modesto giro hacia el conservadurismo. La junta en el poder reprimió la agitación social, sin encontrar solución a la crisis económica, y organizó la devolución del poder a los civiles, como había anunciado desde su toma del poder el 11 de enero de 1976. Las presiones de la patronal, en especial las de la Cámara de Comercio de Quito y Guayaquil, que pedían una desregulación de la economía y la puesta en marcha de un sistema de concertación, fueron determinantes en la elección "del retorno constitucional".

Una nueva constitución fue aprobada por referéndum en 1978; la elección presidencial, con un intervalo de nueve meses entre las dos vueltas, la ganó, en abril de 1979, el candidato populista Jaime Roldós, con sólo 38 años.

6. El monetarismo

Una característica de los regímenes autoritarios instalados después de 1973 fue la adhesión inquebrantable a las teorías monetaristas de Friedman. Se depositó una confianza desmedida en las ventajas de una apertura total de las economías a la competencia internacional y en las capacidades naturales de los mercados para asegurar la estabilidad y el crecimiento.

Estas políticas fueron aplicadas de forma emblemática en Chile en 1973. Argentina siguió por estas mismas vías en 1976 y, posteriormente, de forma menos sistemática, los demás países.

Evolución de la inflación en Chile

Años	Inflación*
1951-1960	38,9
1961-1970	27,1
1970	34,9
1971	22,1
1972	163,4
1973	508,1
1974	375,9
1975	340,7
1976	174,3
1977	63,5
1978	30,3
1979	38,9

*Tasas anuales del crecimiento del índice de precios al consumo (%). Para los años 1951-1960 y 1961-1970, tasa anual media.
(*Fuente:* Fondo Monetario Internacional, en Denis-Clair Lambert, *19 Amériques Latines. Déclins et décollages,* Economica, 1984, p. 187-189.)

La experiencia chilena parecía pues pionera. Al intento de socialización de la economía bajo Allende (1970-1973) lo siguió un feroz retorno a un liberalismo descabellado. La primera tarea que se marcó la dictadura fue poner orden en las finanzas internas. Los precios habían subido repentinamente a partir de 1972, en un país acostumbrado a una inflación endémica

El 15 de octubre de 1973, un decreto del ministerio de Economía liberalizaba por completo los precios; aunque algunos seguían controlados (pan, azúcar, aceite, leche, etc.) y otros vigilados (café, productos farmacéuticos, tarifas escolares, etc.). Al mismo tiempo, otro decreto preveía un ajuste de salarios por un sistema de bonificaciones destinado a compensar la inflación.

El gobierno de Pinochet se enfrentó también al déficit presupuestario, que había alcanzado niveles desconocidos en 1972-1973. Desde 1971, la caída de las cotizaciones del cobre en el mercado mundial había privado al gobierno socialista de importantes ingresos fiscales, al tiempo que los gastos del Estado sufrían un fuerte incremento, debido especialmente al aumento de los salarios. El déficit fue financiado emitiendo moneda, lo que alimentó la inflación. En resumidas cuentas, las emisiones monetarias incrementaron la masa monetaria en circulación en más del 1.600% durante los tres años del gobierno de Allende. La lucha contra el déficit bajo Pinochet, consistió en abandonar todos los tipos de subvenciones. La partida destinada a la defensa nacional no se vio afectada, ya que en 1974 aumentó un 65%.

La lucha contra la inflación consistió también en impedir cualquier actividad sindical, de manera que no se pudiese ejercer ninguna presión sobre los salarios.

Debido a que el comercio exterior era muy deficitario, la dictadura hizo hincapié en las exportaciones, devaluando la moneda en repetidas ocasiones.

En 1975, las cotizaciones del cobre se desplomaron, provocando una recesión en Chile. El gobierno de Pinochet reaccionó multiplicando sus esfuerzos de liberalización de la economía. En 1976, la moneda nacional cambiaba de nombre, el *escudo* pasaba a llamarse *peso* y los tipos de cambio iban ajustándose según la inflación. Además, se tomaban medidas de desarme arancelario, y los subsidios a las empresas públicas se vieron severamente recortados. En suma, 492 de las 507 empresas públicas fueron vendidas a bajo precio en esos años.

Los efectos sobre el crecimiento fueron espectaculares. Chile conoció un crecimiento medio del 6,9% entre 1976 y 1981, algo totalmente excepcional en el continente y en todo el mundo.

La consecuencia social más directa de esta ortodoxia monetaria fue un crecimiento brutal del paro. Pero estos años de crecimiento y de control relativo de la inflación permitieron hablar de un "milagro chileno" cuyo balance social fue en buena medida positivo. Como paradoja, ciertos indicadores sociales, como los niveles nutricionales y la lucha contra la mortalidad, indicaban incluso progresos sustanciales, mientras que bajo los gobiernos demócrata-cristiano (1964-1970) y socialista (1970-1973), las generosas políticas de redistribución habían visto sus efectos anulados por la inflación y el débil crecimiento.

Crecimiento en Chile (1970-1979)

Años	Tasas de crecimiento anual del PIB
1970	2,5
1971	8,3
1972	2,1
1973	–4,1
1974	5,0
1975	–12,9
1976	3,5
1977	9,9
1978	8,2
1979	8,3

(*Fuente:* CEPAL, en Denis-Clair Lambert, *19 Amériques latines. Déclins et décollages,* Economica, 1984, p. 153.)

▲ En **Argentina**, Videla rompió radicalmente con el populismo de Perón. Nada más llegar al poder en 1976, devaluó inmediatamente la moneda nacional y posteriormente redujo los salarios, puso fin al control de los precios y a las subvenciones y liberalizó los intercambios exteriores. Debido a la entrada masiva de capitales, la masa monetaria en circulación fue más difícil de controlar que en Chile y el gobierno militar no consiguió realmente dominar la inflación, mientras que frenaba el crecimiento un año de cada dos.

Ningún otro país conoció políticas antiinflacionistas tan brutales como las que se aplicaron en Chile y en Argentina. Brasil, como México, prefirió escoger el crecimiento apoyado en las exportaciones.

Índice del coste de la vida (1973-1979)

Años	Argentina		Brasil	
	PIB	Inflación	PIB	Inflación
1973	4,8	43,9	11,4	13,7
1974	7,2	10,1	9,6	33,8
1975	–0,8	334,9	5,7	31,2
1976	–0,5	347,5	9,0	44,8
1977	6,4	150,4	4,7	43,1
1978	–3,5	169,8	6,0	38,1
1979	7,1	139,7	6,4	76,0

(*Fuente:* Fondo Monetario Internacional, en Angus Maddison, *Growth, Crisis and Interdependance, 1929-1938 and 1973-1983,* OCDE, p.116.)

Los costes sociales de estas políticas fueron tanto más grandes cuanto que al retraimiento forzado del Estado se añadieron, en Argentina y en Brasil, los efectos devastadores de la inflación.

Los demás países se libraron de los costes sociales originados por los ajustes económicos.

▲ En **Perú**, el poder adquisitivo de la clase obrera bajó el 40% entre 1973 y 1978. En 1978, principalmente, el salario mínimo no representaba más que el 55% del nivel que tenía en 1973. Al mismo tiempo, la deuda externa se multiplicaba por tres y su servicio, que absorbía el 15% de los ingresos de exportación en 1969, pasó al 35% en 1979.

▲ **Uruguay** destacó por que allí no hubo ninguna aplicación automática de los remedios monetaristas. A pesar de ello, el modelo heterodoxo aplicado puso el acento en la promoción de las exportaciones, la liberalización de los mercados y los altos tipos de interés. Esto provocó importantes entradas de capital, pero la política de lucha contra la inflación llevada a cabo a partir de 1978 fue suicida y la deuda externa se multiplicó por dos entre 1972 y 1983.

El malestar generado por estos costes sociales no encontró ninguna vía de expresión política durante los años sombríos del autoritarismo. Las esperanzas eran por lo tanto grandes en el momento de la democratización de la siguiente década. Durante esta espera, la desesperanza se expresó de otra forma.

7. Manifestaciones literarias de la desesperanza

El malestar latinoamericano no engendró un estilo literario peculiar. La literatura latinoamericana siempre había dado muestras de una gran vitalidad, y la producción era tan rica como abundante desde hacía lustros.

Sin embargo, en los años sesenta y setenta toda una generación de escritores latinoamericanos adquirió una súbita fama mundial, y las desdichas que azotaban el continente no le eran ajenas. El dolor, la protesta, el testimonio o el sueño de días y lugares mejores teñían ciertas obras de un realismo muy entrañable. El arte se convirtió en el soporte de expresión del rencor y de la desesperanza. Carlos Fuentes, Mario Vargas Llosa, Gabriel García Márquez, Miguel Ángel Asturias, Alejo Carpentier, Alfredo Bryce Echenique, Nicolás Guillén, Jorge Luis Borges, Octavio Paz y Pablo Neruda, con distintos registros y de distintos países, fueron los embajadores de su continente. El premio Nobel de literatura recompensó este esplendor artístico en cinco ocasiones. Después de la chilena Gabriela Mistral en 1945, el guatemalteco Miguel Ángel Asturias en 1967, el chileno Pablo Neruda en 1971, el colombiano Gabriel García Márquez en 1982 y el mexicano Octavio Paz en 1990 fueron así condecorados.

La literatura en estos años fastos no hace crecer –paradójicamente– la distancia frente al mundo. Al contrario, se implica, toma posición, protesta y milita a su manera. Para la mayoría, los escritores de este periodo, lejos de ser meros espectadores de las luchas sociales, se comprometen de múltiples maneras, pero la denuncia parece ahora más sutil, más indirecta. Carlos Fuentes expresó a la perfección el credo de los escritores cuyo deber era ser molestos: en países –explica– en donde no hay libertad de expresión, en donde las elites monopolizan los medios de comunicación al tiempo que controlan lo económico y lo social, los creadores tienen la obligación de hacer surgir la palabra auténtica, liberada, de poner de manifiesto la buena conciencia, las bajezas, las contradicciones, de revelar lo que se oculta cuidadosamente. El acto de fe de Vargas Llosa: "La literatura es fuego, significa inconformismo y rebelión" –declaración hecha en la entrega del premio Rómulo Gallegos en 1967– podría servir perfectamente de epígrafe de toda la producción de estos años.

(*Fuente:* Juan Franco y Jean-Marie Lemogodeux, *Anthologie de la littérature hispanoaméricaine du XXème siècle*, PUF, 1993, p. 122.)

Una sola y larga ilustración, obligatoriamente arbitraria, se dará aquí.

En su novela *El beso de la mujer araña*, publicada en 1976, el escritor argentino Manuel Puig (1932-1990) utiliza un procedimiento narrativo original, haciendo dialogar a un preso político y a un homosexual, haciéndolos soñar y apuntando los sueños con reflexiones sobre el psicoanálisis. Uno de estos sueños representa una condensación de los desgarramientos latinoamericanos de esta época:

–una mujer europea, una mujer inteligente, una mujer hermosa, una mujer educada, una mujer con conocimientos de marxismo, una mujer a la que no es preciso explicarle todo desde el abc, una mujer que con preguntas inteligentes estimula el pensamiento del hombre, una mujer de moral insobornable, una mujer de gusto impecable, una mujer de vestir discreto y elegante, una mujer joven y madura a la vez, una mujer con conocimiento de bebidas, una mujer que sabe dar órdenes al personal de servicio, una mujer que sabe organizar un recibimiento para cien personas, una mujer de aplomo y simpatía, una mujer deseable, una mujer europea que comprende los problemas de un latinoamericano, una mujer europea que admira a un revolucionario latinoamericano, una mujer más preocupada no obstante por el tráfico urbano de París que por los problemas de un país latinoamericano colonizado, una mujer atractiva, una mujer que oculta por algunas horas el telegrama con la noticia de la muerte del padre de su amante, una mujer que se niega a dejar su trabajo en París, una mujer que se niega a seguir a su joven amante en el viaje de regreso a la selva cafetalera, una mujer que retoma su vida rutinaria de ejecutiva parisiense, una mujer con dificultades para olvidar un amor verdadero, una mujer que sabe lo que quiere, una mujer que no se arrepiente de su decisión, una mujer peligrosa, una mujer que puede olvidar rápidamente, una mujer con recursos propios para olvidar lo que ya sólo será un lastre, una mujer que hasta podría olvidar la muerte del muchacho que regresó a su patria, un muchacho que vuela de regreso a su patria, un muchacho que observa desde el aire las montañas azuladas de su patria, un muchacho emocionado hasta las lágrimas, un muchacho que sabe lo que quiere, un muchacho que odia a los colonialistas de su país, un muchacho dispuesto a dar la vida por defender sus principios, un muchacho que no concibe la explotación de los trabajadores, un muchacho que ha visto peones viejos echados a la calle por inservibles, un muchacho que recuerda peones encarcelados por robar el pan que no

▶

► podían comprar y que recuerda peones alcoholizados para olvidar después su humillación, un muchacho que cree sin vacilar en la doctrina marxista, un muchacho con el firme propósito de entrar en contacto con las organizaciones guerrilleras, un muchacho que observa desde el aire las montañas pensando que pronto allí se reunirá con los libertadores de su país, un muchacho que teme ser considerado un oligarca mas, un muchacho que como amarga ironía podría ser raptado por guerrilleros para exigir un rescate, un muchacho que desciende del avión y abraza a su madre viuda vestida con estridentes colores, una madre sin lágrimas en los ojos, una madre respetada por todo un país, una madre de gusto impecable, una madre de vestir discreto y elegante puesto que en el trópico lucen bien sus estridentes colores, una madre que sabe dar órdenes a sus servidores, una madre con dificultad para mirar de frente a su hijo, una madre con la cabeza erguida, una madre cuya espalda recta nunca toca el respaldo de la silla, una madre que a partir de su divorcio vive en la ciudad, una madre que ha pedido a su hijo que acompañe hasta la hacienda cafetalera, una madre que recuerda a su hijo anécdotas de la niñez, una madres que logra nuevamente sonreír, una madre cuyas manos crispadas logran distenderse para acariciar la cabeza del hijo, una madre que logra revivir años mejores, una madre que pide a su hijo acompañarla a pasear por el viejo parque tropical diseñado por ella misma, una madre de gusto exquisito, una madre que bajo el palmar narra cómo su ex esposo fue ultimado por guerrilleros, una madre que junto a un matorral florido de ibiscos narra cómo su ex esposo mató de un balazo a un sirviente insolente y así provocó la venganza de los guerrilleros, una madre cuya fina silueta se recorta contra una sierra lejana y azulada más allá del cafetal, una madre que pide a su hijo no vengar la muerte de su padre, una madre que pide a su hijo que regrese a Europa aunque se aleje de ella, una madre que teme por la vida de su hijo, una madre que parte intempestivamente de regreso a la capital para atender un evento de caridad, un madre que arrellanada en su Rolls vuelve a suplicarle al hijo que abandone el país, una madre que no logra ocultar su tensión nerviosa, una madre sin motivos aparentes para estar tensa, una madre que oculta algo a su hijo, un padre que había intentado mejorar la condición de sus servidores mediante la caridad, un padre que había fundado un hospital de campaña para los trabajadores de la zona, un padre que había construido viviendas para los mismos, un padre que discutía amargamente con su esposa, un padre que hablaba poco a su hijo, un padre que no bajaba a comer con su familia, un padre que nunca perdonó las huelgas de sus servidores, un padre que nunca perdonó el incendio del hospital y las viviendas a mano de un grupo de trabajadores disidentes, un padre que concedió el divorcio a su esposa con la condición de que partiera para la ciudad, un padre que se negó a tratar con los guerrilleros por no perdonarles el incendio, un padre que arrendó sus campos a compañías extranjeras y se refugió en la Rivera, un padre que volvió a sus posesiones por causas ignoradas, un padre que cerró su vida con sello bochornoso, un padre que fue ajusticiado como criminal, un padre que fue tal vez un criminal, un padre que casi seguramente fue un criminal, un padre que cubre de ignominia a su hijo, una muchacha campesina, una muchacha cruza de indio y blanco, una muchacha con la frescura de la juventud, una muchacha de dientes afectados por la desnutrición, una muchacha de modales tímidos, una muchacha que mira al protagonista con arrobamiento, una muchacha que le entrega un mensaje secreto, una muchacha que ve con profundo alivio la reacción favorable de él, una muchacha que lo conduce esa misma noche al reencuentro con un viejo amigo, una muchacha que monta a caballo admirablemente, una muchacha que conoce los senderos de la montaña como la palma de su mano, una muchacha que no habla casi, una muchacha a la que él no sabe en que términos dirigirse, una muchacha que en poco menos de dos horas lo conduce al campo guerrillero, una muchacha que con su silbido llama al jefe guerrillero, un compañero de la Sorbona, un compañero de militancia política estudiantil, un compañero a quien no veía desde entonces, un compañero convencido de la honestidad del protagonista, un compañero que volvió a su patria para organizar la subversión campesina, un compañero que en pocos años ha logrado organizar un frente guerrillero, un compañero que cree en la honestidad del protagonista, un compañero listo para hacerle una increíble revelación, un compañero que cree intuir una intriga gubernamental detrás del oscuro episodio que causó la muerte al ►

▶ padre y capataz, un compañero que le pide volver a la hacienda y desenmascarar al culpable, un compañero que tal vez se equivoca, un compañero que tal vez prepara una emboscada, un compañero que tal vez deba sacrificar a un amigo para continuar su lucha de liberación, una muchacha que lo conduce de regreso a la mansión, una muchacha que no habla, una muchacha taciturna, una muchacha tal vez meramente fatigada después de una jornada de trabajo y una larga cabalgata nocturna, una muchacha que de tanto en tanto se da vuelta y lo observa con desconfianza, una muchacha que posiblemente lo odie, una muchacha que le ordena detenerse, una muchacha que le pide bajar del caballo y esperar unos minutos escondidos tras la maleza, una muchacha que le pide esperarla en silencio teniendo ambos caballos por las riendas mientras ella sube a un peñasco e inspecciona, una muchacha que vuelve y le ordena retroceder hasta llegar a un recodo de la montaña, una muchacha que poco después le indica una gruta natural donde pasar la noche puesto que los soldados no levantarán campamento hasta el amanecer, una muchacha que tiembla de frío en la gruta húmeda, una muchacha de intenciones inescrutables, una muchacha que puede apuñalarlo durante el sueño, una muchacha que sin mirarlo en los ojo le pide con la voz ahogada acostarse a su lado para entrar en calor, una muchacha que ni le habla ni lo mira de frente, una muchacha apocada o ladina, una muchacha de carnes frescas, una muchacha que yace a su lado, una muchacha que respira agitadamente, una muchacha que se deja poseer en silencio, una muchacha tratada como una cosa, una muchacha a la que no se le dice una palabra amable, una muchacha con acre sabor en la boca, una muchacha con fuerte olor a transpiración, una muchacha en la que se vuelca el semen, una muchacha que no ha oído de anticonceptivos, una muchacha explotada por su amo, una muchacha que no puede hacer olvidar a una sofisticada parisiense, una muchacha a la que no dan ganas de acariciarla después del orgasmo, una muchacha que narra una historia infame, una muchacha que narra cómo el ex administrador de la hacienda la violó apenas adolescente, una muchacha que narra cómo el ex administrador de la hacienda está ahora encumbrado en el gobierno, una muchacha que asegura que ese hombre tiene algo que ver con la muerte del padre del muchacho, una muchacha que se atreve a decir que quien tal vez sepa todo es la madre del muchacho, una muchacha que le revela la más cruel verdad, una muchacha que ha visto a la madre del muchacho en brazos del ex administrador, una muchacha a la que no dan ganas de acariciarla después del orgasmo, una muchacha a la que se da una bofetada y se le insulta por decir cosas horribles, una muchacha a la que se usa y después se deja arrumbada, una muchacha explotada por un amo cruel en cuyas venas corre sangre de asesino.

(*Fuente:* Manuel Puig, *El beso de la mujer araña*, Seix Barral, 1976.)

8. Jimmy Carter y América Latina: la promoción de los derechos humanos

La preocupación de numerosos latinoamericanos frente a la dramática situación de los derechos humanos en su continente encontró eco en Washington cuando Jimmy Carter llegó a la presidencia en 1976. El interés de Carter por los derechos humanos se inscribía en un clima mundial que había encontrado una concreción en la Conferencia para la Seguridad y la Cooperación en Europa (CSCE) en 1973-1975.

Carter fue uno de los pocos presidentes de los Estados Unidos que se dignó interesarse por América Latina fuera de las situaciones de crisis que exigen una inmediata puesta en orden de la situación. Después de una década de negligencia (*benign neglect*), América Latina figuraría en un lugar importante en la agenda de política exterior de los Estados Unidos.

El primer problema con el que se enfrentó la administración de Carter fue el del canal de Panamá. El general Torrijos había conseguido convertir esta cuestión en un símbolo de la lucha del Tercer Mundo contra el colonialismo. El canal ya no era un problema panameño, sino latinoamericano, y el clima de las relaciones interamericanas dependía de la capacidad de los estadounidenses para negociar de nuevo un tratado más respetuoso con la soberanía de Panamá. El mérito de Carter fue conseguir la firma de dos tratados cuando la opinión pública estadounidense se oponía con violencia a ello. El 7 de septiembre de 1977, en presencia de todos los jefes de Estado de América Latina, Jimmy Carter y Omar Torrijos firmaban un tratado en el que se preveía la devolución del canal a los panameños en el año 2000 y un tratado de neutralidad, en el que se disponía que los Estados Unidos y Panamá tendrían la responsabilidad compartida de garantizar la neutralidad y el funcionamiento del mismo. La ceremonia tuvo lugar en la sede de la Organización de Estados Americanos (OEA), poniendo así de manifiesto la voluntad de los distintos protagonistas de dar al acontecimiento un alcance continental.

El asunto fue llevado con prontitud, lo que auguraba relacionas interamericanas favorables. Sin embargo, numerosos países dominados por regímenes autoritarios iban a encontrar motivos de insatisfacción en la nueva orientación tomada por la política exterior de los Estados Unidos hacia América Latina, principalmente en sus dos primeros años, 1977 y 1978.

La primera iniciativa concreta de Carter, anunciada en un discurso en la OEA en abril de 1977, fue el anuncio de la firma por los Estados Unidos de la convención americana sobre los derechos humanos y del tratado de Tlatelolco, que prohibía la presencia de armas nucleares en América Latina. Prometió también a los latinoamericanos, en el mismo discurso, emprender consultas permanentes sobre las delicadas cuestiones comerciales y les pidió que reflexionaran sobre las cuestiones del desarrollo económico.

Pero la preocupación principal de Carter era colaborar con países democráticos, como Costa Rica y, sobre todo, con la Venezuela de Carlos Andrés Pérez con el fin de obligar a las dictaduras militares a respetar los derechos humanos y a establecer calendarios de vuelta hacia la democracia. Así, una de las primeras decisiones de Carter fue modificar el presupuesto elaborado por su predecesor Gerald Ford con el fin de reducir la ayuda económica programada para Argentina y Uruguay. Al mismo tiempo, algunas personalidades, como el vicepresidente Walter Mondale, no dudaban en encontrarse públicamente con dirigentes de la oposición democrática latinoamericana. Carter en persona, en visita a Brasil en abril de 1978, tomó la iniciativa de entrevistarse con seis oponentes declarados del régimen, lo que consideraron los militares como una afrenta y una insoportable injerencia en los asuntos internos del país.

Como signo de protesta, los regímenes autoritarios de Brasil, Argentina, El Salvador y Guatemala decidieron poner fin a los contratos de cooperación militar que los ligaban a los Estados Unidos. En otros países, la asistencia militar fue considerablemente revisada a la baja, casi anulada entre 1976 y 1979. En muchos casos, esta medida se mostró poco eficaz, y las fuerzas armadas latinoamericanas tuvieron que dirigirse a otros proveedores, europeos o israelíes por ejemplo, haciendo perder a la industria estadounidense mercados que les sería difícil recuperar. Peor aún, las instituciones militares latinoamericanas se hicieron más autónomas y los tradicionales medios de presión de los Estados Unidos se vieron debilitados. Así, en 1980, cuando Carter pidió a Argentina que se uniera al embargo aplicado a las ventas de cereales a la Unión Soviética, se enfrentó a un rechazo.

**Disminución de la asistencia militar estadounidense a los regímenes autoritarios
(millones de dólares)**

País	1976	1979
Argentina	34,9	0,0
Bolivia	11,9	6,7
Brasil	31,1	0,0
El Salvador	6,6	0,014
Guatemala	3,6	0,003
Honduras	6,6	2,2
Nicaragua	6,5	0,153
Paraguay	8,8	0,467
Perú	20,9	7,0
Uruguay	17,1	0,0

(*Fuente:* Harold Molineu, *U.S. Policy Toward Latin America. From Regionalism to Globalism,* Westview Press, 1986, p. 139.)

En todos los casos, la retórica referente a los derechos humanos chocó rápidamente con las duras realidades de la defensa de los intereses estadounidenses en el "hemisferio", y la cruzada anunciada sufrió numerosos tropiezos. Así, desde el mes de julio de 1977, el Secretario de Estado asistente para los asuntos interamericanos afirmaba a la vuelta de un viaje a Chile que Pinochet respetaba sus compromisos acerca de los derechos humanos, cuando lo único que había hecho era cambiar el nombre de su funesta policía política. Algunos meses más tarde, los Estados Unidos se oponían con poca fuerza a que el Banco Interamericano de Desarrollo (BID) concediera un préstamo de 24,5 millones de dólares a Chile y otro de 90 millones a El Salvador.

Por otra parte, Carter no dudó en aprobar una ayuda militar por un importe de 2,5 millones de dólares para el dictador nicaragüense Somoza; en la que fue la primera de una serie de decisiones contradictorias muy gravosas para el porvenir de Nicaragua.

En resumidas cuentas, Carter era incapaz de dar prueba de firmeza frente a las diferentes instituciones que seguían concediendo préstamos financieros a las dictaduras.

Diferentes agencias dentro de su propia administración adoptaban además posiciones divergentes que contribuían a desacreditar la política de defensa de los derechos humanos.

La política de promoción de los derechos humanos en América Latina tuvo pues efectos ambiguos, pero al menos consiguió atraer la atención del mundo sobre la crueldad de ciertos regímenes latinoamericanos, que fueron castigados con el ostracismo en la comunidad internacional, mientras que se hacían más resueltos los esfuerzos de los oponentes. De ahí surgió un factor de evolución no despreciable que daría sus frutos posteriormente.

El drama de Carter fue el de ser progresivamente absorbido por una agenda de tratamiento de crisis impuesta por una coyuntura que le resultó incómoda. La degradación de la situación en América Central y en el Caribe le obligó a intentar buscar un equilibrio entre su tendencia a la democratización y la defensa de la estabilidad regional. Sintiéndose moralmente empujadas por Carter, las fuerzas revolucionarias ganaban terreno en Guatemala, El Salvador y sobre todo en Nicaragua. La administración Carter intentaría en vano remplazar las dictaduras por democracias reformistas. Sus tergiversaciones contribuyeron a radicalizar las revoluciones.

Capítulo 6

Las transformaciones políticas y económicas: América Latina hacia la democracia de mercado (1979-1990)

Singulares fueron los años ochenta. Pese a que todos los augurios parecían desfavorables –crisis económica devastadora, decadencia de los regímenes autoritarios, mayor impulso imperialista en los Estados Unidos–, esos años fueron testigos de profundas conmociones que harían que la casi totalidad de los países de América Latina iniciara procesos de transición a la democracia y al libre cambio económico. Pudieron además cerrarse con una euforia tanto más grande cuanto que el desfondamiento del mundo comunista haría desaparecer cualquier alternativa al modelo de democracia de mercado.

El aparente efecto de contagio escondió, sin embargo, diferencias importantes.

América Central registró durante todo el decenio unos desórdenes sin precedentes que se saldarían con la muerte de casi 200.000 personas y con el desplazamiento de otros dos millones. La revolución sandinista en Nicaragua fue el epicentro de la crisis. Sin embargo, en El Salvador y Guatemala se desató la violencia de manera paralela, lo que dejó trágicamente exangües a los países.

Al mismo tiempo, el intento del presidente Reagan de hacer de América Central una apuesta del enfrentamiento Este-Oeste provocó una reacción en algunos países latinoamericanos, que trataron de solucionar la crisis de forma pacífica. Su solidaridad se agrandó y la colaboración entre ellos se institucionalizó.

En otras partes de América Latina, los procesos llamados de transición a la democracia no engendraron violencia alguna. Fueron los militares, desacreditados y deseosos de dejar en manos civiles la gestión de la crisis económica, quienes tomaron, a menudo, la iniciativa en la liberalización de los regímenes. Los modos y los ritmos de los cambios variaron de un país a otro, en función de los intereses que tenían que defender las fuerzas armadas y de las presiones a las que estaban sometidas. Las democratizaciones se limitaron, por lo común, a la organización de elecciones competitivas. La dimensión sustancial de la democracia, y en particular la cuestión de los derechos humanos, dio pie a amplios debates y, en algunos países, a muy controvertidas leyes de amnistía.

La crisis económica, engendrada por la segunda perturbación del petróleo de 1979, devino en 1982 crisis de la deuda cuando México se declaró insolvente. Las respuestas de los nuevos regímenes democráticos se inspiraron en los modelos ortodoxos propugnados por las instituciones financieras internacionales. Algunos países, como Brasil o Perú, pusieron en marcha fórmulas heterodoxas teñidas de populismo y que se saldaron con fracasos espectaculares. América Latina se volvió entonces hacia Chile, cuya experiencia pionera en temas de desreglamentación, privatización y desarrollo de las exportaciones pareció absolutamente ejemplar. Se iniciaron por tanto reformas estructurales a partir de 1986, que asignaban al Estado un papel modesto pero preciso, especialmente en la lucha contra la pobreza.

En efecto, los años ochenta registraron también avances espectaculares y pavorosos de la miseria y de las desigualdades. La "deuda social" a la que las democracias debieron hacer frente demostró ser especialmente gravosa y pareció ser capaz de reducir sus posibilidades de éxito.

1. Crisis en América Central: desencadenamiento y desarrollo

Nicaragua, El Salvador y Guatemala conocieron durante los años ochenta mortíferas guerras civiles que no fueron más que el desenlace de una larga y tumultuosa evolución.

▲ En **Nicaragua**, el terremoto del 23 de diciembre de 1972, que destruyó Managua, supuso una etapa esencial en el crecimiento progresivo de la oposición a la dictadura. Acaparando la ayuda internacional y aprovechándose a ultranza de las operaciones de reconstrucción, la familia Somoza ejerció "una competencia desleal" al sector privado. Éste pasó a la oposición y decidió boicotear la parodia electoral de septiembre de 1974 que llevó al poder a Anastasio Somoza Debayle. En diciembre, la oposición fundaba una Unión Democrática de Liberación (UDEL). El mismo año, el Frente Sandinista de Liberación Nacional (FSLN), en activo desde 1961, realizó una espectacular toma de rehenes que relanzaba de nuevo sus actividades y la Iglesia católica criticaba las exacciones militares. La movilización contra el régimen parecía general, pero durante largo tiempo la oposición siguió dividida por la estrategia que seguir. ¿Sería necesario, como lo preconizaban los Estados Unidos y la UDEL, negociar con Somoza para encontrar una salida a la crisis o, como sostenía el FSLN, acabar con el régimen con el fin de evitar un somocismo sin Somoza? El mismo FSLN estaba dividido en tres tendencias: una "proletaria" que buscaba el apoyo de los obreros, otra partidaria de la "guerra popular prolongada" de tipo castrista y la llamada "insurreccional" o "tercerista", que preconizaba al mismo tiempo operaciones de insurrección y la formación de alianzas más amplias con la oposición antisomocista.

La posibilidad de una solución negociada se desvaneció en enero de 1978 con el asesinato de uno de los principales dirigentes de la oposición, Pedro Joaquín Chamorro, director del periódico de la oposición *La Prensa*. El 5 de julio de 1978, la burguesía antisomocista fundaba el Frente Amplio de Oposición (FAO) y proponía instalar un gobierno provisional y organizar elecciones. Pero el FSLN multiplicaba sus operaciones militares, como la toma del Palacio Nacional el 22 de agosto, mientras que fracasaba un último intento de mediación de la Organización de Estados Americanos. El 16 de marzo, las tres tendencias del FSLN formaban una dirección nacional única, y el 29 se lanzaba la ofensiva final. La dictadura no podía contar con ningún apoyo y su guardia pretoriana estaba más preocupada por su supervivencia que por la suerte que podía correr el régimen. El 17 de julio de 1979 Somoza huía del país, y el 19 el FSLN hacía su entrada triunfal en Managua.

Con la caída del dictador se venía abajo todo un sistema. La complicidad de los principales partidos políticos, las redes de clientela que hacían de la burguesía deudora de la dinastía, la alianza privilegiada con los Estados Unidos, todo era repentina y radicalmente puesto en cuestión. El conjunto de la sociedad nicaragüense acababa de expulsar a Somoza del poder y grande era su voluntad de hacer tabla rasa del pasado.

La Junta de gobierno de reconstrucción nacional, con cinco miembros, que se puso en marcha comprendía representantes de todas las fuerzas políticas partícipes de la lucha contra Somoza. Sin embargo, su programa –confiscación de los bienes de la familia Somoza, eliminación de la Guardia Nacional, nacionalización del sistema bancario y del comercio exterior y reforma agraria–, así como sus objetivos generales –economía mixta, pluralismo político y no alineamiento– eran de clara inspiración sandinista, y rápidamente aparecieron divergencias a la hora de llevarlas a la práctica.

Así, la economía mixta se alcanzaría con la creación de un sector nacionalizado, llamado "área de propiedad del pueblo", que debía coexistir con el sector privado, y un sector mixto. Rápidamente surgieron las diferencias sobre el papel que debía desempeñar el Estado, y a través de él el FSLN, en la vida económica del país. En cambio, el nuevo régimen no abusó de las nacionalizaciones, hasta el punto de que el sector privado conservó un poder indiscutible sobre la economía del país (60% del producto interior bruto en 1980).

El pluralismo político nunca desapareció en los diez años de revolución sandinista, pese a que la cuestión de representación de la burguesía en las instancias gubernamentales provocó rápidamente fricciones. Fuertes por la legitimidad que les daba la victoria militar, los sandinistas se impusieron poco a poco, tanto en el poder ejecutivo (Junta de Gobierno) como en el legislativo (Consejo de Estado, asamblea constituyente de representantes de partidos políticos y de organizaciones populares, sociales, sindicales y patronales del país).

Por último, el no alineamiento fue también objeto de debate, desde que se hiciese patente la oposición de los Estados Unidos, que el régimen buscara apoyos en Cuba y en la Unión Soviética y que ayudara a las fuerzas insurgentes en El Salvador.

Al ir creciendo la oposición, el régimen se endureció y vio la luz una lógica de guerra. La elección de Ronald Reagan en los Estados Unidos y su voluntad declarada de hacer caer a los sandinistas no hicieron más que reavivar los antagonismos. A las dificultades económicas del gobierno se añadieron los enfrentamientos armados con los miembros de la contrarrevolución, apoyados por los Estados Unidos. Las elecciones de 1984, boicoteadas por una parte de la oposición, fueron sin embargo fácilmente ganadas por el candidato del FSLN, Daniel Ortega. Estas elecciones eran la prueba de que la popularidad de los sandinistas no se había visto todavía erosionada.

A partir de 1985, el embargo económico decretado por los Estados Unidos obligó a los sandinistas a orientarse cada vez más hacia los países del Este y posteriormente a adoptar medidas de ajuste económico. El año 1988 fue el punto de inflexión para el régimen sandinista. El 14 de febrero, el gobierno lanzaba una reforma monetaria de gran alcance, acompañada de una retahíla de medidas impopulares. En general, estas medidas de estabilización se saldaron con un fracaso, ya que la inflación alcanzó en 1988 un récord mundial de 36.000%. Pero comprometían a Nicaragua en la vía de "ajustes estructurales" que hasta entonces habían rechazado los sandinistas, para los que la reducción de las desigualdades sociales habían sido el objetivo prioritario. Por otra parte, el 23 de marzo, presionados por la dinámica de las negociaciones de paz regional, el gobierno firmaba el acuerdo de Sapoá con la *contra,* que hacía que el debate en terreno militar pasase al terreno político. Al aceptar la negociación con la *contra,* el FSLN reconocía la existencia de una oposición legítima y renunciaba pues a su pretensión de ser el único representante del pueblo en el marco de una democracia revolucionaria.

Dos años más tarde, el 25 de febrero de 1990, los nicaragüenses sancionaban esta evolución repudiando ostensiblemente a Daniel Ortega en las elecciones presidenciales al elegir a la candidata de una dispar Unión Nacional de Oposición (UNO), Violeta Barros de Chamorro, viuda del dirigente político asesinado en 1978. Al día siguiente de las elecciones, Ortega declaraba que "el cambio de gobierno no significaba el final de la revolución" y que su partido, con más del 40% de los votos y el control de los sindicatos seguiría gobernando "por abajo" con el fin de proteger los logros de la revolución.

Pese a su derrota, los sandinistas ofrecían al país la primera alternancia democrática de su historia. Pero los nicaragüenses pagaron muy cara esta democratización (60.000 muertos entre 1979 y 1990) y la nueva presidenta Violeta Chamorro tenía ante ella un país en ruinas y una inmensa tarea de reconciliación que llevar a cabo.

▲ **A El Salvador** le faltó poco para seguir la misma vía que Nicaragua.

Los militares en el poder desde los años treinta tuvieron que recurrir al fraude en las elecciones presidenciales de 1972 para impedir la llegada al poder de una coalición de oposición llevada por el demócrata-cristiano Napoleón Duarte. Las elecciones legislativas que llegaron después, en 1974 y 1976, y la elección presidencial de 1977 no fueron más que parodias que desacreditaron cualquier proceso electoral, acentuaron la polarización social y legitimaron el recurso a otras formas de participación política. Al mismo tiempo, el gobierno, protegido entre 1977 y 1979 por una "ley de defensa y de garantía de orden público", emprendió una campaña de represión contra toda forma de protesta y contra la Iglesia, lo que mancilló sus relaciones con los Estados Unidos.

La caída del dictador Somoza, el 19 de julio de 1979, fue alentadora para todos los salvadoreños que no veían salida a su crisis más que con la lucha armada. El golpe de estado que llevaron a cabo jóvenes oficiales salvadoreños el 15 de octubre de 1979 fue una medida preventiva destinada a impedir una evolución al estilo nicaragüense. La proclama de los oficiales sediciosos, de tono reformista, se sublevaba contra un gobierno que "había violado los derechos humanos del cuerpo social, había estimulado y tolerado la corrupción de la administración pública y de la justicia, había creado un verdadero desastre económico y social y había desacreditado profundamente al país y a la noble institución armada". Se declararon "firmemente convencidos" de que el "caos económico y social y la violencia" no podían ser atajados más que con "la llegada al poder de un gobierno que garantizase la existencia de un régimen realmente democrático".

El golpe de estado, perpetrado con la ayuda de los Estados Unidos y de la Iglesia, puso en marcha un proceso de democratización del país y suscitó la esperanza de numerosas capas de la población. Sin embargo, ésta se vio pronto truncada. La "Junta Revolucionaria de Gobierno" que se instaló, se encontró con la imposibilidad de imponer su autoridad frente a un ejército que seguía reprimiendo con fuerza cualquier forma de protesta social en aras de la lucha contra el comunismo. La reforma agraria, decretada el 5 de marzo de 1980, la reforma del comercio exterior y la de la banca, previstas sin embargo en la declaración del 15 de octubre, no pudieron ser llevadas a buen puerto en esta situación. Por su lado, las organizaciones revolucionarias rechazaban apoyar lo que calificaban de golpe de estado proamericano. Su violencia hizo eco a la de los escuadrones de la muerte.

Setenta y cinco días después de su formación, la primera Junta de Gobierno era disuelta y una segunda junta se formaba con la participación del Partido Demócrata-Cristiano (PDC) de Napoleón Duarte.

El asesinato, el 24 de marzo de 1980, del arzobispo de San Salvador, Monseñor Romero, abrió un periodo de guerra civil que provocó la muerte de 70.000 personas en diez años. En diciembre, en un intento por encontrar una salida política a la crisis, el ejército nombró a Napoleón Duarte presidente provisional. Pero ya era demasiado tarde. El 11 de octubre de 1980 se había formado el Frente Farabundo Martí para la Liberación Nacional (FMLN), que lanzaba el 10 de enero de 1981 su "ofensiva final" en el momento en que Reagan accedía al poder. La ofensiva se saldó con un fracaso y los diez años posteriores continuaron el ritmo de guerras y elecciones. Si la administración Carter, en el nombre de los derechos humanos, había forzado al ejército a unirse con el PDC y a promulgar una reforma agraria, la administración Reagan se mostró ante todo preocupada por impedir en El Salvador cualquier repetición de la experiencia nicaragüense. Había que impedir la victoria del FMLN y hacer de El Salvador un modelo de democratización.

Las elecciones para una asamblea constituyente del 29 de marzo de 1982 se desarrollaron en este marco, pero no se saldaron con el resultado esperado por los Estados

Unidos. El PDC no obtuvo más que 24 de los 60 escaños de la Asamblea y la oposición de derechas se repartió 36 escaños, de los cuales 10 fueron a parar al partido de extrema derecha Alianza Republicana Nacionalista (ARENA). En 1983, el presidente Reagan se preocupó por hacer votar por el Congreso una asistencia militar mayor a El Salvador, e incitó a los salvadoreños a adelantar la fecha de las elecciones presidenciales. Éstas tuvieron finalmente lugar el 25 de marzo de 1984. Con un apoyo financiero estimado en más de 10 millones de dólares, Duarte venció en la segunda vuelta el 6 de mayo al dirigente de la ARENA, el Mayor D'Aubuisson. La consecuencia más inmediata de esas dos elecciones fue un incremento de la ayuda militar estadounidense y, por tanto, un empeoramiento de la situación de guerra.

El presidente Duarte propuso sin embargo el 8 de octubre de 1984 negociaciones directas con el FMLN. El diálogo que se abrió una semana más tarde en La Palma no condujo a nada tangible, pero los salvadoreños agradecieron la iniciativa de paz de su presidente. Las elecciones del 31 de marzo de 1985 se saldaron con una clara victoria del PDC, que obtuvo 33 de los 60 escaños de la Asamblea, frente a los 13 de ARENA. Todos los poderes constitucionales estaban pues en manos del PDC. No supo utilizarlos para remediar los males del país y sufrió un declive progresivo. En lo económico, así como en lo referente a los progresos de paz, se registró una desviación conservadora. Las medidas impopulares sucedieron a los fracasos en las negociaciones. La corrupción generalizada roía, por ende, la credibilidad del régimen y alejó a Duarte de su sustrato electoral. Empujado por los acuerdos regionales de paz, el diálogo con la guerrilla se retomaba en 1987, pero se suspendió de nuevo. Vigilado de cerca por el ejército y la patronal, Duarte no pudo negociar realmente con la guerrilla. Así, mientras que la ayuda económica estadounidense siguió siendo elevada (sobrepasando el presupuesto del Estado), Duarte no pudo evitar ser sancionado políticamente. En las elecciones legislativas y municipales de marzo de 1988, ARENA obtenía 30 escaños, frente a los 23 del PDC. En un país polarizado y militarizado, el plan norteamericano de ver consolidarse en El Salvador una democracia apoyada en el centro derecha fracasaba. Un año más tarde, el 19 de marzo de 1989, el PDC perdía la presidencia en favor del candidato de ARENA, Alfredo Cristiani, que prometió la "paz antes de fin de año". Dos meses antes de las elecciones, el FMLN había ofrecido participar en ellas bajo ciertas condiciones. Todo ello resultó vano. La lógica del enfrentamiento prevalecía todavía.

A pesar de todo, el 13 de septiembre de 1989 se entabló un diálogo entre el nuevo gobierno y el FMLN en México, y en octubre en Costa Rica, pero sin resultados. El 11 de noviembre de 1989, el FMLN lanzaba entonces su mayor ofensiva en diez años de guerra civil. El ejército aprovechó la ocasión para dedicarse a una inmensa operación de represión y asesinó entre otros a seis prestigiosos profesores jesuitas de la Universidad Centroamericana (UCA). Pese a todo, el diálogo se retomó en 1990. El 4 de abril se firmaba en Ginebra un acuerdo que –novedad singular– preveía la participación de la ONU como mediadora. La nueva situación regional (derrota de los sandinistas en las elecciones de febrero de 1990) y un nuevo pragmatismo tanto por parte del gobierno como del FMLN auguraban el final de la guerra civil.

▲ En **Guatemala**, la guerrilla, en activo desde 1960, no constituía durante los años ochenta una verdadera amenaza para el régimen. El país no dejó por ello de convertirse en el escenario de una violencia extrema.

En 1978, unas elecciones fraudulentas llevaron al poder al general Romero Lucas García. La represión se intensificó. Así, el 31 de enero de 1979, el ejército tomaba brutalmente al asalto la embajada de España, ocupada por indios que protestaban por la confiscación de sus tierras por los militares, operación que se saldó con 39 muertos. La violencia llegó a suponer veinte asesinatos políticos al día en 1980. Aislado de la escena internacional, el régimen parecía en aquel momento poder ser derrocado. La guerrilla siguió el modelo salvadoreño, se unió en un Frente Unido Nacional Patriótico (FUNP) y anunció su victoria para 1982.

Pero el 23 de marzo de 1982, al día siguiente de las elecciones presidenciales, un golpe de estado llevó al poder al general Ríos Montt, marcando así un punto de inflexión en la estrategia militar. Con el fin de proteger el increíble poder económico del ejército, amenazado por la crisis económica y la competencia de las actividades de la burguesía guatemalteca, Ríos Montt necesitaba el apoyo económico internacional. Intentó pues restablecer la credibilidad del régimen, luchó contra la corrupción y sobre todo afirmó querer conducir el país a una transición democrática que, según él, no podía realizarse sin una previa erradicación de toda "subversión". Lanzó pues una gran ofensiva contra la guerrilla que pronto dio sus frutos. La violencia disminuyó en la capital, pero no en las zonas de población india.

La sustitución de Ríos Montt por el general Mejía Víctores el 8 de agosto de 1983 no modificó la nueva estrategia del ejército. Paralelamente a las mortíferas acciones militares (la "operación ceniza" de 1982-1983 pudo ser calificada de etnocidio), esta estrategia seguía la lógica de asociar al concepto de "seguridad nacional" al de "desarrollo" con el fin de aportar soluciones concretas a los problemas económicos y sociales de las poblaciones rurales y de aniquilar cualquier intento de apoyo a la guerrilla. La creación de "patrullas de autodefensa civil" y la concentración de poblaciones rurales en "polos de desarrollo" permitieron una militarización y un estricto control de la sociedad, mientras que la implantación de "coordinaciones interinstitucionales nacionales" buscaba sustituir las estructuras de poder civil local.

El éxito obtenido en la lucha contra la insurrección y la voluntad del ejército de salir de una situación difícil debida al aislamiento internacional, a la crisis económica y a una excesiva politización de la institución, explicaron la apertura democrática que se produjo a partir de 1983. Los militares se dedicaron entonces, según las palabras del ministro de Defensa, a que "la política fuese la continuación de la guerra". El 23 de marzo de 1983 se creó un tribunal supremo electoral que organizaría, el uno de julio de 1984, elecciones a una Asamblea Constituyente. El partido de la Democracia Cristiana (DC) salió vencedor de este escrutinio, y después ganó las elecciones generales de 1985. Vinicio Cerezo fue elegido presidente con más del 68% de los sufragios, y su partido obtuvo 51 de los 100 escaños del Congreso y 52% de las alcaldías.

Pese a este éxito, Cerezo declaró de entrada no poseer más que una ínfima parte del poder. Con el fin de afirmar su autoridad frente a los militares, desplegó entre 1986 y 1990 una gran actividad tanto en materia de política interna como en el marco de las negociaciones de paz regionales. Desde su llegada al poder en enero de 1986, lanzó un "plan de reorganización económica y social" cuyos objetivos a corto plazo eran estabilizar y reorganizar la economía y así establecer las bases de una mejora del nivel de vida de los guatemaltecos.

Por otra parte, pese a la hostilidad de los sectores más duros de las fuerzas armadas, Cerezo abrió un diálogo efímero con la guerrilla, en octubre de 1987 en Madrid. Posteriormente, hubo que esperar al 30 de marzo de 1990 para que fuese firmado en Oslo un acuerdo de base para la búsqueda de la paz por vías políticas, y entretanto se desbarataban tres intentos de golpe de Estado.

2. Crisis en América Central: el desenlace

La crisis centroamericana suscitó numerosos planes de paz.

El primero de ellos tuvo un origen latinoamericano. Desde 1983, México, Venezuela, Colombia y Panamá decidían emprender un esfuerzo de mediación destinado a devolver la paz al istmo centroamericano. Los trabajos de este grupo –llamado Grupo de Contadora– rápidamente recibieron apoyo internacional, exceptuando los Estados Unidos, y a partir de 1985 contaron con el sostén de Argentina, Perú, Brasil y de Uruguay (Grupo de Apoyo). Llegaron a redactar un Acta de Contadora para la paz y la cooperación en América Central, cuya versión definitiva fue entregada a los centroamericanos en septiembre de 1985. El plazo para la firma era junio de 1986. El documento no fue firmado por Nicaragua.

El Grupo de Contadora tenía una visión muy internacional de la crisis centroamericana y temía que se convirtiese en conflicto entre países. Su primer objetivo era pues impedir que se desencadenara una guerra generalizada en todo el istmo. Así, los centroamericanos fueron invitados a respetar los grandes principios del derecho internacional, tales como la renuncia al uso de la fuerza, la no injerencia, la cooperación, etc. Debían promover también un clima de confianza mutua para evitar toda acción susceptible de provocar una ruptura de la paz y sobre todo firmar una serie de compromisos en materia de seguridad (maniobras militares, armamentos, presencia militar extranjera, tráfico de armas, etc.), que constituían la parte más importante del Acta.

El Grupo de Contadora no llevó a cabo en ningún momento un examen de los orígenes internos de las crisis. Se convirtió, *nolens*, *volens*, en un instrumento de mediación muy eficaz, puesto que los conflictos no degeneraron nunca en guerra. Pero el análisis que sostenía los trabajos no podía ser aceptado por las clases dirigentes de América Central. Lo era en cambio para el Nicaragua Sandinista, que veía en él una fuente de reconocimiento internacional.

La segunda iniciativa diplomática de los Estados Unidos seducía a la América Central opuesta al sandinismo. El análisis de la administración Reagan encontraba su primera fuente de inspiración en la aversión del presidente hacia cualquier forma de comunismo y en los trabajos de la comisión nacional bipartita sobre América Central (o comisión Kissinger), convocada en 1983 para estudiar las amenazas que existían en la región para los intereses estadounidenses. Las conclusiones de la comisión sugerían que el origen de la crisis debía buscarse en la pobreza, la injusticia y en regímenes políticos poco inclinados hacia las reformas. Pero la administración Reagan retuvo la idea de que las causas de la desestabilización de las democracias eran la explotación de una situación volátil construida por fuerzas hostiles a los valores occidentales que recibían el apoyo cubano y soviético.

El remedio, propuesto en un plan de paz de abril de 1985, consistía, de forma clara, en intentar eliminar a los sandinistas, ejerciendo sobre ellos una presión militar gracias a la *contra* y obligándoles a organizar elecciones competitivas.

La tercera iniciativa diplomática fue centroamericana. A partir de 1986, se trabajaba en la región en una síntesis de los trabajos del grupo de Contadora y de las propuestas de paz de Ronald Reagan, tomando de los primeros la convicción de que una desmilitarización del istmo era indispensable en la búsqueda de la paz, pero uniéndose a las preocupaciones del segundo sobre la democracia. Las elecciones de los presidentes Cerezo en Guatemala y Arias en Costa Rica y en especial la parálisis de la diplomacia estadounidense consecutiva al escándalo del *Iran-gate* permitieron que esa actividad diplomática se desplegase con éxito.

Reunidos una primera vez en una cumbre en mayo de 1986, los presidentes centroamericanos aprobaban en una segunda cumbre, el 7 de agosto de 1987 en Esquipulas (Guatemala) un "plan para establecer una paz firme y duradera en América Central" propuesto por el costarricense Oscar Arias.

El plan, llamado Plan Arias, hacía el llamamiento a la reconciliación nacional, exhortaba a un alto el fuego en Nicaragua, en El Salvador y en Guatemala, pedía una democratización y elecciones libres, solicitaba el cese de la ayuda extranjera destinada a las fuerzas irregulares y el respeto de las fronteras, recomendaba negociaciones acerca de los procesos de comprobación, animaba a los diferentes gobiernos a tratar el problema de los refugiados, llamaba a la cooperación para el desarrollo y la democracia, anunciaba la creación de una comisión internacional de control y seguimiento y establecía un calendario para la ejecución de las medidas previstas.

Los presidentes centroamericanos adquirieron entonces la costumbre de reunirse regularmente para preparar el desenlace de la crisis.

Las seis cumbres de crisis que tuvieron lugar entre mayo de 1986 y diciembre de 1989 no tuvieron los mismos objetivos.

La primera, convocada por el presidente guatemalteco Vinicio Cerezo, puso de manifiesto la voluntad de este país por salir del aislamiento en el que le habían confinado los militares. Se pronunció a favor del proceso de Contadora y propuso la creación de un parlamento centroamericano para "reafirmar el diálogo, el desarrollo conjunto, la democracia y el pluralismo, como elementos fundamentales para la paz en la zona y para la integración de América Central.

Cumbres centroamericanas

Nº	Fechas	Lugar	Características
1	24-25/mayo/1986	Esquipulas (1) (Guatemala)	Cumbre de introducción
2	6-7/agosto/1987	Esquipulas (2) (Guatemala)	Cumbre del Plan Arias
3	15-16/enero/1988	Alajuela (Costa Rica)	Cumbre del primer balance
4	13-14/febrero/1989	Costa del Sol (El Salvador)	Cumbre sobre las elecciones en Nicaragua
5	5-7/agosto/1989	Tela (Honduras)	Cumbre sobre las elecciones en Nicaragua
6	10-12/diciembre/1989	San Isidro de Coronado (Costa Rica)	Cumbre de urgencia (ofensiva del FMLN)

A este concepto guatemalteco de la crisis y de sus soluciones, inspirado por Contadora y de carácter integracionista, se opuso rápidamente el de Costa Rica.

El presidente Arias consideraba que las sociedades centroamericanas sufrían de una falta de democracia que llevaba a ciertos sectores sociales marginados a buscar canales de expresión en la lucha armada. También invitaba a todas las fuerzas sociales a reanudar el diálogo y a todos los gobiernos a democratizar los regímenes políticos. Pero esta llamada a la democratización de todo el istmo se dirigía principalmente a la Nicaragua sandinista, en la medida en que en 1986 todos los demás países de América Central habían "tenido éxito" en su transición hacia la democracia organizando elecciones honradas, mientras que los sandinistas habían ganado en unas elecciones tachadas de fraudulentas por la administración Reagan y por los sectores conservadores centroamericanos. No se trataba pues de lamentar la falta de democracia de las sociedades centroamericanas, sino de hacer una denuncia de los sandinistas. Se les lanzaba pues un desafío al tiempo que se apostaba por su incapacidad de ganar una elección "limpia".

En definitiva, la salida de la crisis residía en el abandono del poder de los sandinistas. El plan de paz de Arias, que sirvió de hilo conductor de todas las cumbres a partir de 1987, contenía muy entre líneas un verdadero plan de batalla contra la Nicaragua sandinista. Pero su éxito internacional (premio Nobel de la paz para su autor en 1987), su apariencia anodina y la insistencia puesta en la democracia lo hicieron atractivo hasta para los sandinistas, asegurados por su apoyo popular.

La tercera cumbre hizo un balance, negativo, de la aplicación de las disposiciones previstas en el Plan Arias. La cuarta y quinta cumbres estuvieron casi en su totalidad dedicadas a las elecciones nicaragüenses. El presidente Ortega, luchando contra graves dificultades económicas, llegó a la cumbre de Costa del Sol con una propuesta para adelantar las elecciones nueve meses y sus colegas centroamericanos se convirtieron entonces en organizadores y vigilantes del proceso electoral. La sexta cumbre, convocada de urgencia para condenar la ofensiva del FMLN del 11 de noviembre de 1989, fue la última del periodo de crisis. El 25 de febrero de 1990, los sandinistas perdían las elecciones presidenciales y se retiraban del poder sancionando el éxito del plan elaborado por Arias en 1986.

En el aspecto continental, la colaboración entre los ocho países latinoamericanos –Grupo de Contadora y Grupo de apoyo–, así como la de los cinco países de América Central, en un esfuerzo conjunto por regular la crisis, dejó huellas profundas. Los instrumentos de consulta establecidos y las costumbres de trabajo adquiridas durante estos años no se abandonarían una vez que la crisis remitió. Muy al contrario, sirvieron de punto de partida para el importante progreso de integración de América Latina.

Pero esa evolución sólo resultó posible por la armonía democrática que se había instalado en América Latina a lo largo de los años ochenta.

3. El reflujo militar: 13 transiciones hacia la democracia

Cual río inundando todo el continente, la democracia se instalaba en trece países de América Latina entre 1979 y 1990, ignorando tan sólo a Cuba y a México.

Las transiciones a la democracia*

País	Fecha de la transición	Forma de la transición al nuevo régimen	Presidente que inauguró el nuevo régimen
Ecuador	1979	Elección	Jaime Roldós
Perú	1980	Elección	Fernando Belaúnde Terry
El Salvador	1980	Nominación	José Napoleón Duarte
Honduras	1981	Elección	Roberto Suazo Córdova
Bolivia	1982	Elección	Hernán Siles Suazo
Argentina	1983	Elección	Raúl Alfonsín
Brasil	1985	Elección indirecta	José Sarney
Guatemala	1985	Elección	Vinicio Cerezo
Uruguay	1985	Elección	Julio María Sanguinetti
Paraguay	1989	Golpe de estado	Andrés Rodríguez
Chile	1989	Elección	Patricio Aylwin
Panamá	1989	Intervención militar	Guillermo Endara
Nicaragua	1990	Elección	Violeta Barrios de Chamorro

* En este cuadro, las fechas y formas de las transiciones no tienen más que un valor indicativo, tan difíciles son de establecer con precisión los principios de una transición.

Los regímenes entraron en una fase de transición cuando las bases de su apoyo –mezcla de represión y de seducción– que aseguraban su estabilidad empezaron a deshacerse. En muchos casos, ningún acontecimiento espectacular marcó ese cambio. Se trataba más bien de un proceso lento y reversible de desgaste de la popularidad de los regímenes, debida a una menor eficacia económica o a un ínfimo relajamiento de los controles sociales, combinado con un abandono del miedo que inspira una dictadura y a la aparición de una solución de recambio, una alternativa creíble encarnada en una oposición responsable.

▲ Así, en **Chile**, mientras que el régimen autoritario de Pinochet había alcanzado en 1980 su grado más alto de legitimidad, gracias a sus logros económicos, a partir de 1981 ésta se desmoronó. La recesión obligó al gobierno a intervenir masivamente en la economía, especialmente nacionalizando bancos en quiebra, lo que estaba en total discordancia con su filosofía liberal.

En 1983, es decir diez años después del golpe de estado, los chilenos tenían la impresión de que su situación económica era peor que en 1973.

Pérdida de legitimidad del régimen autoritario chileno en 1983

Pregunta: "¿cómo evalúa usted su nivel de vida hoy frente al de 1973?"

Sin cambios:	16,8%
Peor:	65,8%
Mejor:	12,1%
Sin opinión:	5,2%

(*Fuente:* Carlos Huneeus, "From Diarchy to Poyarchy: Prospects for Democracy in Chile", p. 128 en *Comparing New Democracies,* bajo la dirección de Enrique Baloyra, Boulder: Westview Press, 1987.)

Las manifestaciones, caceroladas o protestas que se organizaron entre junio y octubre de 1983 no provocaron sin embargo la caída inmediata del régimen, en la medida en que el general Pinochet supo encontrar la respuesta oportuna a esta protesta. Después de diez años de represión, ésta fue esencialmente política. El 10 de agosto nombraba un dirigente civil conservador, Sergio Onofre Jarpa, al frente del Ministerio del Interior con la misión de abrir un diálogo con la oposición. Pero el 18 de noviembre, una manifestación unitaria de toda la oposición reunía más de medio millón de personas en Santiago. Los chilenos ya no tenían miedo y las fuerzas partidarias afirmaban su existencia.

Esta apertura política no sustituía completamente los métodos represivos. El 6 de noviembre de 1984, Pinochet restableció el estado de sitio levantado desde 1978 y siguió reprimiendo con dureza las protestas. Éstas disminuyeron paulatinamente de intensidad en 1984.

Pinochet consiguió pues retrasar los plazos, pero no colmó su falta de legitimidad. El régimen no podía pretender más que su supervivencia, ya que le faltaba un proyecto. El ejemplo chileno puso de manifiesto que la pérdida de legitimidad de un régimen no implicaba su caída. Sin embargo, la apertura, que se decidió como respuesta al desgaste de los apoyos, era un engranaje difícil de manejar. Pinochet se veía pues compelido a hacer concesiones. Así, levantó el estado de sitio el 6 de enero de 1987, autorizando al mismo tiempo el regreso de ciertos exiliados. Sobre todo, una vez que algunos espacios de participación fueron concedidos a las fuerzas partidarias, éstas pudieron expresarse y presentar una alternativa, que a su vez minaba la poca legitimidad que le quedaba al régimen autoritario.

Pero la dictadura pudo contar con las divisiones de una oposición que tardó en ponerse de acuerdo sobre las modalidades de la transición.

La cuestión de la lucha armada fue así ampliamente discutida en los partidos de la izquierda. En julio de 1987, siete partidos formaron una agrupación, Izquierda Unida (IU), que se fijó como objetivo "la movilización popular y la unión de toda la oposición sin exclusiones para infligir una derrota política al régimen". Poco tiempo después, el Partido Comunista rompía con el Frente Patriótico Manuel Rodríguez (FPMR), que seguía defendiendo una estrategia insurreccional. Por su parte, la oposición de la izquierda moderada y de la democracia cristiana prefirieron, finalmente, luchar en el marco de las instituciones adoptadas en 1980 y esperar al plebiscito previsto para 1988. La oposición tuvo muchas dificultades para unirse frente a tal consulta y el espectro de los partidos era particularmente complejo en 1988, lo que ponía claramente de manifiesto que quince años de dictadura no habían afectado casi a la tradición chilena de multipartidismo.

El 5 de octubre de 1988 se celebró por tanto un referéndum. En él se preguntaba sobre la aceptación de que el mandato de Pinochet se prolongara ocho años, y, en el caso de que ganara el no, sobre la organización, al año siguiente, de elecciones generales. El no triunfó con 54% de los votos. Esta victoria, sin embargo, de los partidos de la oposición en el referéndum no era tan evidente. Frente al fantasma del vacío de poder que esgrimía Pinochet, la oposición tenía que dar muestras de ser constructiva y aunar esfuerzos. Y es que no había que dejar que Pinochet monopolizara el argumento de la estabilidad política. Por ello, la oposición se dividió antes del plebiscito sobre si debía no sólo pedir el voto negativo sino también presentar una candidatura única de recambio y un programa común de gobierno. Acabó renunciando a tal cosa, pero sólo por el momento.

Se inició acto seguido un periodo de negociaciones acerca de las reformas constitucionales. Éstas (limitación del papel del Consejo de Seguridad Nacional, mandato presidencial de cuatro años, etc.) se aprobaron por referéndum el 30 de julio de 1989. Con miras a la elección presidencial, se formó una Concertación para la Democracia, suscrita por 17 partidos de izquierda y de centro, para apoyar la candidatura de Patricio Aylwin y, el 14 de diciembre de 1989, el presidente de la democracia cristiana ganaba las elecciones presidenciales con el 53,8% de los sufragios. El calendario de vuelta a la democracia que propuso Pinochet a los chilenos se extendía durante casi diez años.

▲ En **Uruguay**, el mismo proceso fue mucho más rápido. El 30 de noviembre de 1980, los electores rechazaron en referéndum un proyecto de constitución encaminado a institucionalizar el régimen militar y, el 25 de noviembre de 1984, Julio Sanguinetti era elegido presidente de la república.

En Chile, como en Uruguay, los militares se acabaron plegando a la voluntad popular, reconociendo con ello, aunque tardíamente, su impopularidad. En otros países, como Brasil o Bolivia, intentaron, por medios diversos, aferrarse al poder, manipulando para ello los resultados de las elecciones.

▲ Así, en **Brasil**, la llegada al poder del general Ernesto Geisel en 1974 supuso un giro importante. Geisel y su asesor, el general Golberi, decidieron emprender un proceso de apertura (*distensao*) que respondía fundamentalmente a la preocupación por resolver problemas internos de las fuerzas armadas. Fueran cuales fuesen los motivos, se abrió una caja de Pandora. A partir de entonces, el gobierno iba a dar una de cal y otra de arena, según las circunstancias. Desde 1974, ya para las elecciones legislativas de noviembre, se levantó la censura de prensa, y las elecciones resultaron menos amañadas que de costumbre. Agrupada en el MDB (Movimento Democratico Brasileiro), la oposición logró en las elecciones al senado el 50% de los votos, frente al 34,7% del partido oficial ARENA (Alianza de Renovaçao Nacional). La reacción del gobierno consistió en controlar la labor legislativa e impedir que la oposición siguiera creciendo. En las municipales de 1976, se volvió a un control estricto de la propaganda electoral (Ley Falcao), y la ARENA se hizo con el 83% de las alcaldías y se aseguró así la mayoría en el Colegio Electoral que tenía que elegir al presidente de la república en 1978.

En 1978, se celebraron las terceras elecciones con Geisel. Se trataba, una vez más, de elecciones legislativas y, por vez primera desde 1976, de la elección de los gobernadores por sufragio universal directo. Bajo la presión de los sectores militares más intransigentes, *duros*, volvieron a modificarse las reglas del juego. El Pacote de abril (Decretos de abril de 1977) estipuló que el Presidente nombraría a un tercio de los diputados, que los gobernadores se elegirían por sufragio indirecto y que la propaganda estaría estrictamente regulada.

El ejército demostró estar dividido respecto de la sucesión de Geisel. Éste logró a duras penas imponer al general Figueiredo contra la opinión de los más duros.

Figueiredo prosiguió la política de concesiones limitadas de su predecesor. Golberi siguió de asesor del presidente y procuró favorecer la aparición de una oposición moderada, a fin de evitar que las elecciones no se transformasen en un enfrentamiento y para disponer de una solución de recambio. En un importante discurso de mayo de 1980, Golberi propuso una amplia concertación y una transferencia progresiva del poder a civiles "leales" y susceptibles de ser influidos por los militares. A su juicio, la estabilidad política podría lograrse en un sistema liberalizado con un multipartidismo débil dominado por una coalición progubernamental. Buen maniobrero, logró que se rompiera el MDB. Surgió entonces una oposición "leal", el PP (Partido Popular), y una "desleal", el PMDB (Partido do Movimento Democratico Brasileiro). La ARENA se transformó también en el PDS (Partido Democratico Social). Por lo demás, a raíz del segundo choque petrolero de 1979, cundió la idea de que una política económica eficaz requería una liberalización política, ya que necesitaba que hubiera paz social.

Sin embargo, desde 1981, el plan de Golberi resultó ineficaz, al no tener presente la vitalidad de la oposición democrática y la de los *duros*. La oposición de extrema derecha se desquició, desencadenando una ola de terror. Golberi aconsejó a Figueiredo firmeza con los militares, pero él mismo fue cesado en agosto de 1981. El poder logró así calmar a los *duros* pero sin controlar realmente la situación. Al aproximarse las elecciones de noviembre de 1982, los militares temían que hubiera una vasta alianza de la oposición. Una vez más se cambiaron las reglas del juego (Pacote de Novembre, noviembre de 1981). Se mantuvo la elección directa de los gobernadores, pero las alianzas entre partidos quedaron sin más prohibidas, lo mismo que el entrecruzamiento de listas. El PP decidió entonces integrarse en el PMDB, condenando con ello al fracaso la estrategia de Golberi.

Como consecuencia de esas elecciones, las fuerzas armadas no pudieron impedir que se creara una nueva situación política por tres razones. El PMDB, por lo pronto, se hizo con los puestos de gobernador de los cuatro Estados más importantes (São Paulo, Minas Gerais, Rio de Janeiro y Paraná), lo que reforzó mucho a la oposición. El gobierno se vio también obligado en el Congreso, donde la oposición era mayoritaria. Por último, algunos gobernadores del PDS, partido que se convirtió en el del Nordeste, elegidos por sufragio universal directo, adquirieron mayor independencia respecto del poder central.

En 1983, la crisis económica alcanzó un máximo, en buena parte por causa de una política económica vacilante, y las fuerzas armadas estaban desacreditadas. La oposición no podía, con todo, capitalizar el descontento popular, ya que no lograba que se establecieran unas reglas del juego justas y duraderas. La erosión progresiva del régimen no se traducía en un aumento proporcional de la fuerza política de la oposición, ya que los gobernadores que pertenecían a esta ultima tenían que reprimir los movimientos sociales que se producían en sus estados.

Cuando Figueiredo tuvo que nombrar a su sucesor, las fuerzas armadas estaban divididas y se encontraban frente a una enorme movilización popular con el lema "Diretas, Já!" ("¡Elecciones directas ya!").

La apertura acabó logrando su finalidad gracias a la convergencia de los dos movimientos paralelos de oposición. Por un lado, los sectores moderados del PMDB, bajo la dirección de Tancredo Neves, pudieron convencer a la izquierda del partido para que compitiera con el candidato oficial en el colegio electoral. Por el otro, en el seno del PDS, su presidente, José Sarney, junto con otros, formó el PFL (Partido da Frente Liberal), que rechazó al candidato propuesto por Figueiredo. El PFL y el PMDB se pusieron de acuerdo y formaron la AD (Aliança Democratica), para sostener la candidatura del tándem Neves-Sarney. Los *duros* profirieron entonces amenazas, lo que obligó a Neves a ofrecer garantías de que, en caso de victoria, no habría revanchismo. Finalmente, los militares admitieron la posibilidad de una victoria de Neves y, el 5 de enero de 1985, éste ganó por amplio margen (480 votos frente a 180).

El proceso de apertura iniciado para remediar los desequilibrios internos del régimen quedó así rápidamente fuera del control de sus promotores. Esta pérdida de control no fue total ya que, a fin de cuentas, llegó al poder un civil dentro del marco fijado por las fuerzas armadas (y no habría elecciones directas antes de 1989), que era, además, el presidente del partido oficial de los militares (el PDS).

▲ En **Bolivia**, también los militares se mostraron reacios a reconocer su derrota en las urnas.

Tras las elecciones de julio de 1978 y los dos golpes de estado que siguieron, un nuevo escrutinio, el 29 de junio de 1979, no tuvo como resultado, como los anteriores, un claro vencedor. Siles (35,9%) llegó en cabeza delante de Paz (35,8%) y de Bánzer (14%), pero sin disponer de mayoría absoluta. El parlamento, que, con arreglo a la constitución, debía resolver en tales casos, demostró ser incapaz de elegir entre Siles y Paz, y el presidente del senado ocupó el puesto, interinamente, durante un año.

Las maniobras políticos y los complots de todo tipo se multiplicaron entonces con miras a preparar la siguiente cita electoral. Al mismo tiempo, se desvelaron en el parlamento acusaciones respecto de la corrupción del ejército. En noviembre de 1979, éste derrocó al presidente y organizó la disolución del Congreso. Pero, tras 16 días de régimen militar y 200 muertos, los generales devolvieron el poder a los civiles, y la presidenta del Congreso, Lydia Gueiler, se convirtió en presidenta de la república (la primera y única mujer presidente en la historia de ese país).

El 29 de junio de 1980 se celebró un tercer y último intento de elecciones. El resultado fue de nuevo ambiguo. Siles triunfó con 39% de los sufragios, frente al 20% de Paz y el 17% de Bánzer. Sin embargo, el Congreso, al que se acudió de nuevo, no tuvo tiempo para decidirse. El 17 de julio de 1980, un golpe de estado llevó al poder al general García Meza e inauguró un periodo turbio de dos años. Finalmente, el 5 de octubre de 1982, los militares decidían retirarse y Hernán Siles Suazo fue designado presidente de la república por el Congreso.

▲ En **Paraguay**, los militares ni siquiera se preocuparon en esperar a una cita electoral para organizar la transición. En ese país, el general Stroessner se había hecho reelegir seis veces desde su acceso al poder en 1954. El 3 de febrero de 1989, el general Andrés Rodríguez puso fin a la larga dictadura de Stroessner y, el 1 de mayo, se hizo elegir presidente de la república.

A decir verdad, el caso de Paraguay fue excepcional. En otros países, los militares no se limitaron a intentar manipular las disputas electorales. Envolvieron su retirada de garantías constitucionales.

▲ En **Honduras**, por ejemplo, los militares en el poder organizaron elecciones para una asamblea constituyente el 20 de abril de 1980, no sin haber tomado la precaución de prohibir al Partido Social-Cristiano y al Partido Comunista e intentar reanimar su alianza con el Partido Nacional. Para sorpresa general, en unas elecciones relativamente justas, la tasa de abstención sólo fue del 20%, y el Partido Liberal triunfó claramente, lo que expresaba un claro rechazo al régimen militar y a su alianza tradicional con el Partido Nacional. Se fijaron entonces elecciones presidenciales para el 29 de noviembre de 1981, pero, hasta entonces, dado el agravamiento de las tensiones en las fronteras nicaragüense y salvadoreña, el general Paz García siguió siendo presidente interino y los militares controlaron los ministerios de Defensa, Economía y Planificación. Un mes antes de las elecciones presidenciales, los dos principales protagonistas, Suazo, del Partido Liberal, y Zúñiga, del Partido Nacional, se comprometieron a que el ejército siguiese controlando, tras las elecciones, todos los aspectos de la seguridad nacional, a que tuviese derecho de veto sobre los nombramientos gubernamentales y a que no se abriese ninguna investigación sobre la corrupción del ejército. Por su parte, el ejército se comprometió a respetar el veredicto de las urnas.

Antes incluso de que el nuevo presidente pudiese inaugurar una nueva era de régimen civil, el ejército hondureño tomó nuevas precauciones. La constitución promulgada el 11 de enero de 1982 dio a los militares garantías de estar protegidos ante las fluctuaciones políticas. Estipulaba en efecto en su artículo 279 que el jefe del estado mayor de los ejércitos sería nombrado por un periodo de cinco años (esto es, un año más que el del mandato presidencial) y que su nombramiento sería revocable por el Congreso por un voto mayoritario de dos tercios.

Desde el punto de vista legal, el ejército era intocable. Con todo, al contrario que los ejércitos argentino o guatemalteco, el ejército hondureño desempeñó con celo su papel de protector de la constitución. Así, en 1985 la sucesión de Suazo llevó al país a una crisis que el ejército supo resolver con autoridad.

▲ En **Argentina**, la cuestión de la impunidad de los militares fue más grave debido a las atrocidades cometidas durante la "guerra sucia". Las fuerzas armadas, totalmente desacreditadas por la debacle económica, fueron por añadidura humilladas por el episodio de la guerra de las Malvinas (marzo-junio de 1982), en la que su intento de movilización patriótica, en una operación destinada a tomar por la fuerza un archipiélago de 2.000 habitantes ocupado por los británicos desde 1832, se saldó con un fiasco. El presidente Galtieri fue sustituido entonces por el general Bignone, que prometió una vuelta al orden democrático, pero las fuerzas armadas no estaban en situación de controlar el proceso de devolución del poder a los civiles.

Elegido el 30 de octubre de 1983 por mayoría absoluta, Raúl Alfonsín gozaba de una popularidad que le permitió, durante los primeros años de su mandato, cualquier audacia. Adoptó sin embargo una actitud razonable frente a los militares, optando decir la verdad sobre la "guerra sucia" y hacer justicia, sin espíritu de venganza y sin atacar a la institución militar. Deseaba que los antiguos dirigentes de las tres Juntas fuesen severamente juzgados pero que se fuese indulgente con los ejecutores. Pretendía dejar actuar a la justicia militar en las primeras inculpaciones mientras que la justicia civil no intervendría más que en segunda instancia. Así, con el fin de evitar cualquier demagogia a la que se hubiese obligatoriamente plegado una comisión parlamentaria, creó una Comisión Nacional para la Desaparición de Personas (CONADEP) y confió su dirección al escritor Ernesto Sábato.

Esta prudencia relativa no fue recompensada. Los militares argentinos, por medio del Consejo Superior de las fuerzas armadas, estimaron que las medidas represivas tomadas entre 1976 y 1983 no estaban teñidas de irregularidades. Según ellos, se debían situar en el contexto de una situación de violencia y de subversión y no constituían más que medios de defensa del orden y de los valores occidentales y cristianos. El 25 de septiembre de 1984, el Consejo Superior de las fuerzas armadas se declaraba pues incompetente para juzgar actos de represión. Tres meses más tarde, el 27 de diciembre, el Tribunal Supremo, la instancia más elevada en materia judicial, reconocía en su lugar la competencia del Tribunal Federal para juzgar a los dirigentes de las Juntas. El 22 de abril de 1985 se abría pues el proceso a nueve jefes militares acusados de haber cometido 711 casos de violación de derechos humanos. Éste "proceso del siglo" se terminó tres meses y medio más tarde con la condena del general Videla (presidente de 1976 a 1981) a cadena perpetua y de Viola (presidente en 1981) a una pena de 17 años de cárcel.

Para los militares de menor rango, más de 3.000, mencionados en el informe final de la CONADEP y responsables de la desaparición de más de 9.000 personas, el recurso a la noción de "deber de obediencia" restringía de forma considerable la amplitud del proceso. Sólo debían ser juzgados los oficiales que había tomado iniciativas. Los demás no habían hecho más que seguir las ordenes "legítimas", aunque éstas fuesen difusas –había que "acabar con la represión"–, lo que dejaba pues un amplio margen de interpretación sobre los medios que emplear.

A partir de 1986, el gobierno se mostró preocupado por reducir el número de procesos y el número de acusados. Es cierto que, en esos momentos, Alfonsín se debatía entre inextricables dificultades económicas y no deseaba alimentar el resentimiento de los militares.

El 2 de diciembre de 1986, el general Camps, antiguo jefe de policía de la provincia de Buenos Aires, era condenado a 25 años de cárcel. Con motivo de éste proceso, el Tribunal Federal interpretaba en un sentido amplio el concepto de "deber de obediencia", afirmando que la obediencia no debía ser "ciega" y que el subordinado debía mantener su capacidad de juicio sobre el acto acometido.

Pero el 5 de diciembre de 1986, Alfonsín, a punto de celebrar su tercer aniversario en el poder, declaraba que el momento de la reconciliación entre civiles y militares había llegado por fin. El 23 de diciembre se establecía una ley que fijaba un plazo de dos meses para presentar quejas contra las exacciones cometidas entre 1976 y 1983. Calificada de *punto final* por los argentinos, esta ley levantó las protestas de las familias de los desaparecidos y de las organizaciones de defensa de los derechos humanos. Por el contrario, fue bien acogida por los militares.

La ley tuvo como consecuencia directa obligar a la Justicia a concentrarse en los casos más importantes y acelerar los procesos. Más de 400 militares y miembros de la policía fueron entonces inculpados de manera expeditiva, lo que provocó el enfurecimiento del ejército. El 16 de abril de 1987, un regimiento de infantería se acuarteló para oponerse a la detención de uno de los suyos, acusado de violación de los derechos humanos. Los militares perseguidos reclamaban una amnistía general. La rebelión era acallada tres días más tarde, puesto que el presidente Alfonsín había conseguido movilizar a los argentinos tras él en la defensa de la democracia. Pero esta "crisis militar de la Semana Santa" tuvo importantes repercusiones. El presidente se vio obligado a negociar con el ejército, principalmente sobre el famoso tema del "deber de obediencia". El 5 de junio de 1987, se adoptaba una ley que estipulaba que sólo eran sujetos ante los tribunales los militares que estaban al frente de un cuerpo armado o de una región militar, así como los que tenían la responsabilidad de una de las fuerzas de seguridad, es decir, un total de unas treinta personas nada más.

Esta ley de amnistía, llamada "ley de obediencia a las ordenes recibidas", puso fin a los procesos. No puso por ello fin al mal humor de los militares, que deseaban especialmente un incremento de su presupuesto (recortado a la mitad por Alfonsín) y que, en el colmo del cinismo, pedían el reconocimiento de su buen hacer histórico de sus operaciones de lucha contra la subversión. El espacio político conseguido en la rebelión de Pascua de 1987 sería utilizado y ampliado. Así, el 15 de enero de 1988, un nuevo motín puso en peligro el régimen.

En América Central y en el Caribe, las democratizaciones tomaron forma de imposición. El Salvador fue así objeto de fuertes presiones por parte de los estadounidenses, que deseaban rodear al Nicaragua sandinista de "vitrinas" democráticas.

▲ En cuanto a **Panamá**, fue simplemente invadido por los estadounidenses, en diciembre de 1989, con motivo de una operación de policía internacional que consistía en derrocar y detener a un dictador para sustituirlo por un presidente supuestamente vencedor en unas elecciones anulada seis meses antes. Desde 1984, el jefe de la Guardia Nacional, Manuel Noriega, era de hecho el verdadero detentor del poder, y los presidentes que le sucedieron no podían afirmar su autoridad.

La protesta, animada por los Estados Unidos, se desarrolló a partir de 1987. Un tribunal de Florida acusó a Noriega de tráfico de drogas y los Estados Unidos lanzaron en 1988 una campaña económica contra Panamá. En mayo de 1989, se organizaron elecciones que dieron la victoria al candidato de la oposición, Guillermo Endara, del partido de la Alianza Democrática de Oposición Civilista (ADOC). Noriega se negó a aceptar la derrota de su candidato de la Coalición de Liberación Nacional (COLINA), Carlos Duque, y el Tribunal Superior Electoral anuló el escrutinio con el fin de evitar una guerra civil. El 15 de diciembre, la Asamblea nacional nombraba a Noriega jefe de Estado con poderes especiales y el día 20 los Estados Unidos emprendían la operación *Just Cause*, para "derrocar a Noriega, restablecer la democracia, proteger a los norteamericanos y defender los tratados acerca del canal". Guillermo Endara prestó juramento en una base militar norteamericana, y el 3 de enero de 1990 Noriega se entregó a la Justicia norteamericana.

La operación *Just Cause* de diciembre de 1989 se inscribió pues en la lógica de la democratización que inspiró la política extranjera de los Estados Unidos de los años ochenta. Se trataba de hacer respetar el resultado de las elecciones, en la medida en la que la usurpación del poder por un dictador, antaño fiel aliado de los Estados Unidos, ponía en peligro sus intereses en la zona del canal.

Por todo el istmo centroamericano, la democracia contribuyó a traer de nuevo una paz relativa, lo que ayudó a hacer popular este tipo de gobierno.

▲ Un país como **Perú** tuvo que hacer frente a la situación contraria, ya que la vuelta a la democracia era concomitante con una explosión de violencia.

El mismo Fernando Belaúnde Terry, presidente entre 1963 y 1968, fue elegido el 18 de mayo de 1980, poniendo de manifiesto una vez más la continuidad del ambiente partidario, pese a todo, a una experiencia autoritaria. La víspera, el Partido Comunista Peruano-Sendero Luminoso (PCP-SL) quemaba las urnas y los registros electorales de un pueblo del departamento andino de Ayacucho. De entrada, la violencia de la guerrilla de Sendero Luminoso y del movimiento revolucionario Tupac Amaru obligó a la democracia a vivir en un estado de represión permanente.

Frente a esta violencia, el presidente Belaúnde Terry tardó en implicar al ejército. No quería darle demasiado poder, al recordar el golpe de estado de 1968 del que había sido víctima. No se decidió a darle carta blanca hasta 1983, lo que se tradujo inmediatamente en un incremento sustancial de las violaciones de los derechos humanos.

El 14 de abril de 1985, el candidato del APRA, Alan García, llegaba en cabeza de las elecciones presidenciales. Declarado ganador el 1 de junio, juró su cargo el 28 de julio, lo que representaba un auténtico examen para la consolidación democrática. Mientras que Belaúnde Terry encarnaba la continuidad y la elección de 1980 no tenía un carácter fundador, García, con 35 años y primer presidente electo del APRA, representaba un salto a lo desconocido.

La consolidación del régimen democrático bajo García suponía un esfuerzo por su parte de ampliación de su base de apoyo, lo que emprendió al intentar situarse en la línea de las dos tradiciones políticas salientes: el APRA y el régimen militar reformista.

Le resultaba fácil a Alan García hacer suya la tradición aprista. Hombre de palacio, era el secretario particular de Haya de la Torre cuando éste presidía la Asamblea Constituyente (1978-1979), es decir, hasta su muerte. Pero esta etiqueta aprista le perjudicó también un poco en la medida en que este partido tenía la fama, heredada de los años cuarenta, de ser capaz de recurrir a la violencia y al sectarismo. Por esta razón, García intentó minimizar los lazos con el APRA (al tiempo que conservaba el puesto de secretario general), haciendo uso de una retórica nacionalista susceptible de movilizar el conjunto de la ciudadanía.

Del mismo modo, Alan García intentó conciliar los malos y buenos recuerdos legados por el gobierno de Velasco. Su voluntad de reformar el conjunto de las estructuras sociales se inspiró del reformismo militar. Por otra parte, su estilo populista no dejaba de recordar al de Velasco. Ya a su llegada al poder emprendió cierto número de reformas para disminuir el grado de violencia en el país. Pero no se pudo conseguir nada.

Esta incapacidad del régimen para acabar con la violencia fue un serio obstáculo para su consolidación. Numerosos peruanos empezaron a desear un régimen enérgico. Pero al mismo tiempo la solución militar no parecía estar capacitada para curar a Perú de sus males. Los peruanos tenían como ejemplo la situación reinante en Ayacucho. Esta región fue declarada zona de urgencia en 1983 y, de hecho, se encontró bajo gobierno militar, sin que la paz llegara por ello.

> Aquí la solución no es militar, por que si éste fuese el caso, hubiese resuelto el problema en pocos minutos. Si hubiese que destruir Ayacucho, lo haría en media hora. Nos desharíamos del problema. Pero esto no es la solución. Lo que ocurre es que tenemos entre manos seres humanos en pueblos perdidos que gritan su miseria desde hace 160 años y nadie los ha escuchado. Ahora sufrimos las consecuencias.
>
> (*Fuente:* general Adrián Huamán Centeno, comandante de la zona de Ayacucho, 1984, citado por Susan Bourque y Kay Warren en "Democracy Without Peace: the Cultural Politics of Terror in Peru", *Latin American Research Review*, 24 (1), 1989, p. 26.)

En el capítulo de las desventajas en la consolidación democrática de los años ochenta, la crisis económica ocupó sin lugar a dudas el primer lugar.

4. La crisis económica y las reformas estructurales

El desarrollo económico de América Latina se vio brutalmente interrumpido durante los años ochenta, hasta el punto de que la Comisión Económica para América Latina y el Caribe (CEPAL) no dudó en calificar a ese periodo de "decenio perdido". Y, lo que resultaba aún más grave, el nivel de bienestar de los latinoamericanos, el Producto Interior Bruto por habitante, había vuelto en 1989 al nivel que registró en 1977, lo que ponía de manifiesto una involución espectacular, mientras que las desigualdades en la distribución de la renta se habían agravado. Más que una parálisis, se trató por tanto de una clara regresión que obligó a los países a iniciar reformas estructurales.

En algunos casos, como los de Brasil, Ecuador, Uruguay o Costa Rica, el retroceso del Producto Interior Bruto por habitante fue moderado. En Chile y en Colombia, incluso aumentó. Sin embargo, en Argentina, Venezuela o Bolivia, ese retroceso superó el 20%.

Evolución del producto interio bruto por habitante (%)

	1981	1982	1983	1984	1985	1986	1987	1988	1989	1981-1989
América Latina	−1,9	−3,5	−5,0	1,2	1,3	1,4	0,7	−1,5	−1,0	−8,3
Argentina	−8,4	−7,2	1,1	0,9	−5,9	4,4	0,5	−4,4	−6,7	−23,5
Bolivia	−1,7	−6,9	−9,0	−3,0	−2,8	−5,6	−0,6	0,0	−0,4	−26,6
Brasil	−6,5	−1,6	−5,6	2,8	6,1	5,2	1,5	−2,4	0,9	−0,4
Chile	3,5	−14,5	−2,2	4,3	0,7	3,6	3,7	5,3	6,7	9,6
Colombia	0,1	−1,1	−0,2	1,7	1,7	4,9	3,7	1,6	0,9	13,9
Costa Rica	−5,3	−10,0	−0,3	4,8	−2,1	2,4	2,5	0,1	2,3	−6,1
Ecuador	0,9	−1,7	−3,8	2,0	2,1	0,7	−11,5	14,1	−2,0	−1,1
Guatemala	−1,8	−6,1	−5,4	−2,8	−3,3	−2,6	0,7	0,8	0,8	−18,2
Guayana	−2,6	−12,6	−11,7	0,3	−0,8	−1,6	−1,1	−4,6	−3,6	−33,1
Haití	−4,5	−5,1	−1,2	−1,4	−1,5	−0,8	−2,1	−2,1	−1,6	−18,6
Honduras	−2,7	−5,4	−3,6	−1,2	−1,9	1,6	0,7	0,7	−0,7	−12,0
Jamaica	1,2	−1,5	0,4	−2,2	−6,9	1,0	4,1	−1,0	−0,5	−5,8
México	6,1	−3,0	−6,5	1,2	0,2	−6,0	−0,8	−1,1	0,8	−9,2
Nicaragua	2,0	−4,0	1,2	−4,8	−7,3	−4,3	−4,0	−11,1	−6,4	−33,1
Panamá	1,7	2,7	−2,2	−2,6	2,6	1,3	−0,1	−18,2	−2,0	−17,5
Paraguay	5,3	−4,0	−6,0	0,0	0,9	−3,3	1,4	3,6	2,6	0,0
Perú	1,6	−2,3	−14,1	2,1	−0,3	6,2	4,6	−10,9	−12,4	−24,7
Rep. Dominicana	1,5	−1,1	2,5	−2,0	−4,1	0,8	4,7	−0,7	0,7	2,0
El Salvador	−9,6	−6,5	−0,3	1,3	0,5	−1,2	0,8	−0,4	−3,1	−17,4
Uruguay	0,8	−10,6	−6,6	−1,9	−0,4	7,2	5,8	−0,4	−0,1	−7,2
Venezuela	−4,0	−4,0	−8,1	−4,2	−1,0	3,1	−0,5	2,1	−10,8	−2,9

(*Fuente:* CEPAL, *Transformación productiva con equidad*, 1990, p. 22.)

Se combinaron varios factores para hacer que la economía latinoamericana perdiese su dinamismo.

En primer lugar, sus exportaciones se vieron perjudicadas por la caída de las cotizaciones de los principales productos, es decir, los alimentos (harina de soja, azúcar, cacao, café), el algodón, los minerales (plata, estaño, bauxita) y el petróleo. La relación de intercambio disminuyó, con arreglo a las estimaciones de la CEPAL, aproximadamente 25% entre 1981 y 1989, lo que no pudo compensarse con un aumento del volumen de las exportaciones, ni siquiera en el marco regional. De hecho, el comercio intra-regional se redujo durante ese periodo, pese a los esfuerzos de integración que se desplegaron.

Algunos productos de exportación no sufrieron depreciación en el mercado mundial, como el zinc, la soja, algunos productos alimenticios (tabaco, madera, cuero) y del mar (gambas) o las frutas (banano), lo que generó ganancias sustanciales, por ejemplo para Chile.

Al mismo tiempo, las inversiones públicas se contrajeron y el acceso de América Latina al mercado internacional de capitales, que tan fácil había sido en los años setenta, se estrechó.

La industrialización, financiada tradicionalmente con ingresos por exportación y empréstitos, se vio afectada por esa falta de recursos. El grado de industrialización del continente (la parte de la industria en la producción de riqueza) disminuyó, al pasar de 25,2% en 1980 a 23,8% en 1989.

Más que una desindustrialización, lo que registró América Latina fue una reorientación de su aparato industrial. Éste pasó de estar protegido y orientado a la demanda interna a producir para la exportación.

Paralelamente, el parón del crecimiento y la caída de la producción industrial se vieron acompañados de fuertes presiones inflacionistas.

Evolución del índice de precios al consumo (%)

	1981	1982	1983	1984	1985	1986	1987	1988	1989
América Latina	57,6	84,8	130,5	184,7	275,3	64,6	198,7	773,8	1.023,2
Argentina	131,2	209,7	433,7	688,0	385,4	81,9	174,8	387,5	3.731,0
Bolivia	25,2	296,5	328,5	2.177,2	8.170,5	66,0	10,7	21,5	15,7
Brasil	91,2	97,9	179,2	203,3	228,0	58,4	365,4	979,8	1.476,1
Chile	9,5	20,7	23,6	23,0	26,4	17,4	21,5	12,7	21,1
Colombia	27,5	24,1	16,5	18,3	22,3	21,9	24,0	28,2	27,1
Costa Rica	65,1	81,7	10,7	17,3	11,1	15,4	16,4	25,3	13,9
Ecuador	17,9	24,3	52,5	25,1	24,4	27,3	32,5	85,7	59,2
Guatemala	8,7	−2,0	15,4	5,2	31,5	25,7	10,1	12,0	14,5
Haití	16,4	4,9	11,2	5,4	17,4	−11,4	−4,1	8,6	5,9
Honduras	9,2	8,8	7,1	3,7	4,2	3,2	2,7	6,7	10,8
Jamaica	4,8	7,0	16,7	31,2	23,9	10,5	8,1	8,8	16,1
México	28,7	98,8	80,8	59,2	63,7	105,7	159,2	51,7	18,2
Nicaragua	23,2	22,2	35,5	47,3	334,3	747,4	1.347,2	33.602,6	6.727,6
Panamá	4,8	3,7	2,0	09	0,4	0,4	0,9	0,3	0,1
Paraguay	15,0	4,1	14,1	29,8	23,1	241	32,0	16,9	28,7
Perú	72,7	72,9	125,1	111,5	158,3	62,9	114,5	1.722,6	2.948,8
Rep. Dominicana	7,3	7,2	7,7	38,1	28,4	6,5	25,0	57,6	40,5
El Salvador	11,6	13,8	15,5	9,8	30,8	30,3	19,6	18,2	21,2
Uruguay	29,4	20,5	51,5	66,1	83,0	76,4	57,3	69,0	89,9
Venezuela	11,0	7,3	7,0	18,3	5,7	12,3	40,3	35,5	90,0

(*Fuente:* CEPAL, *Transformación productiva con equidad,* 1990, p. 30.)

Por último, la originalidad de la crisis de los años ochenta residió en las muy altas tasas de endeudamiento en todos los países de América Latina. En 1983, la deuda total de América Latina superaba la mitad de su Producto Interior Bruto. Varios factores contribuyeron a tan grave situación.

Mientras el crecimiento se había mantenido artificialmente en los años setenta al sacar provecho de la existencia de una abundante liquidez en el mercado mundial de capitales, el alza de los tipos de interés que auspició en 1981 la administración Reagan, que se contagió luego al mundo entero, provocó un aumento repentino de las cantidades adeudadas. Así, el Libor, el tipo principal que afecta a los empréstitos latinoamericanos, pasó de una media del 8% entre 1970 y 1979 al 16,5% en 1981. Por añadidura, las divisas latinoamericanas estaban fuertemente sobrevaloradas en los años setenta. Cuando se hicieron ajustes (revaluación del 85% en Argentina entre 1977 y 1981), tal cosa provocó un fuerte desajuste en las balanzas comerciales, lo que se compensó con empréstitos.

Los bancos, que habían prestado con exceso a los países latinoamericanos, interrumpieron repentinamente sus créditos cuando los países deudores empezaron a tener dificultades, lo que agravó aún más la situación.

América Latina se encontró en la muy incómoda posición de tener que reembolsar cantidades mayores, cuando sus ingresos por exportación disminuían y cuando no podía obtener más préstamos. La huida de capitales contribuyó a ese fenómeno. Así, en Argentina, salieron con certeza del país, entre 1976 y 1984, 20.000 millones de dólares, para sumar una deuda total de 45.000 millones.

El servicio de la deuda se hizo literalmente insoportable. El mero reembolso de los intereses absorbió una parte creciente de los ingresos por exportación. El continente se hizo exportador neto de capitales y se encontró, como México en 1982, en suspensión de pagos.

Importe del reembolso (%)

Años	Intereses pagados/ ingresos por exportación	Deuda pagada/ ingresos por exportación
1979	17,6	230
1980	20,4	212
1981	28,0	247
1982	41,0	321
1983	36,2	345
1984	35,7	321
1985	35,2	346

(*Fuente:* CEPAL, *Balance preliminar de la economía latinoamericana,* 1987.)

La respuesta de América Latina a esa crisis económica se produjo en tres etapas. Entre 1982 y 1987, se experimentaron, con carácter de urgencia, diferentes métodos de ajuste, ortodoxos y heterodoxos. Después, nació un consenso sobre la necesidad de hacer reformas mucho más profundas, que se iniciaron a partir de 1987, con resultados distintos en función de la celeridad y de la amplitud de los cambios.

El primer esfuerzo de los Estados de América Latina consistió en intentar reducir el gasto público. Algunos países, como México y Venezuela, fueron capaces de reducir en un 20% ese tipo de gasto entre 1982 y 1986. Los salarios en el sector público registraron descensos importantes, sobre todo en Chile y México. Sin embargo, como las fuentes de financiación exterior se habían contraído en gran medida, los gobiernos se vieron en la obligación de financiar los déficit presupuestarios mediante la inflación y los empréstitos.

Las transferencias de capitales (en miles de millones de dólares)

Años	Entrada de capitales	Pago de intereses	Transferencia de capitales
1979	29,1	13,7	15,4
1980	32,0	18,9	13,1
1980	39,8	28,5	11,3
1982	20,1	38,8	−18,7
1983	2,9	34,5	−31,6
1984	10,4	37,3	−26,9
1985	3,0	35,3	−32,3

(*Fuente:* CEPAL, *Balance preliminar de la economía latinoamericana*, 1991.)

La devaluación fue otro instrumento utilizado por todos los países de América Latina para estimular las exportaciones. Entre 1982 y 1987, las monedas latinoamericanas se depreciaron en un 23% de media. Se instauraron además barreras comerciales para equilibrar las balanzas comerciales comprimiendo las importaciones.

En todos los países, esos programas de urgencia tuvieron como principal consecuencia la hiperinflación, que se registró principalmente en Argentina, Bolivia, Brasil, México y Perú.

Tres países, Argentina, Brasil y Perú, destacaron entonces por su método heterodoxo de lucha contra la inflación.

En 1985, el Plan Austral argentino consistió en una congelación general de precios y salarios y en la implantación de un tipo de cambio fijo. La moneda nacional, el peso, fue sustituida por el austral, tras una devaluación del 40%. La inflación pasó del 350% en el primer semestre de 1985 al 20% en el segundo. Sin embargo, en el mes de abril de 1986, el gobierno anunció que algunos precios y salarios se verían ajustados, lo que hizo que el plan perdiese credibilidad.

Brasil adoptó una vía similar. En febrero de 1986, el Presidente Sarney anunció el Plan Cruzado, que incluía una reforma monetaria (el cruzeiro sería sustituido por el cruzado), una congelación de los precios y una liberalización de los salarios. La inflación disminuyó en primera instancia antes de rebrotar hasta niveles superiores a los de antes de la reforma.

Por último, Perú sufrió el mismo infortunio. El programa que se inició desde la llegada al poder del presidente García en agosto de 1985 consistió en un relanzamiento del consumo mediante aumento de salarios, congelación de precios y devaluación del 12%. Al mismo tiempo, se limitaron estrictamente los reembolsos de los intereses de la deuda. La inflación consiguió ser momentáneamente controlada y Perú registró tasas de crecimiento de 9,5% en 1986 y de 6,9% en 1987, antes de que la amplitud del déficit presupuestario provocara un aumento de la inflación.

Tales programas habían sido concebidos como una alternativa a los estrictos remedios prescritos por el Fondo Monetario Internacional (FMI). Su fracaso contribuyó en gran medida a convencer a los gobiernos del carácter inevitable de tales remedios.

La crisis de la deuda provocó, en este sentido, un cambio radical de estado de ánimo en América Latina. El modelo de desarrollo económico en vigor hasta entonces había desembocado en una crisis de un alcance sin precedentes y, lo que es más, una mirada retrospectiva permitía comprobar que no había conseguido reducir las desigualdades y la miseria. El ejemplo de Chile y de Asia, junto con las presiones del Banco Mundial y del FMI, hicieron que se impusiera entonces una nueva concepción del desarrollo económico, sustentada en la competencia exterior, el libre mercado, el rigor presupuestario y, sobre todo, una revisión a la baja del papel de Estado.

La "estrategia de desarrollo favorable al mercado", con arreglo a la expresión del Banco Mundial, consistió a partir de 1987 en un retorno a los grandes equilibrios macroeconómicos, en la apertura de las economías a la competencia internacional, en una revaluación del papel del Estado y en un énfasis particular, al menos en las intenciones declaradas, en las desigualdades sociales.

Los grandes equilibrios macroeconómicos se habían deteriorado seriamente a principios de los años ochenta, y resultó que las reformas que se llevaron a cabo con carácter de urgencia eran ineficaces. Llegaron los tiempos de los ajustes estructurales, las reformas fiscales y las negociaciones sobre la deuda.

Con respecto a la deuda, los países latinoamericanos dudaron entre dos comportamientos. La solidaridad continental, por un lado, permitía tener más peso frente a las instituciones financieras internacionales con ocasión de las negociaciones. Sin embargo, la negociación colectiva demostraba ser un procedimiento ineficaz para resolver el problema de la deuda, ya que en cada país presentaba una situación harto singular. Muchos países optaron por el "sálvese quien pueda". Las instituciones financieras internacionales preferían además tal enfoque "caso por caso".

La primera actitud, que se vio acompañada de algunos esfuerzos diplomáticos (Grupo de Contadora, Grupo de Apoyo, etc.), tendió a aproximar a países distintos de América Latina. Se encontraría su legado a principios de los años noventa con los esfuerzos de integración económica que se desplegaron entonces.

La iniciativa de proponer negociaciones colectivas correspondió al presidente ecuatoriano, Osvaldo Hurtado, quien, en 1983, llamó la atención de la CEPAL sobre las consecuencias sociales y políticas de la crisis de la deuda. Se celebró una primera conferencia, en el marco de la OEA, en septiembre de 1983 en Caracas. Sin embargo, fue en enero de 1984 cuando se celebró la primera conferencia económica latinoamericana, esto es, sin presencia de los Estados Unidos, en la que los latinoamericanos señalaron que la deuda era un problema político, y no sólo económico, cuya responsabilidad recaía tanto a los deudores como a los acreedores.

La conferencia de Cartagena de junio de 1984 fue el origen de una etapa fundamental. Tras ella, el conjunto de la comunidad internacional tomó conciencia de la dimensión social y política del problema de la deuda. Convocada por iniciativa de México, Argentina, Brasil y Colombia (los cuatro mayores deudores latinoamericanos), reunió también a Ecuador, Perú, Venezuela, Bolivia, Chile, República Dominicana y Uruguay. Los cinco puntos principales de la Declaración de Cartagena subrayaban: 1) que la gestión de la deuda debería subordinarse la necesidad de crecimiento económico; 2) que los acreedores y deudores debían repartirse la responsabilidad de la deuda; 3) que los países de América Latina se comprometían a hacer frente a sus compromisos de pagos en concepto de servicio de la deuda; 4) que debía iniciarse un diálogo político entre los países afectados; y 5) que el trato individual debía enmarcarse en un tratamiento colectivo del problema, con miras a evitar que un país, como tal, obtuviera condiciones favorables que no fueran accesibles a otros.

La reivindicación principal de los países de América Latina se refería a la determinación de los tipos de interés, de los que dependía el coste de su deuda. También se insistía por doquier en los costes sociales de los programas de ajuste estructural, que eran percibidos como una amenaza para la democracia. En la tribuna de las Naciones Unidas, con motivo de su cuadragésima sesión, Alan García llegó a afirmar: "Nos enfrentamos a una grave alternativa: la deuda o la democracia". En cuanto a José Sarney, avisaba de que "Brasil no pagará su deuda exterior ni con la recesión ni con el hambre".

En 1985, los Estados Unidos propiciaron una iniciativa, el Plan Baker, que consistía en retomar las prescripciones tradicionales del FMI en cuanto al ajuste, pero añadiendo que los alumnos aventajados se verían recompensados con nuevos préstamos de la banca privada (20.000 millones de dólares a lo largo de tres años) y con fondos del Banco Interamericano de Desarrollo (BID) y del Banco Mundial (9.000 millones de dólares durante tres años). En ningún caso el Plan Baker abordó la dimensión política del problema y en particular la responsabilidad de los Estados Unidos, que mantenían tipos de interés altos y un dólar sobrevalorado para financiar su enorme déficit absorbiendo el ahorro mundial. Con todo, la idea de que el problema de la deuda se resolvería por sí solo gracias a las entradas de capitales privados no podía sino ser decepcionante. De hecho, el Plan Baker tuvo pocos efectos positivos.

A finales de 1987, los latinoamericanos se reunieron de nuevo en Acapulco y señalaron en la declaración final que "la vuelta a un crecimiento económico sostenido, la mejora del nivel de vida de las poblaciones y el reforzamiento de los procesos democráticos en la región" exigían "una solución permanente al problema de la deuda externa". En 1987, la crisis se agravó en América Latina. El crecimiento se desaceleraba (2,6%, frente al 3,7% en 1986), la inflación volvía a aparecer (187%, frente al 64,6% en 1986) y la deuda alcanzaba 410.000 millones de dólares.

La situación mejoró en marzo de 1989 cuando el Secretario estadounidense del Tesoro, Nicholas Brady, anunció que "los bancos deben hacer un esfuerzo para lograr reducciones tanto de la deuda como del servicio de la deuda". Ya desde 1985-1986 los bancos privados habían dejado de ser solidarios y empezaron a vender y comprar deuda. Estimulados por el FMI y los Estados Unidos, los bancos abandonaron entonces las negociaciones dirigidas a reescalonar la deuda para regatear sobre su recompra por los países deudores a precios a menudo irrisorios.

Aunque algunos países, como Costa Rica, sacaron rápido provecho del Plan Brady, para la mayoría de los otros el problema de la deuda seguía sin resolverse a principios de los años noventa.

Además de intentar reducir la carga de la deuda, los países de América Latina se dedicaron igualmente a luchar contra los déficit presupuestarios, llevando a cabo reformas fiscales, privatizando y reduciendo los gastos.

Así, México inició en 1985 una reforma fiscal ejemplar que tenía como objetivos modernizar el sistema de cobro del impuesto directo y la puesta en marcha de un impuesto sobre el valor añadido. Se suprimieron de esa manera un gran número de ventajas fiscales para categorías sociales que habían sido tradicionalmente protegidas por el régimen político. Se alcanzó el equilibrio presupuestario en 1986 y los tipos impositivos fueron rebajados progresivamente para estimular la actividad económica.

De igual manera, el presidente argentino, Menem, llevó a cabo una importante reforma fiscal, al crear un impuesto sobre el valor añadido. Pero, de hecho, Menem no se limitó a tal reforma. Es cierto que la situación económica catastrófica de Argentina en 1989, con una inflación mensual del 200%, exigía severos ajustes. Pero eso no evitó que el equipo de Menem iniciase rápidamente reformas fundamentales que ilustraban adecuadamente tendencias detectadas en todo el continente. Tras llegar al poder en julio de 1989, Menem promulgó antes del final de ese año dos leyes que servirían de base para las reformas durante varios años. La primera, la ley de reforma del Estado, preveía un esfuerzo general de contracción del gasto público y un calendario de privatizaciones que encabezaban las dos principales empresas públicas, la compañía aérea Aerolíneas Argentinas y la telefónica, Entel. La segunda, la ley sobre la urgencia económica, no tuvo de entrada éxito, ya que se agravó la hiperinflación. Con todo, se adoptaron medidas adicionales para liberalizar por completo los mercados, tras un cambio de Ministro de Economía en diciembre de 1989, que, ellas sí, consiguieron amordazar a la inflación.

Por lo demás, el gasto público fue reducido drásticamente. Más de 100.000 funcionarios perdieron su empleo en 1991-1992, lo que redujo la masa salarial del Estado en un 10%, y se transfirieron 200.000 profesores a los presupuestos provinciales.

Finalmente, en marzo de 1991, se adoptó una ley de convertibilidad que vinculaba la paridad de la moneda nacional a la del dólar, sobre la base de un austral a cambio de un dólar, y que suprimía todos los controles de cambio.

Esas reformas fiscales no tuvieron a la postre gran eficacia. La extrema debilidad tradicional de la presión fiscal latinoamericana, debida a la importancia del sector sumergido y a los privilegios de las capas dominantes, no fue combatida. Y, lo que es peor, la presión fiscal llegó a disminuir y las desigualdades se agravaron.

En todas partes, las reformas fiscales se vieron acompañadas de una apertura de los mercados a la competencia internacional, dando la espalda a una larga tradición de proteccionismo. La liberalización de los intercambios se consiguió con una rebaja de los aranceles y de las barreras no arancelarias.

La apertura de las economías latinoamericanas

País	Aranceles		Barreras no arancelarias	
	1985	1991-1992	1985-1987	1991-1992
Argentina	28%	15%	31,9%	8%
Bolivia	20%	8%	25%	0%
Brasil	80%	21,1%	35,3%	10%
Chile	36%	11%	10,1%	0%
Colombia	83%	6,7%	73,2%	1%
Costa Rica	92%	16%	0,8%	0%
Ecuador	50%	18%	59,3%	–
Guatemala	50%	19%	7,4%	6%
México	34%	4%	12,7%	20%
Nicaragua	54%	–	27,8%	–
Paraguay	71,7%	16%	9,9%	0%
Perú	64%	15%	53,4%	0%
Uruguay	32%	12%	14,1%	0%
Venezuela	30%	17%	44,1%	5%

– no disponible.
(*Fuente:* Banco mundial, *Latin America and the Caribbean. A Decade after the Debt Crisis*, 1993, p. 59.)

Tal apertura se vio también beneficiada de una depreciación general de las monedas, que fueron, casi todas, devaluadas.

El resultado fue ambiguo. La repentina exposición a la competencia internacional fue letal para numerosas industrias. La desindustrialización, iniciada con la crisis de la deuda, se vio entonces potenciada por la apertura de las fronteras. Pero, al mismo tiempo, el volumen de las exportaciones aumentó de manera considerable y, sobre todo, su estructura cambió, puesto que la parte de los productos denominados "no tradicionales" se hizo sustancial. Esa diversificación de las exportaciones permitió a muchos países alcanzar nuevas especializaciones y conquistar mercados. Chile, que exportaba madera, productos del mar y fruta, fue un ejemplo temprano, aunque Ecuador, con las gambas, y Colombia, con las flores, adoptaron la misma vía.

> La producción de flores en Colombia se inició en 1965 con la fundación de dos empresas; en los dos años siguientes se sumaron otras ocho firmas que, mediante semillas vegetativas importadas de los Estados Unidos y el asesoramiento de técnicos norteamericanos, lograron exportar a dicho país claveles y crisantemos por un valor de 160 mil dólares. Ello fue posible merced a los estímulos del denominado Plan Vallejo, dictado en esos años con el objeto de fomentar las exportaciones no tradicionales. En 1980, el número de productores había subido a 153 y las exportaciones superaban los 100 millones de dólares. En 1988, se contaba con 200 productores y se había más que duplicado el valor de las exportaciones, lo que había convertido a Colombia en el segundo exportador mundial y el primero entre los proveedores de flores al mercado norteamericano.

> (*Fuente:* CEPAL, *Transformación productiva con equidad*, 1990, p. 72.)

La apertura de los mercados se consiguió, por último, mediante los esfuerzos de integración regional que resurgieron a finales de los años ochenta. En 1990, Bolivia, Colombia, Ecuador, Perú y Venezuela decidieron relanzar el Pacto Andino sobre bases renovadas, veinte años después del fracaso de un primer intento inspirado por la filosofía cepalina de la sustitución de importaciones. En 1991, Argentina, Brasil, Uruguay y Paraguay instauraron el Mercado Común del Sur, llamado Mercosur, al tiempo que los países de América Central revivieron su mercado común (MCCA). En todos los casos, se trataba de liberalizar por completo los intercambios entre los países y de adoptar aranceles comunes en un plazo relativamente corto.

Paralelamente a esa apertura exterior, una de las reformas estructurales más profundas en América Latina fue la desregulación. Se vieron afectados todos los sectores de la economía, incluida la Seguridad Social. Mientras que Chile inició su programa de privatizaciones ya en 1974 y pudo extenderlo en el tiempo, México procedió sin miramiento alguno. Entre 1983 y 1991, casi 1.000 empresas públicas fueron sacadas al mercado, lo que reportó más de 38.000 millones de dólares al Estado. México efectuó así cuatro de las diez (y diez de las quince) mayores ventas latinoamericanas, y en particular las dos primeras, los dos bancos Bancomer y Banamex, que se vendieron por 2.500 y 2.300 millones de dólares, respectivamente.

Sin embargo, esas privatizaciones, espectaculares y a menudo vilipendiadas, no fueron la parte más visible del retroceso del Estado. Las desregulaciones modificaron profundamente sectores como los del transporte y los servicios.

El mercado de trabajo también padeció de las desregulaciones. Así, los salarios mínimos reales, considerados por los neoliberales como un obstáculo para la autorregulación del mercado de trabajo, disminuyeron apreciablemente entre 1984 y 1992. Se eliminaron las protecciones contra los despidos, se incentivaron los contratos temporales, se pusieron en marcha sistemas de seguridad social por capitalización, y las leyes laborales fueron modificadas, lo que hizo más difícil el recurso a la huelga.

El alcance de las desregulación fue tal que algunos países pusieron en peligro sus equilibrios ecológicos.

⚠ La insuficiencia de los mecanismos de mercado: el caso de la gestión de los recursos naturales en Chile

La inserción internacional de la economía chilena depende fuertemente del aprovechamiento de las ventajas comparativas que le brindan sus recursos naturales, incluida la minería, la explotación de productos del mar y la explotación de recursos forestales. Con el argumento de optimizar la asignación de recursos en estos sectores, se ha confiado en alto grado en los mecanismos de mercado para su desarrollo. Si bien en algunos casos se ha percibido la presencia de externalidades negativas, se les ha restado importancia, o bien se han impuesto regulaciones que, a la postre, no han resultado eficaces, especialmente por la falta de un esquema consistente de fiscalización. En esta conducta ha influido el temor a que cualquier interferencia –por medio de reglamentos o de cobro a los usuarios– se tradujera en una reducción de las exportaciones.

Entre las externalidades aludidas, en el sector minero (la minería del cobre en un gran porcentaje) cobra especial relevancia el problema de la contaminación ambiental, tanto por la vía de gases (dióxido de azufre (SO_2), óxidos de nitrógeno y gases con alto contenido de arsénico), como por fluidos y sólidos. En el caso de la contaminación del aire, en Chile se emite 12,5 veces más dióxido de azufre por unidad de producto que en Estados Unidos, con el agravante que estas emisiones están concentradas geográficamente [...].

En el sector pesquero, si bien existen efectos contaminantes de la producción de harina de pescado, el problema central reside en la sobreexplotación de las distintas variedades [...], el langostino colorado está hoy prácticamente desaparecido [...].

El origen de esta situación está en la ausencia de una reglamentación efectiva que rija la explotación [...].

En la actividad silvícola, los bosques nativos también fueron percibidos como una fuente valiosa de exportaciones, y no se tomó suficientemente en cuenta el irreparable daño de la erosión, la sedimentación o la pérdida de diversidad biológica.

(*Fuente:* CEPAL, *Transformación productiva con equidad*, 1990, p. 141.)

Sobre todo, el alcance de la desregulación fue tan amplio que situó a los Estados ante una contradicción. ¿Cómo luchar contra los efectos sociales devastadores de las políticas de ajuste estructural cuando las transferencias sociales están tan estrictamente limitadas?

5. Frente a los progresos de la miseria y de las desigualdades

Bien es cierto que los países de América Latina no se convirtieron en los más pobres del mundo. Así, el Programa de las Naciones Unidas para el Desarrollo (PNUD) pudo determinar que algunos de ellos disponían incluso de un "desarrollo humano alto".

Sin embargo, el Índice de Desarrollo Humano (IDH) es un indicador global que no ofrece, por consiguiente, información alguna sobre el reparto del bienestar en el seno de la población. Sin embargo, América Latina es el único continente del mundo en el que las categorías más pobres han visto cómo su parte de la riqueza nacional ha disminuido regularmente desde 1950. Tales desigualdades aumentaron, por lo demás, en muchos países durante los años ochenta.

Clasificación de los países de América Latina según su índice de desarrollo humano (IDH)*

País	Esperanza de vida (años)	Tasa de alfabetización (%)	PNB/habitante (en dólares)	Orden en la clasificación mundial
Desarrollo humano alto				
Uruguay	72,2	96	2.620	29
Chile	71,8	93	1.770	36
Costa Rica	74,9	93	1.780	42
Argentina	71,0	95	2.160	43
Venezuela	70,0	88	2.450	44
México	69,7	87	2.010	46
Desarrollo humano medio				
Colombia	68,8	87	1.200	55
Brasil	65,6	81	2540	59
Cuba	75,4	94	–	61
Panamá	72,4	88	1.760	62
Jamaica	73,1	98	1.260	63
Belice	69,5	–	1.720	73
Ecuador	66	86	1.020	77
Paraguay	67,1	90	1.030	78
Perú	63	85	1.010	81
Rep. Dominicana	66,7	83	790	83
Desarrollo humano débil				
El Salvador	64,3	73	1.070	96
Nicaragua	64,8	–	–	97
Guatemala	63,4	55	910	100
Honduras	64,9	73	900	101
Bolivia	54,5	78	620	109
Haití	55,7	53	360	124

*El IDH es un índice compuesto que agrupa la esperanza de vida, los resultados obtenidos en materia de educación y los indicadores de renta.
(*Fuente:* PNUD, *Informe sobre el desarrollo humano 1992,* pp. 142-143.)

Brasil sigue siendo el país más desigual del mundo, y presenta indicadores sociales próximos a los de Portugal en el Estado de Rio Grande do Sul, en el extremo meridional del país, y cercanos a los de Kenia en el de Paráiba, en el noreste.

Las disparidades regionales en los niveles de compleción escolar y de analfabetismo entre el noreste y todas las regiones de Brasil son sorprendentes. Alrededor del 40% de la población del noreste es analfabeta, porcentaje que es de menos del 20% en el resto del país. El número medio de años de escolaridad para el noreste es aproximadamente el 60% del promedio correspondiente a las otras regiones [...]. Como media, los niños del noreste permanecen un 10% menos tiempo en la escuela que los niños des sudeste [...]. El costo por alumno en las escuelas estatales del noreste es un tercio del costo en escuelas similares del sudeste [...]. Estas disparidades regionales parecen indicar que el desigual acceso a los servicios públicos se suma a las dificultades para lograr la integración económica y social entre el noreste y el resto de Brasil. Así, las mejoras en la calidad de la educación pública otorgada a los niños del nordeste deben constituir una prioridad para reducir las disparidades regionales en el país.

(*Fuente:* Banco Interamericano de desarrollo, *Progreso económico y social en América Latina. Informe 1993*, p. 238.)

Coeficiente de Gini de la distribución de la renta

País	Principios de los años 80	Finales de los años 80
Argentina (Buenos Aires)	0,389	0,461
Bolivia (urbano)	0,479	0,515
Brasil	0,574	0,625
Colombia (urbano)	0,578	0,515
Costa Rica	0,451	0,410
Guatemala	0,532	0,528
Honduras	0,528	0,533
Panamá	0,376	0,446
Paraguay	0,450	0,400
Perú	0,427	0,437
Uruguay (urbano)	0,452	0,420
Venezuela	0,512	0,498

(*Fuente:* Banco mundial, *Latin America and the Caribbean. A Decade After the Debt Crisis,* 1993, p. 120.)

El deterioro de la situación económica se tradujo también en un agravamiento del desempleo y del subempleo. Pese a que las estadísticas no sean siempre muy fiables, parece sin embargo que las tasas no han pasado nunca del 20%, ya que la economía informal ha dado empleo a una parte importante de la mano de obra desocupada.

Curiosamente, algunos indicadores sociales siguieron mejorando durante los años ochenta. En particular, ése fue el caso de la esperanza de vida, de la mortalidad infantil y de la nutrición. Pero, de nuevo, los indicadores globales esconden un deterioro para las capas de la población más desfavorecidas. La deficiente enseñanza, especialmente la primaria, supone un hándicap para América Latina. La mayor parte de los países prefirieron durante largo tiempo potenciar la educación superior, dirigida a la elite, en detrimento de los escalones inferiores. Sin embargo, el acceso a la enseñanza es uno de los mejores remedios para la miseria, y las inversiones en recursos humanos se traducen directamente en mejoras de desarrollo.

Todos los países de América Latina se preocuparon del aumento de la miseria durante los años ochenta. Todos ellos estimaron que las democracias no podrían sobrevivir mucho tiempo sobre la base de la exclusión social. Sin embargo, dudaron en cuanto a los métodos que había que utilizar para combatir la pobreza y la indigencia. Incitados por las instituciones de Bretton Woods, orientaron la prioridad de sus esfuerzos hacia la recuperación del crecimiento, pero, influidos al mismo tiempo por la CEPAL, no se resignaron a detraer al Estado de toda función redistributiva.

El Banco Mundial defiende desde 1988 la idea de que el crecimiento es generador de empleos y hace aumentar los salarios, aunque a un ritmo muy lento. Financia por tanto además programas de urgencia dirigidos a aliviar la miseria.

⚠ Tres conceptos del papel del Estado y de los medios de lucha contra la pobreza

Durante muchos años, la aceleración del crecimiento económico se consideraba como el principal vector para la reducción de la pobreza y de las desigualdades. El "buen tipo" de crecimiento –basado en las ventajas comparativas, la creación de empleos y las ganancias de productividad– debía generar salarios en alza y mejores condiciones económicas para los pobres. Un crecimiento mayor no era suficiente, sin embargo, ya que hacen falta muchos años para que se filtre a los más vulnerables y a los segmentos pobres de la sociedad. Esta es la razón por la que numerosas instituciones, como el Banco Mundial, propugnan un enfoque doble con respecto a los recursos humanos –completar un crecimiento acelerado con programas sociales específicos que aporten asistencia a los más necesitados.

(*Fuente:* Banco Mundial, *Latin America and the Caribbean. A Decade After the Debt Crisis*, 1993, p. 119.)

El imperativo de la equidad exige que la transformación productiva esté acompañada de medidas redistributivas [...]. De ahí que será necesario pensar en medidas redistributivas complementarias, entre ellas servicios técnicos, financieros y de comercialización, así como programas masivos de capacitación destinados a microempresarios, trabajadores por cuenta propia y campesinos; reformas de diversos mecanismos de regulación que impiden la formación de microempresas; adecuación de los servicios sociales a las necesidades de los sectores más pobres; fomento de la organización para contribuir a la ayuda mutua y a la adecuada representación de las necesidades de los más desfavorecidos ante el Estado, y aprovechamiento de la potencialidad redistributiva de la política fiscal, tanto del lado de los ingresos como en lo referente a la orientación del gasto público.

(*Fuente:* CEPAL, *Transformación productiva con equidad*, 1990, p. 15.)

▶

► 1. Todos los países de América Latina deben otorgar la misma importancia a la reducción de la pobreza y a la promoción del crecimiento; 2. Todos los gobiernos deben aplicar políticas macroeconómicas de estímulo del crecimiento: 3. Las estrategias contra la pobreza deben insistir en el aumento de la productividad de los pobres y particularmente de las mujeres; 4. Los programas de transferencia de recurso deben orientarse a los más pobres y a los más vulnerables; 5. Los gobiernos deben mejorar la calidad de los programas destinados a los pobres; 6. Los programas destinados a combatir la pobreza y la desigualdad no deben amenazar la estabilidad macroeconómica y deben por tanto financiarse con una combinación de presión fiscal mayor, reasignación de los gastos existentes y ayuda exterior; 7. Las organizaciones internacionales deben poner su potencial financiero, político e intelectual al servicio de los programas nacionales de lucha contra la miseria.

(*Fuente:* Diálogo Interamericano, *Convergence and Community: The Americas in 1993,* 1992, p. XII.)

Los programas de ayuda de urgencia han proliferado en América Latina. Chile, que había iniciado la vía de los ajustes neoliberales, fue naturalmente el primero en recurrir a ese tipo de paliativo. Desde 1975, se puso en marcha el Programa de Empleo Mínimo (PEM), que consistía en ofrecer trabajos de utilidad pública, de baja remuneración, a las víctimas del desempleo. Los destrozos provocados por la crisis de la deuda hicieron que se iniciase en 1982 un segundo programa, denominado de "empleo para los cabezas de familia". Ambos dieron ayuda conjuntamente al 10% de la población activa de la capital.

De igual modo, Bolivia creó en 1986 un Fondo Social de Urgencia y Nicaragua implantó en 1990 un Fondo de Inversión Social de Urgencia. México, que se había visto particularmente afectado por la crisis de la deuda, promulgó un Programa Nacional de Solidaridad (PRONASOL), cuya inspiración era tanto política (deseo del PRI de reconquistar un segmento electoral amenazado) como estrictamente económica. México simbolizó adecuadamente las dificultades a las que había que enfrentarse en la lucha contra la pobreza. Hasta 1990, ese país subvencionaba los precios de algunos artículos de primera necesidad. Así, el precio de las *tortillas*, el alimento básico para todos los mexicanos, era irrisorio, con objeto de no penalizar a las personas pobres, que no se alimentaban de otra cosa. Pero, al proceder de esa manera, se otorgaban inútilmente ventajas fiscales. En 1999, se modificó la estrategia de lucha contra la pobreza. Se inició un programa "Tortilla-solidaridad", que consistía en entregar un kilo de tortillas por día a los 2,3 millones de familias más pobres. De hecho, se trató de un mecanismo de transferencia de recursos, cuya eficacia aún no ha sido evaluada.

Capítulo 7

Fin de siglo en América Latina: éxitos económicos, frustraciones sociales, desengaños políticos (1990-2000)

América Latina registró en los años noventa una recuperación económica que la situó entre las zonas emergentes más prometedoras del planeta, pero siguió siendo vulnerable a las turbulencias financieras internacionales. Desde el punto de vista social, no se repartieron equitativamente los beneficios del crecimiento recobrado, mientras la frustración generada por al aumento continuo de las desigualdades se manifestó en un auge de la violencia vinculada a la delincuencia. En el plano político, la incapacidad de los gobiernos para resolver los problemas sociales, a la que hay que añadir la corrupción, generó un profundo desencanto respecto del funcionamiento de la democracia apenas un decenio después de iniciadas las transiciones. El descontento de los latinoamericanos se expresó en la abstención o el voto de protesta, que llevaron a alternancias frecuentes, que, a su vez, agravaron los problemas de gobernabilidad. En muchos países se registraron pues situaciones de ingobernabilidad, a las que se dio respuesta de dos maneras: desde el punto de vista interno, hemos asistido al surgimiento de líderes neopopulistas (Perú, Venezuela) y a la multiplicación de los chalaneos clientelistas (Brasil); desde el punto de vista externo, se ha relanzado la integración regional, en un intento de crear instrumentos de gestión pública regional. Por último, orgullosa de su estabilidad democrática y de sus éxitos económicos, América Latina ha intentado consolidar su posición en el mundo, negociando en particular con los Estados Unidos y con Europa.

1. La América Latina ganadora: la recuperación económica

América Latina empezó en los años noventa a recoger los frutos de un decenio de ajuste estructural.

La transformación de América Latina ha sido importante en muchos campos, aunque especialmente en la liberalización comercial, las reformas fiscales y las privatizaciones.

La liberalización comercial, iniciada de manera precoz en Chile, se extendió a todo el continente a finales de los años ochenta. En 1995, los derechos de aduana medios alcanzaban el 13,7%, frente al 41,6% diez años antes. Como es natural, la firma de acuerdos de integración (véase más adelante) acentuó esa tendencia hacia la apertura comercial. Igualmente, se fueron eliminando poco a poco los controles o restricciones de cambio en todos los países, lo que contribuyó a dar más fluidez a los intercambios.

La apertura de las economías siguió progresando en la segunda mitad de los años noventa en todos los países, con la excepción de Colombia y Bolivia.

Derechos de aduana medios en 1997 (en porcentaje)*

País	Derechos de aduana	País	Derechos de aduana
Argentina	13,45	México	15,32
Bolivia	9,68	Paraguay	9,47
Brasil	8,93	Perú	13,49
Colombia	15,04	Uruguay	9,97
Chile	10,96	Venezuela	12,02
Ecuador	14,38		

* Cf. c. de la apertura de las economías lationamericanas del cap. 6.
(*Fuente:* ALADI, *Análisis sobre las posibilidades de articulación y convergencia de los acuerdos en el marco de ALADI*, ALADI/Sec/Estudio 109, 1 de abril de 1998, p. 16.)

Desde el punto de vista fiscal, también se registraron amplias reformas en América Latina durante el decenio de los noventa. Las tasas sobre el comercio exterior, propias de las economías rentistas, fueron sustituidas principalmente por impuestos sobre el consumo (impuestos sobre el valor añadido, IVA), aunque, pese a esfuerzos encomiables, América Latina no ha conseguido luchar eficazmente contra el fraude fiscal.

De igual modo, la liberalización financiera ha sido notable en varios países, aunque insuficiente para evitar crisis graves, especialmente en México o en Brasil.

Con todo, ha sido en el terreno de las privatizaciones en el que América Latina ha destacado en los años noventa.

A una primera ola de privatizaciones a principios del decenio (1991-1992) la siguió una segunda (1996-1997), debida sobre todo a operaciones gigantescas en Brasil. Es cierto, sin embargo, que ese país acusaba en este campo un importante retraso, en particular si se lo compara con México, Argentina o Chile.

Según el Banco Interamericano de Desarrollo, las 755 ventas y transferencias al sector privado que se hicieron entre 1988 y 1995 supusieron más de la mitad del valor total de las privatizaciones efectuadas en el mundo en desarrollo.

Valor de las privatizaciones (en millones de dólares)

	1990	1991	1992	1993	1994	1995	1996	1997	Total
Argentina	2.139	1.896	5.312	4.589	1.441	1.340	1.033	969	18.719
Brasil	–	1.564	2.451	2.621	1.972	910	3.752	17.400	30.670
México	3.580	10.716	6.799	2.507	771	–	–	84	24.457
Total*	5.876	16.702	14.886	10.179	8.529	4.281	12.332	24.408	97.193

*Total para el conjunto de América Latina
(*Fuente:* CEPAL, *Estudio económico de América Latina y el Caribe, 1997-1998*, p. 50.)

En 1997 y 1998, el ritmo de las privatizaciones se hizo más lento por las turbulencias financieras (véase más adelante), aunque aquéllas continuaron, en particular en el sector de las telecomunicaciones, acentuando así una tendencia de fondo encaminada a abandonar el modelo desarrollista seguido desde los años treinta.

Tales privatizaciones (sobre todo en el sector energético en Brasil, Argentina y Colombia) han despertado el interés de los inversores extranjeros. De hecho, América Latina atrajo cantidades récord de inversiones directas extranjeras (IDE) en los años noventa. Entre 1990 y 1996, el flujo anual de IDE pasó de 8.000 millones de dólares a 67.000 millones, cifra que superó un máximo histórico de 85.000 millones en 1997. Durante el periodo 1990-1996, América Latina atrajo el 31% de los flujos de inversión dirigidos a países en vías de desarrollo. En 1998, a pesar de la crisis asiática y de las dificultades de Brasil, América Latina consiguió atraer todavía más de 70.000 millones de dólares de IDE.

Brasil y México han sido los países privilegiados por los inversores. El éxito del Mercosur, en particular, ha incitado a las empresas multinacionales a adoptar estrategias regionales de mercados ampliados, en los sectores del automóvil, de la banca o de la distribución de electricidad.

Todas esas reformas han desembocado en resultados aparentemente espectaculares en términos de crecimiento económico y de estabilización.

Indicadores económicos (%)

	1991	1992	1993	1994	1995	1996	1997	1998	1999*
PIB	3,8	3,2	3,8	5,7	1,0	3,6	5,4	2,3	0,1
PIB/hab.	1,9	1,3	2,0	3,9	–0,7	1,9	3,7	0,7	–1,5
Inflación	199	414	877	333	25,8	18,2	10,4	10,3	8,6
Paro	5,8	6,2	6,2	6,3	7,2	7,7	7,3	8,0	9,5

*Datos provisionales
(*Fuente:* CEPAL, *Estudio económico de América Latina y el Caribe, 1998-1999*, agosto 1999; FMI, *World Economic Outlook*, octubre de 1999.)

A lo largo de diez años, el control de la inflación ha sido especialmente notable en varios países, como Argentina, Brasil, Perú o Nicaragua.

Tasas de inflación (1987-1997) (%)

País	1987	1997
Argentina	178,3	−0,1
Bolivia	10,5	3,8
Brasil	337,9	4,1
Chile	22,9	6,3
Colombia	24,7	17,9
Costa Rica	13,6	11,5
Ecuador	30,6	29,9
El Salvador	21,2	2,2
Guatemala	8,5	9,0
Honduras	1,8	15,0
México	143,6	17,6
Nicaragua	1.225,7	8,6
Panamá	1,0	1,8
Paraguay	23,5	5,4
Perú	104,8	7,1
Uruguay	59,9	15,7
Venezuela	36,1	38,2

(*Fuente:* CEPAL.)

Sin embargo, se ponía en cuestión la eficacia de las reformas a finales del siglo. El crecimiento logrado ha resultado, al final, realmente modesto en comparación con los costes sociales provocados por las reformas o respecto de los éxitos asiáticos. Además, el PIB por habitante sólo aumentó un 3,5% en el decenio de los noventa. Finalmente, la apertura de las economías ha tenido efectos perversos. La entrada de capitales ha demostrado ser volátil y no ha impedido un aumento de los déficit presupuestarios.

▲ Diagnóstico del Banco Interamericano de Desarrollo sobre la eficacia de las reformas

Los datos presentados muestran que, sin las reformas estructurales del decenio pasado, la renta por habitante de América Latina habría sido un 12% inferior y que el crecimiento potencial del PIB habría sido un 1,9% inferior al que existe en la actualidad de media en la región. Sin las reformas, la productividad del trabajo y del capital habrían seguido disminuyendo, como fue el caso en los años setenta, y las tasas de inversión se habrían mantenido por debajo del 17% del PIB. Sin embargo, las reformas emprendidas

▶

▶ son insuficientes para volver a las tasas de crecimiento del pasado (en torno al 5%) o para alcanzar las de los países asiáticos (más del 7%). Si mantienen las mismas políticas, los países de la región pueden esperar un crecimiento medio del 3,8%, en parte porque las reformas no han sido culminadas.

Con todo, incluso profundizando en las reformas, la región no hubiese podido alcanzar un crecimiento superior al 5,5%. El obstáculo más importante para el crecimiento futuro reside en el retraso en el campo de la educación, lo que limita a la vez la acumulación de factores y su productividad. Un año suplementario de escolarización de la fuerza de trabajo tendría como resultado un crecimiento del 6,5%. Combinando mejores políticas económicas y un esfuerzo suplementario en materia educativa, la renta per cápita de América Latina podría ser superior en un 20% en un decenio y en un 50% en dos decenios.

(*Fuente:* BID, *Latin America After a Decade of Reforms. Economic and Social Progress. 1997 Report*, pp. 50-51.)

En la segunda mitad de los años noventa, América Latina fue en efecto víctima de las turbulencias financieras internacionales.

Una primera crisis financiera estalló en México el 21 de diciembre de 1994, cuando el país decidió dejar fluctuar libremente su moneda, el peso. Sus efectos se dejaron notar inmediatamente en el mundo entero y muy especialmente en los mercados llamados emergentes.

Tras tomar posesión el 1 de diciembre de 1994, el nuevo presidente, Ernesto Zedillo, descubre (o pretende descubrir) una situación económica catastrófica. Su predecesor, Salinas, había conseguido mantener, parece ser, los indicadores macroeconómicos de forma totalmente artificial, mediante una venta masiva de Bonos del Tesoro y rechazando devaluar la moneda. En el otoño de 1994, resultaba evidente que la amplitud del déficit (7,6% del PIB) hacía necesaria una devaluación de la moneda. Se desató un ataque especulativo en noviembre y se dejó fluctuar el peso el 21 de diciembre. El peso se derrumbó seguidamente de 3,5 unidades por dólar el 19 de diciembre a 5,57 unidades el 4 de enero de 1995.

El 10 de enero, todas las bolsas latinoamericanas se desploman, hasta el punto de que se habla de un "minicrash bursátil": la bolsa de México retrocede un 6,26%, la de São Paulo un 9,8%, la de Buenos Aires un 6,49%, la de Santiago un 3,73% y la de Lima un 8,44%; es el "efecto tequila".

Gracias a una ayuda económica masiva (20.000 millones de dólares procedentes de los Estados Unidos, 17.800 millones del FMI), la caída del peso pudo ser atajada. Sin embargo, la evolución económica de México y de toda América Latina fue caótica a lo largo de todo el año 1995. Los demás países de América Latina sufrieron en efecto las consecuencias de la crisis mexicana, en la medida en que los capitales dieron masiva y repentinamente la espalda al continente. Tal movimiento tuvo, sin embargo, una vida breve y, al final, sólo Argentina y Venezuela registraron una evolución negativa de la producción en 1995. Algunos países, como Perú, Chile y El Salvador, registraron incluso tasas de crecimiento muy altas (el 7,9%, el 7,0% y el 6,5%, respectivamente).

Desde 1995, la volatilidad de los capitales ha sido la norma, lo que ha debilitado a las economías latinoamericanas, que casi no podían contar con su ahorro interior, con la única excepción de Chile.

Tras haber registrado en 1997 la tasa de crecimiento más alta de los últimos 25 años, América Latina fue de nuevo víctima en 1998 y 1999 de turbulencias financieras (crisis asiática y crisis brasileña). La crisis asiática supuso una penalización para las exportaciones latinoamericanas y limitó el crecimiento de 1998 al 2,3%. La crisis brasileña –la devaluación del 40% del real en enero de 1999– arrastró después al continente a la recesión en 1999. Pero las turbulencias financieras no son los únicos factores de ésta. Las fuerzas de la naturaleza no han sido clementes con América Latina. Las consecuencias del fenómeno climático de El Niño (calentamiento del Océano Pacífico) fueron devastadoras para varios países, como Perú o Ecuador, que perdieron en 1998 varios puntos de crecimiento. En América Central, fue el huracán Mitch, a finales de octubre de 1998, el que arrasó los países y especialmente Honduras, que, según su embajador en los Estados Unidos, retrocedió unos treinta años.

En suma, el balance económico de los años noventa resultaba pues decepcionante, medido con el rasero de los sacrificios realizados. Así, el debate en el año 2000 se centraba en el paso a una "segunda generación" de reformas, que incluyen en particular un reforzamiento de las capacidades institucionales del Estado. Tras un periodo de transferencias masivas de activos públicos al sector privado, surgía con insistencia la necesidad de regulación. En Chile, por ejemplo, país pionero en materia de privatizaciones, se han hecho peticiones para crear una autoridad que regule las empresas privadas de electricidad, tras frecuentes apagones provocados por la sequía. A lo largo y ancho del continente, surgió un nuevo consenso respecto de la necesidad de corregir los excesos de un decenio de ajustes que han provocado graves daños sociales.

2. La América Latina excluyente: desigualdades y violencia

Las democracias latinoamericanas han culminado el siglo XX con un amargo balance: las desigualdades y la violencia, dos males tradicionales, han seguido aumentando.

▲ Desde principios de los años noventa, América Latina retomó, como hemos visto, la senda del crecimiento. En seis países (Argentina, Bolivia, Chile, México, Uruguay y Venezuela), tal recuperación, junto con el control de la inflación y políticas sociales por objetivos, permitió reducir los niveles de pobreza. Pero ha habido algunas excepciones, como el caso de Brasil, de manera que, globalmente, la región no ha progresado lo suficiente como para que el conjunto del continente vuelva al nivel que tenía a finales de los años setenta. Entre 1990 y 1994, la proporción de familias pobres en América Latina disminuyó del 41% al 39%, cifra que llegó al 36% a finales del decenio, pero tal proporción había aumentado del 35% al 41% en los años ochenta. América Latina se adentra en el siglo XXI con el lastre de más de 210 millones de pobres.

Distribución de la renta en las zonas urbanas (%)

País	Años	40% más pobres	30% siguientes	20% siguientes	10% más ricos
Argentina	1980	18,0	25,6	26,6	29,8
	1986	16,2	24,1	25,2	34,5
	1992	15,2	25,0	28,2	31,6
	1996	12,9	22,2	28,8	35,9
Brasil	1979	11,7	20,7	28,5	39,1
	1987	9,7	18,1	27,9	44,4
	1990	9,6	19,3	29,4	41,7
	1995	8,4	17,8	26,9	47,0
Chile	1987	12,6	20,6	27,3	39,6
	1990	13,4	21,2	26,2	39,2
	1994	10,3	18,1	25,4	45,8
México	1984	20,1	27,1	27,0	25,8
	1989	16,2	22,0	24,8	36,9
	1992	16,6	22,1	26,5	34,8
	1994	10,2	19,1	27,6	44,4
Uruguay	1981	17,7	24,5	26,6	31,2
	1986	17,3	23,1	27,2	32,4
	1992	21,9	26,2	26,0	25,9
	1995	14,7	24,3	28,6	32,3
Venezuela	1981	20,2	28,5	29,5	21,8
	1986	16,3	26,0	28,8	28,9
	1992	16,4	26,2	29,3	28,1
	1995	13,3	22,9	28,0	35,8

(*Fuentes: Panorama social de América Latina,* 1995, p. 31; BID, *América Latina frente a la desigualdad. Progreso económico y social de América Latina. Informe 1998-1999,* p. 28.)

Algunos países han registrado, sin embargo, resultados espectaculares. Así, en Chile, la proporción de las familias situadas por debajo del umbral de pobreza pasó del 39% al 20% entre 1987 y 1996. Igualmente, en Perú, tal proporción se redujo del 55,1% en 1991 al 49,6% en 1994. Por el contrario, México y los países afectados por el contagio del "efecto tequila", como Argentina, vieron aumentar de nuevo la pobreza en 1995. Por último, algunos países han retrocedido claramente, como ha sido el caso de Venezuela, donde la proporción de familias pobres pasó del 22% en 1981 al 42% en 1994.

En todos los casos, pese a que el crecimiento, junto con las políticas sociales, pareció traducirse en un retroceso de la pobreza (Chile es el país que registró un mayor crecimiento durante ese periodo), no fue suficiente para modificar de forma significativa la estructura de la distribución de la renta. Las desigualdades parecen aumentar en América Latina tanto en periodos de recesión como en periodos de crecimiento, lo que no deja de ser preocupante.

Sólo Uruguay consiguió a principios de los años noventa avanzar hacia una mayor equidad en la distribución de la renta. En los otros países, la parte de la riqueza captada por las categorías más bajas (el 40% más pobre) ha disminuido. Brasil sigue siendo todavía el país de América Latina (y también del mundo, según el PNUD) en el que son más importantes las desigualdades. La suerte de las clases medias (el 30% siguiente) no es más envidiable. En todos los países, excepto Uruguay a principios de los años noventa, ha disminuido la parte de la riqueza nacional que les corresponde.

A esas desigualdades entre capas sociales, se añaden, en algunos países, importantes desigualdades entre regiones. De nuevo Brasil es un caso extremo. La concentración de la riqueza en el triángulo São Paulo-Río de Janeiro-Belo Horizonte es tan importante que a menudo se habla de Brasil como una "Belindia", porque tal triángulo se asemeja a una Bélgica situada en medio de la India.

Distribución geográfica de los recursos en Brasil

Estado	Ingresos por persona ($)	% del PIB
Distrito federal	7.089	2,56
São Paulo	4.666	32,85
Río de Janeiro	4.386	12,26
Paraná	3.674	6,74
Rio Grande do Sul	3.670	7,37
Santa Catarina	3.405	3,44
Matto Grosso de Sul	3.109	1,24
Amazonas	2.888	1,39
Espírito Santo	2.866	1,67
Minas Gerais	2.833	9,81
Goiás	2.441	2,19
Amapá	2.436	0,19
Mato Grosso	2.268	1,08
Acre	2.151	0,2
Pará	2.017	2,28
Roraima	2.009	0,11
Sergipe	1.958	0,66
Bahia	1.839	4,86
Rondonia	1.794	0,49
Rio Grande do Norte	1.789	0,96
Pernambuco	1.603	2,5
Alagoas	1.372	0,77
Ceará	1.287	1,81
Paraiba	1.108	0,78
Maranhao	1.055	1,15
Tocantins	901	0,19
Piauí	838	0,48
Brasil	3.579	100

(*Fuente:* Instituto de Pesquisa Econômica Aplicada (IPEA), en Noticias Aliadas, 23 de junio de 1996.)

Esa "brecha social", que se abre más y más, se ha producido en un contexto de acceso generalizado a los medios de información que equipara las expectativas en materia de consumo. De resultas, se ha registrado una importante frustración entre las capas sociales urbanas medias, sobre todo entre los jóvenes, cuyo bagaje escolar es mayor que el de la generación anterior, pero que se han visto muy afectados por el desempleo. Existe, para esas categorías, un serio problema de integración social, que fue subrayado por la CEPAL en la primera conferencia regional de seguimiento de la Cumbre Mundial sobre el Desarrollo Social (São Paulo, 1997).

América Latina no se quedó con los brazos cruzados ante esas dramáticas evoluciones. En todos los países se han puesto en marcha programas de "solidaridad", que se han saldado con buenos resultados, a lo que ha contribuido también la recuperación del crecimiento. Se han creado en casi todas partes fondos de "inversión social", financiados en buena parte por el Banco Interamericano de Desarrollo (BID) y por el Banco Mundial y dirigidos a proyectos de salud, educación o infraestructuras. No puede negarse que han tenido éxito, pese a que su articulación con las actividades de los ministerios "sociales" ha dejado mucho que desear.

Los dos modelos de política social

	Modelo antiguo	*Modelo nuevo*
Concepto y puesta en marcha	Estado	Pluralidad de actores públicos y privados
Puesta en marcha	Centralizado	Descentralizado
Toma de decisión	Burocrático	Lógica de proyectos por licitación
Financiación	Del Estado	Asociación con los beneficiarios
Financiación	De la oferta	De la demanda
Objetivo	Universalización de la oferta	Universalización de la satisfacción
Criterio de atención	Prioridad a las capas medias	Prioridad a las capas desfavorecidas
Criterio de evaluación	Universalización de la cobertura	Análisis coste/impacto de los proyectos

(*Fuente:* Rolando Franco, "Estado y política social: nuevas tendencias en América Latina", ponencia presentada en el coloquio IHE-AL/CERI, París, 1-2 de junio de 1995.)

Tales programas han reflejado un enfoque renovado de los problemas sociales. La idea en virtud de la cual los progresos de equidad son necesarios para el desarrollo económico se ha impuesto, en los años noventa, tanto en los distintos países de América Latina como en las instituciones internacionales, como la CEPAL, claro está, pero también el BID, el Banco Mundial o el FMI. Se revisaron completamente en los años noventa el contenido de las políticas sociales, las formas de su puesta en marcha y sus objetivos. Se trataba de asociar, según una lógica de colaboración, a diferentes actores, tanto públicos como privados, en la realización de proyectos surgidos de las comunidades más expuestas a la miseria y a la indigencia. La canalización de los recursos hacia las capas desfavorecidas se hizo en detrimento de las capas medias, que habían sido, hasta entonces, las beneficiarias exclusivas, e incluso del resultado de las políticas de educación, sanidad y vivienda en América Latina. Como esas políticas sociales se han financiado con impuestos, se ha llegado a afirmar que en América Latina son los menos pobres quienes ayudan a quienes viven en la miseria.

Ese nuevo concepto de las políticas sociales, sin embargo, alcanzó enseguida sus límites. En términos generales, las democracias latinoamericanas fracasaron en los años noventa en el plano social, lo que generó una gran frustración y alimentó una delincuencia violenta.

▲ Es cierto que América Latina está acostumbrada a la violencia. Pero a la violencia política –como instrumento de gobierno o forma de protesta– que ha caracterizado durante largo tiempo la historia de ese continente y que no ha desaparecido, ha seguido una violencia de origen más social.

En los países que han tenido guerrillas, el auge de la delincuencia violenta ha sido a menudo el efecto perverso de los planes de paz. Por una parte, no todas las armas fueron entregadas, y circulan todavía por los países (se estimaba que había en 1995 más de 300.000 armas en El Salvador, donde el número de muertes violentas durante ese año era mayor que el de la media anual de la guerra civil de 1979-1992). Por otra parte, la desmovilización de los combatientes no se ha producido siempre con normalidad, a falta, por ejemplo, de tierras por repartir (Nicaragua). En otros lugares, la delincuencia es producto de la degradación del tejido social. Las explosiones sociales que han sufrido Venezuela o Argentina a lo largo de todo el decenio y que provocaron a menudo el saqueo de grandes ciudades son ejemplos de los estragos de las políticas de ajuste.

A finales del siglo XX y principios del XXI, América Latina es seguramente el continente más violento del mundo. Algunos países han destacado, como en el caso de Colombia, por tener una tasa anual de homicidios superior a 80 por cada 100.000 habitantes (frente a menos de 5 de media en los países de la OCDE), lo que también se ha dado, aunque en menor medida, en Jamaica, Guatemala, Brasil o México, si bien la ola de delincuencia también se ha registrado en países con fama de "tranquilos", como Costa Rica, donde los delitos violentos aumentaron un 72% entre 1989 y 1993. En otros países, como Uruguay, Argentina o Chile, la percepción de la violencia no guardaba relación alguna con la realidad del fenómeno. Era entonces la delincuencia menor (tirones, robos con efracción, robo de automóviles, etc.), que creció mucho, la que generaba, entre las clases medias, un sentimiento de inseguridad.

En la mayor parte de los países, los delitos han sido perpetrados por hombres jóvenes y en la calle. En efecto, la violencia es esencialmente urbana en América Latina. Así, en Brasil, que sufre sin embargo también una violencia rural, la tasa media de homicidios es del orden de 20 por cada 100.000 habitantes, pero supera 56 en la ciudad de Río de Janeiro. También se ha registrado un aumento de la violencia doméstica contra las mujeres y los niños. De hecho, la violencia es multiforme, de manera que hemos asistido a una generalización y a una banalización de la violencia en el continente.

▲ Costes de la violencia en Colombia y en Perú

Colombia

– la tasa muy alta de homicidios que persiste desde los años setenta ha costado a Colombia alrededor de dos puntos de crecimiento por año;
– el efecto acumulado de las "pérdidas de crecimiento" ocasionados por los crímenes y la violencia es tal que Colombia podría tener un PNB por habitante del orden del 32% superior al que tiene actualmente;
– los gastos asociados con la protección y los costes indirectos vinculados a los crímenes y a la violencia podrían alcanzar el 13% del PNB en Colombia;
– las pérdidas provocadas por los costes directos de los crímenes y de la violencia son 12 veces superiores a los beneficios netos obtenidos por las cinco mayores empresas industriales colombianas.

Perú

– en torno a la mitad de la caída de la renta por habitante que se ha registrado entre 1983 y 1990 puede explicarse por las actividades terroristas;
– el efecto acumulado de las actividades terroristas durante los años ochenta ha provocado una pérdida que representa 20% de los ingresos del Estado.

(*Fuente:* Banco Mundial, "Crime and Violence as Development Issues in Latin America and the Caribbean", Informe presentado en la Conferencia sobre *Urban Crime and Violence*, Río de Janeiro, 2-4 de marzo de 1997, p. 7.)

La violencia tuvo igualmente un coste notable para las democracias latinoamericanas en los años ochenta. En términos estrictamente económicos, la violencia ha generado un clima de "riesgo" disuasivo para las inversiones extranjeras y que ha implicado un gasto público importante. Los casos de Colombia y de Perú, que fueron minuciosamente estudiados por el Banco Mundial, eran particularmente significativos.

Pero la violencia también ha afectado las relaciones sociales. Como se han agravado las diferencias de riqueza, se abrió una brecha social y una lógica de rivalidades, e incluso de odio, se apoderó de ciertos espacios sociales excluidos. Las relaciones sociales verticales y el clientelismo, que durante mucho tiempo imperaron en América Latina, han dado paso, en los grandes centros urbanos, a lo que algunos observadores no dudan en llamar enfrentamientos de clase. Mientras que las capas acomodadas de la población viven en barrios controlados por fuerzas privadas de seguridad, las clases medias se han mostrado partidarias de cualquier solución a su problema de seguridad y las capas marginalizadas son víctimas de la violencia policial.

3. La democracia decepcionante: alternancias, cohabitaciones y pactos

En los años noventa, los latinoamericanos se vieron profundamente decepcionados por la incapacidad de los gobiernos para distribuir más equitativamente los frutos del crecimiento recuperado y para luchar contra la inseguridad. Más allá de los gobiernos, era el régimen democrático, que tantas dificultades tuvo para asentarse a lo largo de todo el siglo XX, el que no resultaba satisfactorio para la población.

Grado de satisfacción con respecto a la democracia (%)

País	Satisfecho o muy satisfecho	Poco satisfecho	Nada satisfecho
Uruguay	52	38	9
Costa Rica	51	35	8
Argentina	34	50	14
Ecuador	34	47	16
Venezuela	30	41	27
Panamá	28	42	29
Perú	28	53	12
Chile	27	54	15
El Salvador	26	41	27
Bolivia	25	58	17
Nicaragua	23	49	23
Paraguay	22	59	19
Brasil	20	46	31
Colombia	16	61	22
Guatemala	16	47	27
México	11	51	33
AMÉRICA LATINA	27	48	20

(*Fuente:* Latinobarómetro, octubre de 1996.)

Por cierto, como indicaban los sondeos, se constataban diferencias importantes entre los países, pero predominaba el desencanto.

▲ Tal frustración se ha traducido en una generalización de un comportamiento electoral dirigido a castigar a los gobiernos establecidos. Las alternancias han sido la regla en los años noventa, pero lo que podría haber sido un indicador de vitalidad de las democracias, tras decenios de continuismo, se convirtió de hecho en un obstáculo para la gobernabilidad de las democracias de los países, puesto que los electores obligaron a menudo a su presidente a "cohabitar" con mayorías adversas en el parlamento. Tal situación se vio favorecida, en algunos países, por la falta de ajuste entre la duración de los mandatos presidenciales y parlamentarios o, lo que viene a ser lo mismo, por la falta de ajuste entre las fechas de las elecciones presidenciales y legislativas, por motivo de la renovación parcial de las cámaras.

Así, Argentina tiene elecciones cada dos años, ya que a las elecciones generales, cada cuatro años, hay que sumar las elecciones intermedias para renovar la mitad del Congreso y la tercera parte del Senado. Resulta evidente que tal frecuencia en las consultas electorales importantes, a las que hay que añadir las elecciones municipales y las que se celebran para gobernadores, no puede sino perturbar la "gobernabilidad" del país al instaurar una atmósfera de campaña permanente. Los partidos políticos no pueden sino verse incitados a desarrollar planteamientos a corto plazo, puesto que se trata de mantener movilizados a los electorados.

En Chile, la duración de seis años del mandato presidencial no se ajusta a la de los diputados (cuatro años). Encontramos una situación análoga en El Salvador, donde el mandato del presidente es de cinco años y el de los diputados de tres, y en México, donde el presidente se elige para seis años y los diputados para tres.

En los demás países, era más bien la debilidad de los partidos lo que planteaba problemas, en la medida en que no consiguen concitar apoyos para reunir mayorías electorales que apoyen a un candidato a presidente. En las elecciones generales, la diferencia entre el resultado de un dirigente en unos comicios presidenciales y el de su partido en las elecciones legislativas ha sido sorprendente en los años noventa y pone claramente de manifiesto la separación entre la lógica "caudillista" de las elecciones presidenciales y la lógica clientelista de las elecciones legislativas.

Por ejemplo, a principios de 1997 había en América Latina más o menos el mismo número de presidentes con respaldo del parlamento que de presidentes obligados a cohabitar con una oposición parlamentaria mayoritaria.

Entre los primeros, que sumaban siete, sólo los presidentes de Guatemala, Honduras, México y Perú podían contar con el respaldo incondicional del parlamento. Porque en Argentina, Colombia y Costa Rica, por razones, por lo demás, diversas, los presidentes tenían conflictos con la mayoría parlamentaria de su partido. Pero, antes de acabar el año 1997, el presidente mexicano engrosaba las filas de los presidentes con cohabitación. El Partido Revolucionario Institucional (PRI), en el poder desde 1929, sufría en julio de 1997 su primera derrota en unas elecciones legislativas. Por su parte, el presidente argentino Carlos Menem perdía la mayoría que tenía con ocasión de las elecciones legislativas parciales de octubre de 1997.

Honduras era una excepción, puesto que el Partido Liberal realizó la hazaña de conservar el poder, con la elección de Carlos Flores a la presidencia en noviembre de 1997. Costa Rica tuvo en 1998 alternancia, pero el vencedor de las elecciones presidenciales, el demócrata-cristiano Miguel Ángel Rodríguez, fue capaz de lograr una mayoría en el parlamento.

En otros siete países, los partidos de los presidentes no eran mayoritarios en 1997 en los Parlamentos. Las consecuencias de tal hecho no eran catastróficas en un país como El Salvador, donde la Alianza Republicana Nacionalista (ARENA, de extrema derecha) disponía de una mayoría relativa y se enfrentaba a una oposición dividida. Ese partido consiguió además mantener la presidencia cuando Flores sucedía a Calderón al ganar a las organizaciones procedentes de la guerrilla.

Por el contrario, las dificultades fueron mucho mayores en su vecino nicaragüense. El país ya había vivido, entre 1990 y 1996, un periodo de cohabitación provocada por las escisiones en la coalición que había llevado a Violeta Chamorro al poder. El Frente Sandinista de Liberación Nacional (FSLN), derrotado en 1990 y de nuevo en 1996, constituyó un grupo parlamentario ineludible, pese a que no es mayoritario. La capacidad de movilización social del FSLN hace que cualquier gobierno de la derecha se vea obligado a negociar con él.

En la República Dominicana, el presidente Fernández, dirigente del minúsculo Partido de la Liberación Dominicana (PLD), tuvo que pelearse con el Congreso para sacar adelante los presupuestos para el año 1997. La renovación de la cámara de diputados en 1998 le reportó alguna que otra satisfacción, pero el Presidente siguió sin contar con el apoyo de más de una tercera parte de los diputados.

Se daba una situación similar de abierta cohabitación en Panamá, donde el presidente Pérez, del Partido Revolucionario Democrático (PRD) sólo disponía de 31 diputados en un congreso de 72 escaños. De forma muy significativa, Mireya Moscoso, viuda del ex-presidente Arnulfo Arias y dirigente del Partido Arnulfista (PA), fue en 1999 la primera mujer elegida para la presidencia de Panamá, aunque no pudo contar con una mayoría en el Congreso, ya que la coalición de partidos que la llevó al poder obtuvo únicamente 24 de los 70 escaños.

Los casos de Uruguay y Venezuela eran aún más espectaculares. El Presidente uruguayo Julio Sanguinetti se enfrentaba a una oposición que contaba con dos tercios del Congreso, lo que le obligaba a dar muestras de gran habilidad. En Venezuela, Rafael Caldera gobernaba solo, al margen de los dos grandes partidos tradicionales (AD y COPEI) y de la izquierda. Esos dos presidentes habían sido elegidos con menos de dos terceras partes de los votos, lo que les ponía en una situación muy poco confortable y dejaba el campo abierto a una oposición sectaria. En Venezuela, la creciente fuerza de Hugo Chávez (véase más adelante) se manifestó en 1999 en una amplia victoria, aunque los partidos tradicionales consiguieron conservar el control del Congreso.

En los Andes, Bolivia y Ecuador también vivieron situaciones de cohabitación. El régimen electoral boliviano, el "presidencialismo parlamentarizado", que estipula que el presidente es elegido en segunda vuelta por el Congreso si ningún candidato obtiene mayoría absoluta en la primera, no propicia que se dé una mayoría sólida en la Cámara. De hecho, el presidente Sánchez de Lozada dispuso sólo de un apoyo parlamentario marginal entre 1993 y 1997. Su sucesor en 1997, el ex-dictador Hugo Bánzer, no gozó de condiciones mejores. En Ecuador, la situación de Abdalá Bucaram tras su elección era delicada y, pese al intento de formar un gobierno de "reconciliación nacional", las fuerzas políticas de la oposición consiguieron destituirle en febrero de 1997. Tras un paréntesis, la elección de Jamil Mahuad suponía la vuelta a la normalidad, pero contaba sólo con 35 de los 120 diputados y su margen de maniobra demostró ser muy estrecho.

Finalmente, había algunos casos límite, como el de Paraguay, donde el presidente Wasmosy debía evitar que alguna deserción consiguiese debilitar a su partido, que contaba con la mitad de los escaños. En cuanto a su sucesor, Cubas, consiguió una mayoría sólida en el Congreso. En Chile y Brasil fueron coaliciones las que llevaron a los presidentes al poder. En el primer caso, la coalición parecía sólida y el presidente Frei, cuyo partido demócrata-cristiano es el más numeroso en el Congreso, nunca tuvo queja alguna del comportamiento de los miembros de la concertación, a pesar de que los apoyos del Senado fueran insuficientes para emprender reformas constitucionales. A raíz de la renovación del Congreso en 1997, Frei perdió algunos escaños, pero mantenía una mayoría suficiente. Por el contrario, en Brasil la coalición de partidos que habían apoyado la candidatura de Cardoso durante su primer mandato (1994-1998) tenía que ser permanentemente renegociada. La victoria de Cardoso en 1998 le permitió mejorar algo sus posiciones en el Congreso, pero no lo suficiente como para poder evitar la laboriosa tarea de tener que negociar permanentemente.

Los presidentes y sus apoyos parlamentarios

País	Elecciones presidenciales	Nombre y resultados del vencedor	Elecciones legislativas	Nombre y resultados del partido del presidente
Argentina	14-5-1995	C. Menem 49,8%	14-5-1995	Partido Justicialista (PJ) 134/257
			26-10-1997	Partido Justicialista (PJ) 119/257
	24-10-1999	F. de la Rua 48,5%	24-10-1999	Alianza (A) 124/257
Bolivia	6-6-1993	G. Sánchez 33,8%	6-6-1993	Movimiento Nacionalista Revolucionario (MNR) 51/130
	1-6-1997	H. Bánzer 22%	1-6-1997	Alianza Democrática Nacional (ADN) 33/130
Brasil	3-10-1994	F. H. Cardoso 54,3%	3-10-1994	Partido Social Demócrata Brasileño (PSDB) 64/513
	3-10-1998	F. H. Cardoso 54,3%	3-10-1998	Partido Social Demócrata Brasileño (PSDB) 99/513

▶

País	Elecciones presidenciales	Nombre y resultados del vencedor	Elecciones legislativas	Nombre y resultados del partido del presidente
Chile	11-12-1993	E. Frei 58%	11-12-1993	Concertación de Partidos Para la Democracia (CPPD) 69/120
			11-12-1997	Concertación de Partidos Para la Democracia (CPPD) 63/120
	12-12-1999/ 16-1-2000	R. Lagos 47,76% y con posterioridad 51,32%		
Colombia	22-5-1994/ 19-6-1994	E. Samper 45,2% y con posterioridad 50,4%	13-3-1994	Partido Liberal (PL) 89/165
	31-5-1998/ 21-6-1998	A. Pastrana 34,3% y con posterioridad 50,39%	8-3-1998	Partido Conservador (PC) 52/161
Costa Rica	6-2-1994	J.M. Figueres 49,5%	6-2-1994	Partido de Liberación Nacional (PLN) 28/57
	1-2-1998	M.A. Rodríguez 46,9%	1-2-1998	Unidad Social Cristiana (PUSC) 27/57
Rep. Dominicana	16-5-1996/ 30-6-1996	L. Fernández 38,8% y con posterioridad 51,2%	16-5-1694	Partido de Liberación Dominicana (PLD) 13/120
			16-5-1998	Partido de Liberación Dominicana (PLD) 49/149
Ecuador	19-5-1996/ 10-8-1996	A. Bucaram 25,5% y con posterioridad 54,3%	16-5-1996	Partido Rodolcista Ecuatoriano (PRE) 19/82
	31-5-1998/ 12-7-1998	J. Mahuad 35,3% y con posterioridad 51,3%	31-5-1998	Democracia Popular (DP) 35/120
El Salvador	20-3-1994/ 24-4-1994	A. Calderón 49,3% y con posterioridad 68,3%	16-5-1997	Alianza Republicana Nacionalista (ARENA) 28/84
	7-3-1999	F. Flores		
Guatemala	12-11-1995/ 7-1-1996	A. Arzú 36,6% y con posterioridad 51,2%	12-11-1995	Partido de Avanzada Nacional (PAN) 43/80
	7-11-1999/ 26-12-1999	A. Portillo 47,8% y con posterioridad 68,3%	7-11-1999	Frente Republicano Guatemalteco (FRG) 64/113

País	Elecciones presidenciales	Nombre y resultados del vencedor	Elecciones legislativas	Nombre y resultados del partido del presidente
Honduras	28-11-1993	C. Reina 52,4%	28-11-1993	Partido Liberal (PL) 71/128
	30-11-1997	C. Flores 52,8%	30-11-1997	Partido Liberal (PL) 67/128
México	21-8-1994	E. Zedillo 48,8%	21-8-1994	Partido Revolucionario Institucional (PRI) 300/500
			6-7-1997	Partido Revolucionario Institucional (PRI) 239/500
Nicaragua	20-10-1996	A. Alemán 51%	20-10-1996	Alianza Liberal (AL) 42/93
Panamá	8-5-1994	E. Pérez 33,3%	8-5-1994	Partido Revolucionario Democrático (PRD) 31/72
	2-5-1999	M. Moscoso 44,9%	2-5-1999	Partido Arnulfista (PA) 18/71
Paraguay	9-5-1993	C. Wasmosy 39,9%	9-5-1993	Asociación Nacional Republicana (ANR) 40/80
	10-5-1999	R. Cubas 55,4%	10-5-1999	Asociación Nacional Republicana (ANR) 45/80
Perú	9-4-1995	A. Fujimori 64,4%	9-4-1995	Cambio 90 (C'90) 67/120
Uruguay	27-11-1994	J. Sanguinetti 32,5%	27-11-1994	Partido Colorado (PC) 32/99
	31-10-1999/ 28-11-1999	J. Batlle 31,1% y con posterioridad 51,6%	31-10-1999	Partido Colorado (PC) 33/99
Venezuela	5-12-1993	R. Caldera 30,5%	5-12-1993	Convergencia Nacional (CN) 24/203
	6-12-1998	H. Chávez 56,2%	6-12-1998	Movimiento V República (MVR) 49/189

*Número de escaños obtenidos en la cámara baja por el partido del presidente con relación al número total de diputados.

▲ En todos los países de América Latina que vivían situaciones de cohabitación y en algunos otros preocupados por que hubiese consenso, los partidos políticos tenían que negociar acuerdos para garantizar la gobernabilidad de los países. Es preciso subrayar hasta qué punto tales adaptaciones tuvieron efectos desastrosos en cuanto a la responsabilidad de los partidos políticos. Tales adaptaciones han contribuido, en efecto, a alimentar la imagen de unos partidos que despreciaban la voluntad del electorado para mantener lazos de colusión entre ellos. El elector ha asistido con frecuencia a unas diferencias políticas durante las campañas electorales que se borraban luego en beneficio de arreglos de los que podía sospechar justamente que escondían intereses particulares. ¿Cómo extrañarse entonces de la pérdida de confianza en el trabajo político y del creciente desinterés por los procedimientos electivos que se han registrado en casi todo el continente?

Así, incluso en Costa Rica, donde el presidente Figueres disfrutaba, en el momento de su elección, de una mayoría confortable en el Congreso, las disensiones en el seno de su partido, junto con la grave situación económica, le obligaron a firmar en diciembre de 1996 un acuerdo con la oposición relativo a una serie de reformas destinadas a controlar las finanzas públicas. En Venezuela, el presidente Caldera creó en 1994 una coalición de trabajo que duró dos años y que le permitió iniciar la estabilización de la economía. Pero, en marzo de 1996, el Movimiento Al Socialismo (MAS, con 26 diputados) decidía pasar a la oposición y aliarse a Causa Radical (Causa R, 40 diputados) y al COPEI (54 diputados), dejando que Acción Democrática (AD) apoyase sola a Convergencia Nacional (CN, 24 diputados), que era el partido del presidente. En Uruguay, el presidente Sanguinetti, del Partido Colorado, firmó un acuerdo de gobierno con el Partido Blanco, su rival histórico, limitando la oposición a la izquierda de Encuentro Progresista.

También se firmaron "pactos de gobernabilidad" en México, Panamá, Bolivia o Paraguay.

4. ¿La democracia ingobernable?
Clientelismo, derivas autoritarias y neopopulismo

Tales pactos contribuyeron en escasa medida a solventar los problemas de gobernabilidad de las democracias latinoamericanas, en la medida en que se rompieron con rapidez.

Atenazados por las exigencias de la economía internacional –mantenimiento de los grandes equilibrios para seducir a los inversores extranjeros y a los organismos internacionales– y las crecientes reivindicaciones de la población –bienestar económico y seguridad–, los gobiernos no tuvieron apenas margen de maniobra.

Brasil ilustra de manera emblemática esa dificultad para gobernar. La lentitud de las reformas y las ansias de la vida política suponen allí grandes desventajas para la democracia. El Perú de Fujimori y el Ecuador de Bucaram representan dos soluciones opuestas a la crisis de gestión política, aunque comparten la misma deriva autoritaria. Finalmente, la Venezuela de Chávez simboliza la vuelta de cierto populismo en América Latina.

▲ En **Brasil**, Fernando Henrique Cardoso, elegido en 1994, es el primer presidente que ha acometido con seriedad la puesta en marcha de reformas en el país. Reelegido en 1998, el balance de su mandato era a la vez impresionante y decepcionante, al reflejar las incertidumbres del chalaneo político al que conduce necesariamente cualquier intento de reforma en Brasil. En efecto, las características presidenciales y federales de las instituciones brasileñas, junto con la total ausencia de fidelidad partidaria, hacen que el presidente se vea constantemente obligado a negociar el apoyo de varios caciques ineludibles en las Cámaras. De ahí surge un sentimiento de impotencia, ya que las reformas progresan muy lentamente, al albur del calendario político. Con todo, el Plan Real demostró ser un éxito singular, hasta el punto de que la CEPAL lo ha calificado como el mejor plan de estabilización del decenio.

La puesta en marcha de las reformas en Brasil se extendió a lo largo de cuatro periodos, que correspondieron cada uno a una situación política determinada. En cada etapa existieron obstáculos a las reformas que hicieron que se acumularan los problemas no resueltos.

- Primer periodo: Cardoso, ministro de Economía (mayo de 1993-marzo de 1994)

Fernando Henrique Cardoso, ministro de Asuntos Exteriores, es trasladado a Economía en mayo de 1993, cuando la inflación llega al 30% mensual. El 14 de junio de 1993, propone a los brasileños un "plan de acción inmediata", que no consiste en un "shock", como los planes anteriores (con bloqueo de precios y de salarios), sino en una cura de austeridad fiscal para el gobierno central y los gobiernos de los 27 Estados federados, con miras a reducir el déficit presupuestario, que alcanza 12.000 millones de dólares para un presupuesto del Estado federal de 240.000 millones de dólares. Para luchar contra la inflación, el plan de Cardoso plantea limitar la nivelación de los salarios a tres ajustes anuales en lugar de doce (es decir, uno al mes), aumentar algunos impuestos, cambiar el estatuto de los funcionarios (irrevocabilidad, jubilación a los 50 años...), acabar con los monopolios estatales en algunas ramas de la economía y, en general, modificar las relaciones entre Estado central, Estados federados, municipios y corporaciones autónomas, lo que exige toda una serie de reformas constitucionales. Se estima en aquel momento en Brasil que el 80% del presupuesto federal corresponde a gastos establecidos por la constitución, lo que deja un estrecho margen de maniobra. El Congreso inicia, por tanto, el 6 de octubre de 1993, una sesión de siete meses de reforma constitucional.

De entrada, ese ambicioso plan de reformas se enfrentó a obstáculos políticos. Apenas un año y medio antes de las elecciones generales (presidenciales, legislativas y para gobernadores), se inicia entonces un juego político con tres actores: Cardoso, el Congreso y la opinión pública. Cardoso consigue el apoyo de ésta para convencer al Congreso de refrendar su plan, pero el Congreso teme que el éxito del plan fuese un formidable trampolín para las elecciones. Cardoso no duda en avisar de que su plan es la última baza de la democracia brasileña, antes de que la derecha imponga una solución al estilo peruano (golpe de estado de Fujimori en 1992). Algunos recortes en el gasto público suscitan fuertes protestas por parte de los diputados, ya que afectan a ministerios cuyos gastos alimentan la maquinaria del clientelismo político: por ejemplo, se pide al ministerio de Bienestar Social que reduzca en un 50% sus inversiones en obras públicas. Se da el caso de que muchos diputados dependen en su circunscripción de las obras públicas para consolidar su imagen y ser reelegidos.

El 2 de agosto de 1993, Brasil cambia su moneda por cuarta vez en siete años y, a mediados de diciembre, Cardoso completa sus propuestas para reducir la inflación y alcanzar un presupuesto equilibrado en 1994. Además de las reducciones de gastos y de los aumentos de impuestos, el Plan Real contempla la introducción de una nueva moneda, la Unidad Real de Valor (URV), de manera temporal, y luego la del real. Incluye también la creación de un Fondo Social de Urgencia –una partida destinada a ser distribuida por el gobierno a las regiones más pobres–, lo que exige igualmente una reforma de la constitución.

Nadie piensa en el posible éxito del plan, el séptimo desde 1986, dada la reticencia del Congreso para aprobar medidas impopulares en periodo electoral (aumento de los impuestos) y hacer un regalo a Cardoso (permitiéndole poner en marcha programas sociales en plena campaña), y a la vista también de la oposición de los caciques regionales (que se oponen a la transferencia de recursos al Estado central).

• Segundo periodo: Cardoso, candidato (marzo de 1994-octubre de 1994)

A finales de marzo de 1994, Cardoso abandona el gobierno para lanzarse a la campaña electoral con vistas a los comicios de octubre. Sus reformas pierden su principal defensor, pero son llevadas adelante y Cardoso recoge los beneficios. La introducción del real, el 1 de octubre de 1994, unánimemente considerada como un instrumento de la campaña electoral de Cardoso, resulta muy confusa. Conlleva alzas importantes de precios. Con todo, la victoria de Brasil en la final de la Copa del Mundo de Fútbol en Estados Unidos, el 18 de julio de 1994, es un acontecimiento muy importante, que vuelve a dar confianza a los brasileños. Según muchos comentaristas, la gloria de la selección nacional debe anticipar el éxito del real. Se cree incluso que la victoria puede explicarse por el espíritu de solidaridad que reina en el equipo de fútbol, lo que debe dar ejemplo a todos los ciudadanos. Michel Camdessus, director del FMI, envía incluso un telegrama para felicitar a Itamar Franco por la victoria del equipo de fútbol y la introducción del real.

El Plan Real tiene efectos inmediatos, aunque sin los resultados espectaculares que se esperaban, a la vista del alza de precios. La inflación en julio es todavía del 5,5%. Por otra parte, hay presiones para obtener aumentos salariales. En la primera semana de agosto, Cardoso alcanza el primer lugar en las intenciones de voto medidas por los sondeos. Esto contribuye a mejorar la confianza. Al mismo tiempo, las encuestas muestran que un 85% de la población apoya el Plan Real, lo que explica lo anterior. La bolsa de São Paulo y los inversores extranjeros no esperan al resultado de las elecciones y anticipan un triunfo de Cardoso. Los capitales llegan masivamente en agosto (más de 1.000 millones de dólares), con lo que el real se aprecia de golpe respecto del dólar. Ese voto de confianza de los inversores hace aumentar la popularidad de Cardoso.

Justo antes de las elecciones, a finales de septiembre, la inflación registra el mínimo valor de los últimos veinte años.

- Tercer periodo: transición entre la elección y la toma de posesión
(3 de octubre de 1994-1 de enero de 1995)

Desde su elección el 3 de octubre de 1994 en la primera vuelta, con el 54% de los votos, Cardoso tiene algunas dificultades para situarse políticamente. Pese a haber sido elegido con el apoyo de los partidos de una derecha asustados por Lula, el candidato del Partido de los Trabajadores (PT) hace gala de intenciones socialdemócratas al dar prioridad a la lucha contra las desigualdades. Cardoso quiso enseguida desmarcarse de la influencia de los caciques de la derecha, cuyos bastiones eran las regiones miserables del noreste brasileño, e hizo además esfuerzos para acercarse a la izquierda. El PT de Lula apoyó al Partido Social Demócrata Brasileño (PSDB) de Cardoso en la segunda vuelta de las elecciones para gobernador de Estado de São Paulo, mientras que ocurrió lo contrario en la capital federal, Brasilia.

Tras la segunda vuelta de las elecciones legislativas y para gobernadores (15 de noviembre), la posición de Cardoso pareció reforzarse. Tenía que obtener una mayoría de tres quintos (60%) en el Congreso con miras a poder iniciar reformas constitucionales, puesto que el periodo de sesiones de siete meses (octubre de 1993-mayo de 1994) se limitó hacer reformas en 6 de los 245 artículos de la constitución de 1988, entre las que destacaba la reducción del mandato presidencial de cinco a cuatro años. La capacidad de gobierno de Cardoso se vio, por tanto, seriamente mermada. La reforma fiscal y la privatización de los monopolios de las empresas públicas, en particular, se vieron bloqueadas, mientras que Cardoso vio reducirse la duración de su mandato. En el Congreso, los cinco partidos que le apoyaban (PSDB, PFL, PTB, PP, PL) sumaban sólo 233 diputados de los 513 escaños, lo que era insuficiente para alcanzar las tres quintas partes (308 diputados). El partido con mayor representación era el PSDB, con 107 escaños. Su apoyo resultaba indispensable, de manera que se inició un periodo de negociaciones con ese partido. En el senado, la situación era parecida. Sólo una alianza con el PSDB podía permitir al presidente contar con el apoyo de 50 senadores de un total de 81. La negociación con el PSDB resultó difícil, habida cuenta de las divisiones internas de ese partido, de su ausencia total de disciplina partidaria y de la extrema volatilidad de las alianzas que siempre caracterizó a la vida parlamentaria brasileña. Las alianzas se hacían y deshacían según las circunstancias, y existían, por añadidura, grupos transversales, como el frente "ruralista" (en torno a 140 miembros en las dos cámaras), que tenían intereses estrictamente corporativos.

En las elecciones para gobernadores, el partido de Cardoso, el PSDB, ganó en total en seis Estados (entre los que estaban los tres más importantes, São Paulo, Río de Janeiro y Minas Gerais), lo que permitió al presidente plantearse la reforma de las relaciones entre el Estado central y los Estados federados y de estudiar con seriedad el problema de la deuda de estos últimos.

- Cuarto periodo: Cardoso presidente (1995-1998-2002)

La inercia de las instituciones y el calendario electoral impusieron un ritmo a las reformas durante la presidencia de Cardoso. Ese periodo puede dividirse en cuatro fases. La primera consistió en la puesta en marcha, más bien laboriosa, de las reformas, durante la cual el Congreso saliente (vigente hasta el 15 de febrero de 1995) no dio facilidad alguna y el nuevo Presidente cometió varios errores. A continuación se registran una serie de enfrentamientos con la izquierda, que defiende a los monopolios estatales contra los proyectos de privatización. El fracaso en junio de 1995 de una huelga en el sector del petróleo pone fin a esa fase. Desde el mes de agosto de 1995, el régimen parece alcanzar su velocidad de crucero y las reformas se suceden, aunque los compromisos políticos siguen siendo frágiles y se acumulan de nuevo los problemas no resueltos. En 1996, las elecciones municipales y, en 1997, la perspectiva de la reelección dominan el calendario político, lo que frena de nuevo las reformas.

En suma, el primer mandato de Cardoso ha sido unánimemente calificado de exitoso, incluso por los mismos brasileños, que lo reeligieron en la primera vuelta en octubre de 1998. La estabilización de la economía y las privatizaciones permitieron a Brasil recuperar prestigio en la comunidad internacional. No obstante, las inercias políticas impidieron a Cardoso reformar a fondo las finanzas públicas y modernizar el pacto federal.

▲ El **Perú** de Fujimori (en 1992) y el **Ecuador** de Bucaram (en 1997) recurrieron a dos soluciones opuestas para resolver el problema de gobernabilidad originado por el enfrentamiento entre el parlamento y el presidente. En el primer caso, el presidente se quitó de en medio al Congreso, mientras que, en el segundo, ocurrió lo contrario.

Elegido en 1990, Fujimori se dedicó enseguida a luchar contra el narcotráfico y la guerrilla. El 17 de enero de 1991, el Congreso peruano aprobaba la ley n.º 25327, que permitía al poder ejecutivo legislar por decreto, por un periodo de 150 días, en lo que afectaba al fomento de las inversiones, la lucha contra el desempleo y la pacificación del país. Esta última tenía especial importancia, puesto que la violencia de Sendero Luminoso había provocado la muerte de 25.000 peruanos entre 1980 y 1992. Fujimori elabora entonces más de un centenar de decretos, de los que 35 se refieren a la pacificación, y aprovecha para reorganizar todo el aparato represivo del Estado.

Al estimar que el presidente no había respetado las condiciones establecidas por la ley de habilitación, que estipulaba en particular que la estrategia de erradicación de la subversión terrorista y del tráfico de drogas debía suponer un "reforzamiento de la autoridad civil en todo el territorio", el Congreso anula, el 7 de febrero de 1992, los decretos sobre pacificación. Tales condiciones habían sido elaboradas en comisiones mixtas de diputados y senadores y expresaban un consenso de la clase política sobre la forma en la que debía llevarse a cabo el proceso de pacificación. Fujimori y los militares lo entendieron de otro modo. El 2 de abril de 1992, Fujimori disuelve de forma ilegal el Congreso, purga la magistratura y la administración pública y promulga todos los decretos sobre pacificación. Es impresionante, en particular, el poder otorgado a los Servicios de Información, que se sitúan al lado del presidente y por encima de la comandancia de las fuerzas armadas y que gozan de una autonomía completa.

Esa militarización se legitimó totalmente con los éxitos de los Servicios de Información, que llegaron a arrestar a Amibael Guzmán, el dirigente histórico de Sendero Luminoso, apenas unos meses después del *autogolpe*. Fujimori tuvo mucha suerte, ya que Guzmán estaba perseguido desde varios meses atrás, y su arresto podría haberse producido perfectamente antes del *autogolpe*.

El presidente ecuatoriano Abdalá Bucaram no tuvo la misma fortuna que Fujimori. Es verdad que en Ecuador los parlamentarios muestran a menudo un comportamiento agresivo frente al poder ejecutivo. Entre 1993 y 1995, el Congreso destituyó así a cinco ministros y al vicepresidente de la república, Alberto Dahik. Elegido en la segunda vuelta de los comicios presidenciales, el 7 de julio de 1996, Abdalá Bucaram disfrutaba de gran popularidad, merced a su estilo populista y a su comportamiento excéntrico, pero sólo disponía de 19 diputados en la Cámara única, sobre un total de 72. Nada más tomar posesión de su cargo el 10 de agosto de 1996, Bucaram traiciona a su electorado popular, inclinándose por recetas neoliberales, al tiempo que decreta el estado de urgencia, lo que no deja de recordar al comportamiento de Fujimori en los inicios de su mandato. Pese a que, en septiembre, la popularidad de Bucaram sigue intacta, se desmorona cuando el presidente anuncia el 1 de diciembre un "plan de acción inmediata" muy influido por el plan de convertibilidad que Argentina puso en marcha en 1991. Los incrementos de las tarifas públicas, en particular, son muy mal acogidos por la población. En enero de 1997, la movilización popular crece hasta desembocar en la huelga general del 5 de febrero, que apoyan los sindicatos, algunas organizaciones patronales y la Iglesia. En el Congreso, la oposición pide la dimisión del presidente, mientras que la embajada de los Estados Unidos va difundiendo acusaciones de corrupción. Como algunas declaraciones de Bucaram hacen pensar que podría disolver el congreso, este último, siguiendo una prerrogativa constitucional, adopta la iniciativa el 6 de febrero de destituir por "incapacidad mental" al que gustaba llamarse a sí mismo *el loco*. El "golpe de estado parlamentario" ecuatoriano no tiene más valor legal que el *autogolpe* peruano y pone de manifiesto la dificultad de las democracias latinoamericanas para poner en marcha programas de reformas impopulares. En Argentina y Brasil, la mayoría de las medidas de ajuste se tomó por decreto, o, como en Colombia, bajo "estado de emergencia económica".

Mientras que durante varios años distintos presidentes agitaban el espectro de la *fujimorización* de la vida política, es decir, amenazaban con disolver los parlamentos mientras que las constituciones de los regímenes presidenciales lo prohíben, la vía ecuatoriana sugirió que los parlamentos podían también dar muestras de habilidad. Ni en un caso ni en otro la democracia salió ganando de esas luchas entre los poderes ejecutivo y legislativo en un contexto de crisis de gobernabilidad.

▲ Finalmente, la **Venezuela** de Chávez encarna una de las consecuencias de esas crisis de gobernabilidad. En ese país, que disfruta de una rica renta petrolera, se habían postergado las reformas durante mucho tiempo. Carlos Andrés Pérez inicia, desde su toma de posesión el 2 de febrero de 1989, un importante programa de ajuste estructural, bajo la tutela del FMI, llamado *El Paquete,* que incluía en particular la liberalización del tipo de cambio (lo que se traduce inmediatamente en una devaluación de 170%) y alzas notables en las tarifas públicas. Tres semanas después, el 27 de febrero, unos motines se saldan con la muerte de más de 300 personas (*Caracazo*).

A la desesperación de las capas populares que se hunden en la miseria se suma la exasperación de una clase media acostumbrada durante mucho tiempo a ir a hacer sus compras a Miami y repentinamente empobrecida por un tipo de cambio que pasa de 4,3 a 70 bolívares por dólar entre 1983 y 1992 y a 500 en 1997. La cólera general se vio azuzada por las acusaciones de corrupción contra el presidente Carlos Andrés Pérez.

En estas condiciones, se entiende la popularidad del intento de golpe de estado del 4 de febrero de 1992 dirigido por Hugo Chávez. Ese teniente coronel de 37 años, diplomado en ciencias políticas, había fundado ya en 1982 un Movimiento Bolivariano Revolucionario para reflexionar sobre la situación del país. Escandalizado por la violencia de la represión del *Caracazo*, desea en 1992 acabar con la corrupción y la miseria. Mal organizado y sin complicidad alguna en la clase política, ese golpe de estado fracasa. Hugo Chávez declara que prefiere acabar "de momento" con su intentona, para salvar vidas humanas. Arrestado y encarcelado, se convierte en un héroe en los barrios populares, y la izquierda respalda su causa. Un segundo intento, conducido por amigos de Chávez, fracasa el 27 de noviembre, dando pie a violentos combates que provocan unos 300 muertos.

El apoyo popular a la causa de los insurgentes se manifiesta nueve días después con ocasión de las elecciones regionales y municipales, en particular con la llegada a la alcaldía de Caracas de un representante del partido de izquierdas Causa R, Aristóbulo Istúriz. Y, en cierta medida, la popularidad de la lucha contra la corrupción acelera el procesamiento del presidente de la república, que es suspendido en sus funciones el 21 de mayo y destituido por el Congreso el 31 de agosto. En 1998, año electoral, la caída del precio del petróleo acelera el cambio político en Venezuela. Frente a la crisis fiscal y al aumento del desempleo, Hugo Chávez, amnistiado, hace discursos incendiarios sobre el "totalitarismo político del neoliberalismo salvaje" y es triunfalmente elegido presidente el 6 de diciembre.

Tal victoria indica hasta qué punto los militares han sacado provecho del descrédito de los partidos políticos para volver a la escena política latinoamericana, apenas veinte años después de las transiciones. Durante la segunda mitad de los años noventa, hemos visto a los generales Bedoya en Colombia, Oviedo en Paraguay, Moncayo en Ecuador y Bánzer en Bolivia aspirar a la presidencia de las repúblicas, con suertes diversas, ya que sólo el último consiguió hacerse elegir en 1997.

El discurso populista de esos *outsiders* no es reconfortante, ya que la historia latinoamericana recuerda hasta qué punto las experiencias populistas demostraron ser peligrosas.

5. ¿Hacia una gestión regional de gobierno? El relanzamiento de la integración regional

La fragilidad de las democracias y de las reformas económicas impulsaron en los años noventa a la comunidad latinoamericana a relanzar la integración regional.

En el plano político, se emprendieron esfuerzos colectivos para defender la democracia. A partir de 1986, los ministros de Asuntos Exteriores de los ocho países que habían participado en los esfuerzos de paz en América Central –el Grupo de Contadora y el Grupo de Apoyo– decidían, en una reunión en Río de Janeiro, institucionalizar su colaboración. El Grupo de los Ocho, más conocido con el nombre de Grupo de Río, que representa al 80% de la población latinoamericana, se reúne por vez primera, a nivel de jefes de Estado, en Acapulco el 29 de noviembre de 1987. Se adopta allí la Declaración de Acapulco por la Paz, el Desarrollo y la Democracia, que insiste en la necesaria consolidación democrática en la región, en la creación de un sistema multilateral de comercio sin proteccionismo, en el problema de la deuda externa, en el reforzamiento de los procesos de integración y en el diálogo con los países industrializados. Se optó por un ritmo anual de reuniones y el foro adoptó el nombre de "Dispositivo Permanente de Consultas y Concertación Política".

La voluntad del Grupo de Río de convertirse en un club de democracias tuvo enseguida ocasión de manifestarse. Así, con motivo de las primeras reuniones de ministros de Asuntos Exteriores, los días 27 y 28 de febrero de 1988, en Cartagena (Colombia), se decidió excluir "a título preventivo" a Panamá, ya que la vía autoritaria adoptada por Manuel Noriega se consideró incompatible con el espíritu del grupo. En otra reunión importante de ministros de Asuntos Exteriores y de Economía, celebrada los días 4 y 5 de diciembre de 1989 en Buenos Aires, se aprobó una declaración para ampliar el Grupo de Río a todos los Estados democráticos de América Latina. Chile y Ecuador, así como, más tarde, Bolivia y Paraguay, pudieron por tanto ingresar rápidamente en el Grupo de Río, lo que llevó a 11 el número de sus miembros, es decir, todos los países de América del Sur más México.

Pero dos crisis iban a poner en cuestión la eficacia del Grupo de Río. Con motivo de su Cumbre de Cartagena, los días 2 y 3 de diciembre de 1991, los presidentes del Grupo de Río emiten una declaración muy crítica con los golpistas haitianos, pero sin consecuencias. Algunos meses después, decidieron expulsar a Perú del grupo como castigo por haberse salido de la norma democrática. Con todo, no conseguían hacer entrar en razón al presidente Fujimori.

La Organización de Estados Americanos (OEA) registró una evolución que refleja de igual modo esa preocupación por asentar más sólidamente las democracias. En 1959, con la creación de la Comisión Interamericana de los Derechos Humanos, los países del continente se habían comprometido a entender que las violaciones de tales derechos no podían verse protegidas por el principio de soberanía. En 1979, la OEA había exigido así la retirada del dictador nicaragüense Somoza. Un paso más se dio en 1985, cuando la Carta se reformaba con miras a hacer de la democracia "una condición indispensable para la estabilidad, la paz y el desarrollo de la región" (Protocolo de Cartagena de Indias). Luego, en 1992 y 1993, dos protocolos adicionales (de Washington y de Managua) permitían que la democracia se considerase condición necesaria en el continente. Una nueva Carta de la OEA, de nuevo reformada, entraba en vigor el 25 de septiembre de 1997 y preveía la posibilidad de excluir a un Estado miembro.

▲ Extractos de la Carta de la OEA reformada y promulgada el 25 de septiembre de 1997

Artículo 3

d) La solidaridad de los Estados americanos y los altos fines que con ella se persiguen requieren la organización política de los mismos sobre la base del ejercicio efectivo de la democracia representativa.

Artículo 9

Un miembro de la Organización cuyo gobierno democráticamente constituido sea derrocado por la fuerza podrá ser suspendido del ejercicio del derecho de participación en las sesiones de la Asamblea General, de la Reunión de Consulta, de los Consejos de la Organización y de las Conferencias Especializadas, así como de las comisiones, grupos de trabajo y demás cuerpos que se hayan creado.

a) La facultad de suspensión solamente será ejercida cuando hayan sido infructuosas las gestiones diplomáticas que la Organización hubiera emprendido con el objeto de propiciar el restablecimiento de la democracia representativa en el Estado miembro afectado.

No obstante, la OEA no demostró ser más útil que el Grupo de Río en los asuntos haitiano y peruano. Pese a la pantomima inmediata, la OEA no consiguió hacer cambiar la situación en el sentido deseado por la comunidad. De igual modo, el Secretario General de la OEA, Joao Clemente Baena Soares, no parecía muy seguro cuando declaró, tras la crisis guatemalteca de 1993, que "el mensaje de la OEA ha convencido profundamente a los distintos actores, que, hasta entonces, no habían llegado todavía a un consenso en cuanto al compromiso hemisférico sobre el retorno a la democracia" y que "los ministros de Asuntos Exteriores van a tomar medidas extremas si no se restablece la legalidad".

Esas pruebas "reales" sobre la capacidad de la OEA para gestionar crisis, que afectan además a países pequeños, no desanimarán a los dirigentes latinoamericanos tentados por las soluciones autoritarias.

Surgió un foro más con una preocupación similar por reforzar la cooperación entre las democracias, con el fin de hacerlas más solidarias y por tanto, en principio, más sólidas. La Cumbre de Guadalajara, de los días 18 y 19 de julio de 1991, que reunió a todos los jefes de Estado de América Latina y a los de España y Portugal, supuso un intento de situar a países marginados en el nuevo orden mundial que se estaba gestando. La Conferencia Iberoamericana que salió de esa cumbre, al representar a 470 millones de personas, quería ser el equivalente de la cumbre francófona o de la Commonwealth. España, un año antes de la celebración del quinto centenario del "encuentro de dos mundos", se erige en embajadora de América Latina. La segunda Conferencia tuvo lugar en Madrid los días 23 y 24 de julio de 1992. De nuevo, la cuestión peruana fue sólo objeto de tímidas declaraciones. El objetivo de crear "unidad y desarrollo" entre los Estados miembros no podía supeditarse a motivos de división. Es cierto que la Declaración Final reafirma un "compromiso con la democracia representativa, el respeto a los derechos humanos y las libertades fundamentales como pilares que son de nuestra comunidad". Pero pensar en medidas coercitivas contra los países renegados está fuera de lugar, puesto que "el diálogo y la negociación entre todos los poderes y la colaboración de todos los sectores sociales, sin injerencias externas, son la mejor forma de fortalecer los sistemas democráticos". La sexta cumbre, organizada por Chile los días 10 y 11 de noviembre de 1996, será un punto de inflexión. Al hacer firmar a Fidel Castro la Declaración de Viña del Mar sobre la "gobernabilidad para una democracia eficiente y participativa", la comunidad quería demostrar que hay medios para contribuir a la democratización de Cuba distintos de los practicados por Estados Unidos, mucho más agresivos.

En todos los casos, tras los problemas de la deuda, en los años ochenta, y del narcotráfico, que suscitó la organización de dos Conferencias Interamericanas (en febrero de 1990 en Cartagena y en febrero de 1992 en Texas), la cuestión de Cuba es la que, a finales de siglo, ha dividido al igual que unido a América Latina. Tanto la reuniones del grupo de Río como las de la Conferencia Iberoamericana contemplaban con regularidad la reintegración de Cuba en la comunidad, al tiempo que intentaban convencer a Fidel Castro de la necesidad de una transición gradual hacia la democracia. Uno de los resultados de esas reuniones fue el de convencer a Fidel Castro de la necesidad de ajustes estructurales (adelgazamiento de la administración pública, esfuerzos para atraer capitales extranjeros), lo que conllevó un comienzo de dolarización de la economía, en un contexto de crisis debida a la interrupción de la asistencia económica soviética. Pero, a pesar de los esfuerzos de los latinoamericanos por ayudar a Cuba a pasar la página del castrismo, no consiguieron evitar que el viejo líder máximo intentara adoptar la inquietante "vía china" del "socialismo de mercado", es decir, reformas económicas sin reformas políticas. Tampoco impidieron que los Estados Unidos endurecieran su embargo económico (enmienda Torricelli), pese a que hubiesen afirmado, en la declaración de Salvador de Bahía, que "ningún Estado puede usar el arma económica y comercial contra otro Estado con fines políticos". Sobre todo, sus firmes llamadas a la democratización no fueron escuchadas. Eso fue así hasta el punto de que, en la Segunda Conferencia Iberoamericana de Madrid, la comunidad daba muestras de cansancio, rechazaba la "cubanización" de la cumbre y tendía a dejar solo a Fidel Castro predicando en el desierto contra el imperialismo estadounidense.

Es cierto que los problemas económicos del continente acaparaban su atención.

De hecho, los progresos alcanzados en el campo de la integración económica eclipsaron en cierta medida los esfuerzos de cooperación política del Grupo de Río, de la OEA o de la Comunidad iberoamericana.

En esos años noventa, el objetivo era construir vastas zonas de libre cambio. El detonante inicial fue sin duda la "Iniciativa para las Américas", propuesta por el presidente estadounidense Bush en su discurso del 27 de junio de 1990 y que era como una invitación a suprimir todas las fronteras aduaneras del continente, desde Alaska a Tierra del Fuego. La respuesta de América Latina, expresada por ejemplo en la cuarta cumbre del Grupo de Río en Caracas, en octubre de 1990, fue positiva pero poco entusiasta.

Sin embargo, iban a aparecer rápidamente bloques regionales, y el año 1991 fue clave a este respecto en la historia económica de América Latina. El 26 de marzo de 1991, los presidentes de Paraguay, Brasil, Argentina y Uruguay firmaban un tratado que creó el Mercado Común del Cono Sur (MERCOSUR) y que preveía la eliminación total de los derechos de aduana el 1 de enero de 1995. El 18 de mayo de 1991, los presidentes de Venezuela, Ecuador, Perú y Bolivia se ponían de acuerdo también para transformar el Pacto Andino en un mercado común antes de 1995. Algunos meses después, el 22 de septiembre de 1991, Chile firmaba un acuerdo de libre cambio con México que preveía la eliminación progresiva de todas las barreras aduaneras antes de 1998. El 3 de diciembre de 1991 nacía el Grupo de los Tres, que asociaba a México, Venezuela y Colombia, que decidían crear un espacio de libre cambio. Finalmente, la undécima cumbre de los presidentes centroamericanos, celebrada en Tegucigalpa los días 12 y 13 de diciembre de 1991, adoptaba la decisión de transformar la Organización de Estados Centroamericanos (ODECA), que había caído en desuso, en Sistema de Integración Centroamericano (SICA). Al proceder de esa manera, los centroamericanos daban muestras de ambición. No se trataba sólo, como en otras partes, de crear una zona de libre cambio. El SICA sintetizaba la voluntad de colaboración política, que había demostrado, por lo demás, dar buenos resultados durante los años de crisis, y la necesidad de organizarse con miras a responder al reto del TLCAN y de los demás bloques comerciales. Los objetivos eran por tanto muy amplios, puesto que se trataba de "consolidar la democracia [...], concretar un nuevo modelo de seguridad regional [...], impulsar un régimen amplio de libertad [...], lograr un sistema regional de bienestar y justicia económica y social para los pueblos centroamericanos [...], alcanzar la unión económica [...], reforzar la región como bloque económico [...], reafirmar y consolidar la autodeterminación de Centroamérica en sus relaciones externas [...], promover, en forma armónica y equilibrada, el desarrollo sostenido [...], establecer acciones concertadas dirigidas a la preservación del medio ambiente".

Finalmente, el 7 de octubre de 1992, México, Estados Unidos y Canadá firmaban el Tratado de Libre Comercio (TLC), que preveía la eliminación de las barreras aduaneras entre los tres países en un plazo máximo de diez a quince años. El "mayor mercado del mundo", que concentraba ya casi el 90% de las actividades del continente, debía en su origen atraer a otros países, como Chile, y convertirse en un acuerdo de libre comercio americano.

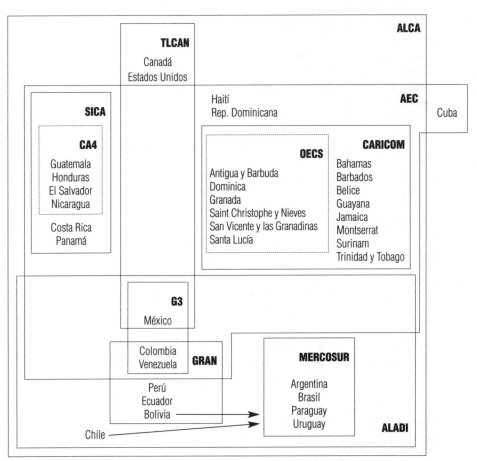

Acuerdos de asociación

Sigla	Significado	Fecha de aparición	Países miembros
AEC	Asociación de Estados del Caribe	1994	26
ALADI	Asociación Latinoamericana de Integración	1980	11
ALCA	Área de Libre Comercio de las Américas	Prevista para 2005	34
CA4	Grupo de 4 países de América Central	1993-1994	4
CARICOM	Comunidad del Caribe	1973	14
G3	Grupo de 3 países	1991	3
GRAN	Grupo Andino/Comunidad Andina	1969/1996	5
MERCOSUR	Mercado Común del Sur	1991	4
OECS	Organización de los Estados del Caribe Oriental	1981	6
SICA	Sistema de Integración Centroamericana	1991	6
TLCAN	Tratado de Libre Comercio de América del Norte	1992	3

Tales acuerdos de integración contribuyeron todos a un impresionante dinamismo de los flujos de intercambio durante los años noventa. Así, América Latina, cuyos intercambios han estado tradicionalmente orientados hacia Europa o los Estados Unidos, vio de esta manera cómo sus tasas de interdependencia comercial progresaban rápidamente hasta superar, a mediados de los años noventa, las tasas alcanzadas a comienzos de los años ochenta.

Exportaciones intrazonales (1990-1996) (% del total de las exportaciones)

Acuerdo	1990	1991	1992	1993	1994	1995	1996
Mercosur	8,9	11,1	14,3	18,5	19,3	20,5	22,7
Comunidad Andina (CAN)	4,1	6,2	7,8	9,7	10,1	11,9	10,4
ALADI	10,8	13,6	14,4	16,3	16,7	16,9	17,0
MCCA	12,4	11,3	11,5	14,0	14,0	16,1	16,2
América Latina y el Caribe	13,3	15,6	16,4	18,4	18,8	19,0	18,5

(*Fuente:* CEPAL, *Panorama de la inserción internacional de América Latina y el Caribe,* 1997, p. 106.)

6. América Latina y el mundo: el resurgimiento del panamericanismo y la atracción europea

Después de terminada la guerra fría, una América Latina casi enteramente democratizada es una zona emergente que los Estados Unidos observan de manera distinta.

> Nos es imposible recordar una época en la que se daban mejores condiciones para una cooperación constructiva y sostenida entre las naciones americanas –y en la que los beneficios de tal cooperación habrían sido superiores. La guerra fría ha terminado y la política latinoamericana de los Estados Unidos ya no depende de preocupaciones de seguridad. Han desaparecido las inquietudes latinoamericanas sobre un dominio político y económico de los Estados Unidos, al igual que los temores sobre una intervención unilateral de los Estados Unidos. Hoy, a lo largo y ancho de las Américas, observamos una convergencia de intereses y de valores –sobre la democracia política, la competitividad global y el progreso económico y social.
>
> (*Fuente:* "Convergence and Community: The Americas in 1993", *A Report of the Inter-American Dialogue,* The Aspen Institute, Washington, 1992.)

El discurso del vicepresidente de los Estados Unidos, Al Gore, del 1 de diciembre de 1993 en México, y que anunció la cumbre de Miami, se inscribió en esa lógica.

Del 9 al 11 de diciembre de 1994, 34 presidentes y jefes de Gobierno de América (es decir, todos excepto Cuba) se reunieron en Miami y sentaron las bases de una renovación de las relaciones interamericanas. Si las negociaciones comerciales pasaban enseguida a un primer plano, con el objetivo de un Área de Libre Comercio de las Américas (ALCA), en realidad se estaba poniendo en marcha un amplio esfuerzo de gobernanza regional.

▲ La negociación comercial que se entablaba entonces entre los Estados Unidos y América Latina parecía estar relativamente equilibrada, dando crédito a la idea de una nueva asociación reforzada por la "latinización" creciente de los Estados Unidos y la "norteamericanización" creciente de América Latina. Sin embargo, un examen en profundidad de los temas de la negociación deja entrever una actitud dominante de los Estados Unidos y permite entender por qué, a finales del siglo XX, América Latina buscaba en Europa un contrapeso a la hegemonía estadounidense.

Tras la cumbre de Miami, hicieron falta cuatro años de discusiones para acordar las formas de negociación para el ALCA, que se inició formalmente en la segunda Cumbre de las Américas el 19 de abril de 1998 en Santiago de Chile. Las decisiones adoptadas respecto del procedimiento dieron una clara ventaja a América Latina, en dos aspectos especialmente: los países de América Latina deseaban poder negociar en grupo y enfocaban el ALCA como un "paquete" (*single undertaking* o *acción única*), en el sentido en que el acuerdo que contempla su creación sólo podía ser firmado tras haber llegado a un consenso en el conjunto de los temas. Los Estados Unidos preferían firmar acuerdos parciales y temáticos conforme iban surgiendo, y por otra parte han conseguido que algunos acuerdos parciales para facilitar el comercio puedan ser firmados antes del año 2000.

En lo referente a las sedes y presidencias de la negociación, América Latina (el Mercosur muy especialmente) también obtuvo ventajas.

En definitiva, la negociación previa a la apertura de las negociaciones demostró estar relativamente equilibrada, lo que se explica por la debilidad de una administración Clinton a la que faltaba la autoridad de *fast track* para negociar, autoridad que permite a un presidente negociar acuerdos comerciales multilaterales y presentarlos al Congreso sin que puedan sufrir enmiendas.

Sin embargo, más allá de las peripecias de la negociación, los Estados Unidos consiguieron imponer su punto de vista sobre la disciplina que debía regir en las relaciones comerciales continentales.

Puesto que la disciplina del TLCAN iba más allá de lo previsto por la OMC, los Estados Unidos defendieron una base de discusión llamada "OMC+" para el ALCA. América Latina, que ya tenía grandes dificultades para aplicar la disciplina de la OMC, se opuso. Por añadidura, el TLCAN es un tratado que incluye no sólo los nuevos aspectos de las negociaciones comerciales (*new issues*), tales como las inversiones, los servicios y la propiedad intelectual, sino también, de forma innovadora, temas aún más nuevos (*brand new issues*), como el medio ambiente y el trabajo (por medio de los acuerdos paralelos del 14 de septiembre de 1993).

Estructura de la negociación para el ALCA

Periodo	Sede de la negociación
1 de mayo 1998 - 28 de febrero 2001	Miami
1 de marzo 2001 - 28 de febrero 2003	Panamá
1 de marzo 2003 - 31 de diciembre 2004	México

Periodo	Presidencia	Vicepresidencia
Mayo 1998 - octubre 1999	Canadá	Argentina
Noviembre 1999 - abril 2001	Argentina	Ecuador
Mayo 2001 - octubre 2002	Ecuador	Chile
Noviembre 2002 - diciembre 2004	Co-presidencia Brasil y Estados Unidos	

Grupo de negociación	Presidencia y vicepresidencia	
	Mayo 1998-noviembre 1999	Noviembre 1999-abril 2001
1. Acceso a mercados	Colombia - Bolivia	Chile - Barbados
2. Inversión	Costa Rica - República Dominicana	Trinidad - Colombia
3. Servicios	El Salvador - CARICOM	Estados Unidos - Perú
4. Compras del sector público	Estados Unidos - Honduras	Canadá - Chile
5. Solución de diferencias	Chile - Uruguay/Paraguay	Costa Rica - Perú
6. Agricultura	Argentina - El Salvador	Brasil - Ecuador
7. Derechos de propiedad intelectual	Venezuela - Ecuador	México - Paraguay
8. Subsidios, antidumping y derechos compensatorios	Brasil - Chile	Venezuela - Uruguay
9. Política de competencia	Perú - Trinidad y Tobago	Colombia - Canadá

(*Fuente:* Cumbre de las Américas, Cuarta y Quinta Reuniones de los Ministros de Comercio, San José, 19 de marzo de 1998, y Toronto, 4 de noviembre de 1989.)

A finales de los años noventa, casi todos los acuerdos de integración en América Latina eran ya, desde ese punto de vista, obsoletos, pero trataban de recuperar el tiempo perdido, actualizándose.

▲ Sin embargo, el proceso de Miami va más allá de los aspectos comerciales, para poner de hecho en práctica un dispositivo de gobernanza regional.

El Plan de Acción que se adoptó en Miami contiene 23 series de iniciativas, agrupadas en cuatro grandes temas: la democracia, la integración económica, los problemas sociales y el medio ambiente.

La amplitud de los temas que han de tratarse a escala continental es impresionante, y estaríamos equivocados si pensáramos que se trata de la letanía propia a las cumbres internacionales y que se queda en una simple declaración de buenas intenciones.

En efecto, la diversidad de los agentes implicados en alcanzar ese plan de acción y negociar acuerdos es una garantía de la seriedad del proceso. El plan de acción se acompaña, a ese respecto, de un apéndice muy interesante que detalla el reparto de tareas. Se señala allí que "la responsabilidad principal de ejecución del presente Plan de Acción recae en los gobiernos, a título individual y colectivo, con la participación de todos los elementos de nuestras sociedades civiles. Instamos a las organizaciones o a las instituciones ya existentes a que se ponga en marcha el conjunto de iniciativas que se desprenden de la actual Cumbre de las Américas. En muchas instancias, proponemos que se examinen cuestiones concretas en reuniones ministeriales, de altos funcionarios o de expertos. Proponemos también la ejecución de algunas de estas iniciativas en colaboración entre el sector público y el sector privado".

Cumbre de las Américas – Plan de Acción

I. La preservación y el fortalecimiento de la Comunidad de Democracias de las Américas

    1. El fortalecimiento de la democracia
    2. La promoción y protección de los derechos humanos
    3. El fortalecimiento de la sociedad y de la participación comunitaria
    4. La promoción de los valores culturales
    5. La lucha contra la corrupción
    6. La lucha contra el problema de las drogas ilícitas y delitos conexos
    7. La eliminación de la amenaza del terrorismo nacional e internacional
    8. El fomento de la confianza mutua

II. La promoción de la prosperidad mediante la integración económica y el libre comercio

    9. El libre comercio en las Américas
    10. El desarrollo y la liberalización de los mercados de capital

11. La infraestructura hemisférica
12. La cooperación energética
13. Las telecomunicaciones y la infraestructura de la información
14. La cooperación en ciencia y tecnología
15. El turismo

III. La erradicación de la pobreza y de la discriminación en nuestro hemisferio

16. El acceso universal a la educación
17. El acceso equitativo a los servicios básicos de salud
18. El fortalecimiento del papel de la mujer en la sociedad
19. El fomento de las microempresas y las pequeñas empresas
20. Los Cascos Blancos—Cuerpos para casos de emergencia y el desarrollo

IV. La garantía del desarrollo sostenible y la conservación de nuestro medio ambiente para las generaciones futuras

21. La alianza para el uso sostenible de la energía
22. La alianza para la biodiversidad
23. La alianza para la prevención de la contaminación

En todos esos campos, resulta exagerado afirmar que los Estados Unidos han impuesto su punto de vista. Resulta interesante el ejemplo del tema de la corrupción. Ciertamente, existe el deseo evidente norteamericano de multilateralizar la *Foreign Corruption Practices Act*, que criminalizaba los actos de corrupción en materia de comercio internacional (*bribery in international commerce*). Pero tal deseo se ajusta igualmente bien a la preocupación latinoamericana y se alcanza un consenso con los países más interesados –Chile, Ecuador, Honduras y Venezuela. Venezuela, por ejemplo, manifestó en las negociaciones su interés por vincular la extradición a los delitos de corrupción (con objeto de luchar contra el fraude fiscal). Los Estados Unidos apoyaron el proyecto venezolano y a cambio los venezolanos aceptaron la multilateralización de la *Act*.

Entre 1994 y 1998, el dispositivo de negociaciones ya establecido supera con creces el simple ejercicio diplomático. Resulta evidente que nunca antes en su historia el continente americano había emprendido tal esfuerzo, que reposa sobre tres pilares: el sistema tradicional en torno a la OEA, el BID y la CEPAL (que forman además un comité de cooperación para asistir las negociaciones); las reuniones ministeriales y de expertos, que involucran a numerosas agencias oficiales, y la colaboración entre el sector público y el privado.

Sin embargo, la segunda Cumbre de las Américas, de abril de 1998, evita cualquier grandilocuencia o triunfalismo. El estado de ánimo sigue siendo pragmático y la situación de la democracia en el continente no invita precisamente al optimismo. En apenas cuatro años, las diferencias sociales se han ahondado y la delincuencia violenta ha aumentado de forma vertiginosa. La Declaración de Santiago toma, por tanto, nota de los progresos realizados y anuncia el deseo de "continuar el diálogo e intensificar el esfuerzo de cooperación iniciados en Miami", pero se muestra sensible a los problemas sociales del continente. El Plan de Acción que acompaña a la Declaración refleja esta preocupación social.

Segunda Cumbre de las Américas – Plan de Acción

I. Educación: la clave para el progreso

II. Preservación y fortalecimiento de la deocracia, la justicia y los derechos humanos

— Democracia y derechos humanos
— Educación para la democracia
— Sociedad civil
— Trabajadores migrantes
— Fortalecimiento de las administraciones municipales y regionales
— Corrupción
— Financiación de campañas electorales
— Prevención y control del consumo indebido y del tráfico ilícito de estupefacientes y sustancias psicotrópicas y otros delitos conexos
— Terrorismo
— Fomento de la confianza y seguridad entre los Estados
— Fortalecimiento del sistema de justicia y de los órganos judiciales
— Modernización del estado en la administración de materias laborales

III. Integración económica y libre comercio

A. Área de Libre Comercio de las Américas (ALCA)
B. Acciones adicionales

IV. Erradicación de la pobreza y la discriminación

— Fomento de micro, pequeña y mediana empresa
— Registro de propiedades
— Tecnologías de la salud
— Mujer
— Derechos básicos de los trabajadores
— Poblaciones indígenas
— Hambre y malnutrición
— Desarrollo sostenible
— Cooperación

Ese Plan de Acción suscitó sin embargo críticas. Si es cierto que la multiplicidad de los foros de negociación y encuentros contribuye a que aparezca poco a poco un consenso sobre cierto número de reglas no coercitivas y, por tanto, hace progresar la gobernanza pública regional, la ausencia de objetivos cuantitativos y de asignación de recursos financieros, en particular respecto de los problemas sociales, puede, a la inversa, restar credibilidad al proceso. Las reformas sociales, llamadas de segunda generación, sólo fueron objeto, en Santiago, de declaraciones generales sobre objetivos imprecisos por alcanzar. La enseñanza es, sin embargo, una excepción, en la medida en que se reitera especialmente el compromiso de Miami de garantizar, antes del año 2010, el acceso universal a una enseñanza primaria de calidad, así como terminar el ciclo de la misma con una tasa del 100%; con este fin, el Banco Mundial y el BID aportan 1.000 millones de dólares.

Pero, por lo demás, la generalidad de las propuestas y la escasa precisión de los objetivos, de hecho, oculta a menudo desacuerdos. El mejor ejemplo es el de la lucha contra el narcotráfico. La idea general en virtud de la cual el narcotráfico supone una amenaza para la democracia es objeto de consenso, pero los gobiernos latinoamericanos no se hacen ilusión alguna respecto del anuncio de que "los gobiernos van, con objeto de reforzar la confianza mutua, el diálogo y la cooperación a escala hemisférica, [...] a establecer, en el marco de la Comisión Interamericana para el Control del Abuso de Drogas (CICAD-OEA), un proceso único y objetivo de evaluación gubernamental multilateral, que permita seguir la evolución de los esfuerzos individuales y colectivos desplegados a escala hemisférica así como los progresos realizados en todos los países que participan en la Cumbre en lo que se refiere a solucionar ese problema en sus diversas manifestaciones". Establecer tal mecanismo multilateral mientras los Estados Unidos no están dispuestos a renunciar a su propio mecanismo de evaluación ("certificación") no hace progresar en absoluto la "confianza mutua".

Así, la convergencia en los distintos temas de la integración regional es real aunque no total. Sin duda, es más evidente en lo referente al objetivo último, que consiste en defender la democracia.

En ese punto, la segunda Cumbre de las Américas decepcionó a algunos dirigentes del continente, que reclamaban adoptar una cláusula democrática. Pero tal cláusula existe *de facto,* lo que ha justificado no invitar a Cuba a la primera ni a la segunda Cumbres de las Américas. Existe también en el sistema interamericano, desde que el Protocolo de Washington del 14 de diciembre de 1992 enmendó la Carta de la OEA añadiendo disposiciones que podían adoptarse contra un "miembro de la Organización cuyo gobierno, democráticamente constituido, es derrocado por la fuerza". Por otra parte, existen cláusulas democráticas en la mayor parte de los acuerdos de integración de América, que fueron adoptadas por medio de protocolos. Así, el MERCOSUR ha adoptado el Protocolo de Ushuaia en su cumbre del 24 de julio de 1998, que viene a dar un estatuto jurídico a la sencilla "Declaración presidencial sobre el compromiso democrático", que había sido emitida tras el intento de golpe de estado de Oviedo en Paraguay. En la comunidad andina, una Declaración del Consejo Presidencial pide al Consejo de Ministros preparar antes de finales de 1998 "un proyecto de protocolo para enmendar el acuerdo de Cartagena, en el que se indican las medidas que hay que adoptar en el caso de una eventual ruptura del orden democrático en un Estado miembro".

Si el acuerdo no es completo en lo que respecta a los modos de funcionamiento de la democracia, al menos sí lo es en lo que atañe a la necesidad de preservar a cualquier precio ese tipo de régimen político, lo que ya de por sí es único en la historia del continente.

▲ El hecho de que las relaciones interamericanas evolucionen hacia una convergencia de valores democráticos no impide que América Latina muestre inquietud en cuanto al ascenso, como potencia comercial, de los Estados Unidos en el continente. El ejemplo de México en el TLCAN está presente para dibujar el posible porvenir de América Latina en el ALCA: una dependencia económica casi total respecto de los Estados Unidos.

Para alejar tal perspectiva, América Latina, y muy especialmente los países del MERCOSUR, entablaron negociaciones con Europa.

La cumbre Europa-América Latina, que se celebró en Río de Janeiro los días 28 y 29 de junio de 1999, simbolizó esa voluntad de acercamiento entre los dos continentes.

La voluntad latinoamericana de evitar que los Estados Unidos se conviertan en su único socio comercial coincide con la voluntad europea de atajar el declive de sus posiciones comerciales en el continente. Entre 1990 y 1996 la parte de las exportaciones latinoamericanas destinadas a Europa en relación con la totalidad pasó del 24% al 14%, y la parte de Europa en las importaciones latinoamericanas pasó del 21% al 17%. América Latina buscaba también equilibrar sus intercambios con Europa. Entre 1990 y 1996, el comercio exterior de América Latina con la Unión Europea pasó de un superávit de 9.000 millones de dólares a un déficit de 9.800 millones de dólares.

La negociación comercial, que se hizo difícil por el "nudo agrícola" –ya que América Latina, gran exportadora de productos agrícolas, pedía un desmantelamiento de la política agrícola común–, podía sustentarse al menos en las estrechas relaciones políticas y evidentes afinidades culturales.

Desde mediados de los años noventa, la Comisión Europea mantiene una cooperación multiforme con América Latina que incluye:

— un apoyo institucional y la consolidación del proceso democrático, en particular por medio del reforzamiento del Estado de derecho, de las reformas institucionales (descentralización, modernización administrativa) y de la puesta en marcha de políticas públicas concretas (educación, sanidad, desarrollo rural).
— una lucha contra la pobreza y la exclusión social por medio de la canalización de la ayuda hacia la sanidad, la educación y la vivienda y la actuación dirigida a que el desarrollo económico esté al servicio del progreso social.

— un apoyo a las reformas económicas y a la competitividad (ayuda al sector privado, ciencia y tecnología, promoción industrial, etc.).

Además, la Comisión da prioridad a tres temas horizontales:

— apoyo a la integración regional.
— educación.
— gestión de la interdependencia Norte-Sur (medio ambiente, energía, drogas).

Por otra parte, se firmó un acuerdo de intenciones entre la Unión Europea y el MERCOSUR en diciembre de 1995 en Madrid. Ese acuerdo tiene las ventajas de ser mixto (es decir, fue firmado a la vez por la Comunidad y por los Estados miembros) y de tener como fundamento un diálogo de naturaleza tanto política como económica y comercial.

El acuerdo con el MERCOSUR hace referencia a los derechos humanos, la democracia, la justicia social y la protección del medio ambiente. El acuerdo incluía en particular una cláusula democrática, es decir, una disposición que permite suspender la aplicación de las disposiciones convencionales cuando una de las partes no respeta sus obligaciones. Esto obligó a MERCOSUR a adoptar un Compromiso Democrático (Declaración de San Luis en junio de 1996), tras el intento de golpe de estado del general Oviedo en Paraguay. Tal Compromiso se convirtió en Cláusula Democrática, incorporada al Tratado constitutivo por el Protocolo de Ushuaia (24 de julio de 1998).

Sobre esa base democrática, el acuerdo de intenciones instaura un diálogo político, cuyo objetivo es conducir a ambas zonas hacia una asociación interregional y ajustar posiciones comunes en foros diplomáticos.

La otra parte del acuerdo es económica y comercial: trata de liberalizar los intercambios y de cooperar en varios terrenos, que pueden, además, ampliarse. Esto es así porque el acuerdo, como todos los acuerdos de tercera generación, incluye una cláusula llamada evolutiva, que permite ampliar el campo de la cooperación mutua.

Encontramos la misma intención en el acuerdo de "asociación estratégica" firmado en la Cumbre de Río en junio de 1999. Primera cumbre de este tipo en la historia, la Cumbre de Río, que reunió a 49 jefes de Estado y de gobierno, decepcionó sin embargo a los latinoamericanos, que esperaban compromisos concretos por parte del viejo continente. La declaración final, así como las "prioridades de acción" acordadas, sólo contenían una lista de intenciones bastante difusas que abarcaban todos los campos de la cooperación internacional.

Para la América Latina de finales de siglo, lo esencial era sacar provecho de su estatuto excepcional, en su historia y en el contexto internacional, de zona de paz, de prosperidad emergente y de estabilidad democrática, para mantener relaciones equidistantes con Europa y los Estados Unidos. Gracias al impulso iniciado en las cumbres de Miami (1994) y de Río (1999), parecía que podía conseguirlo.

▲ Declaración de Río de Janeiro (extractos)

1. Nosotros, los Jefes de Estado y de Gobierno de la Unión Europea y de América Latina y el Caribe, hemos decidido promover y desarrollar nuestras relaciones hacia una asociación estratégica birregional, basada en la profunda herencia cultural que nos une y en la riqueza y diversidad de nuestras respectivas expresiones culturales. Las mismas nos han conferido acentuadas identidades multifacéticas, así como la voluntad de contribuir para la creación de un ambiente internacional que nos permita elevar el bienestar de nuestras sociedades y cumpliendo con el principio del desarrollo sostenible, aprovechando las oportunidades que ofrece un mundo cada vez más globalizado, en un espíritu de igualdad, respeto, alianza y cooperación entre nuestras regiones.

7. En este proceso, daremos un nuevo momentum y brindaremos la misma atención a las tres dimensiones estratégicas siguientes: un diálogo político fructífero y respetuoso de las normas de derecho internacional; relaciones económicas y financieras sólidas, basadas en una liberalización comercial de carácter integral y equilibrada y en el libre flujo de capitales; una cooperación más dinámica y creativa en los ámbitos educativo, científico, tecnológico, cultural, humano y social.

(*Fuente:* Cumbre de Jefes de Estado y de Gobierno de los países de América Latina
y de la Unión Europea, Río de Janeiro, 29 de junio de 1999.)

Bibliografía

BETHELL L. y ROXBOROUGH I. (dirs.), *Latin America and the second world war, 1944-1948,* Cambridge University Press, 1992.

BETHELL L. (dir.), *Historia de América latina* (t. 7, 8, 9 y 10), Cambridge University Press, Crítica, 1991.

BEYHAUT G. y H., *América latina. De la independencia a la segunda guerra mundial,* Siglo XXI, 1996.

CALVERT P. y S., *Latin America in the twentieth century,* St. Martins Press, 1990.

CAMAGNANI, M., *América latina de 1880 a nuestros días,* Oikos-tau, 1975.

CARDOSO C. y PÉREZ BRIGNOD H., *Historia económica de América latina* (t. 2), Crítica, 1997.

CHEVALIER F., *L'Amérique latine de l'indépendance à nos jours,* PUF, 1977.

COLLIER R. y D., *Shaping the political arena. Critical junctures, the labor movement, and regime dynamics in Latin América.* Princeton University Press, 1991.

COUFFIGNAL G. (dir.), *Réinventer la démocratie. Le défi latino-américain,* Presses de la FNSP, 1992.

DABÈNE O., *La Région Amérique latine. Interdépendance et changement potlique,* Presses de Sciences Po, 1997.

DIAMOND L., LINZ J. y LIPSET S. (dirs.), *Democracy in developing countries. Latin America,* Lynne Reiner, 1989.

FURTADO C., *La economía latinoamericana desde la conquista hasta la revolución cubana,* Siglo XXI, 1969.

HERNÁNDEZ SÁNCHEZ-BARBA M., *Historia de América* (t. 3), Alhambra, 1981.

LAMBERT J. y GANDOLFI A., *Le Système politique de l'Amérique latine,* PUF, 1987.

LOWENTHAL A. (dir.), *Exporting Democracy. The United States and Latin America,* Johns Hopkins University Press, 1991.

LUCENA SALMORAL M. (dir.), *Historia de Iberoamérica* (t. 3), Cátedra, 1988.

MANIGAT L., *L'Amérique latine au XX, siècle, 1889-1929,* Seuil, 1991.

MARTÍNEZ DÍAZ N., *América latina en el siglo XX,* Orbis, 1986.

MOLINEU H., *U.S. Policy toward Latin America,* Westview Press, 1986.

ROUQUE A., *L'État militaire en Amérique latine,* Seuil, 1982.

ROUQUE A., *Amérique latine, Introduction à Vextrême occident,* Seuil, 1987.

ROUQUE A., *Guerre et Paix en Amérique centrale,* Seuil, 1992.

SALAMA P. y VALIER J., *L'Amérique latine dans la crise: l'industrialisation pervertie,* Nathan, 1991.

SKIDMORE T. y SMITH P., *Modern Latin America,* Oxford University Press, 1992.

STALLINGS B. y KAUFMAN R. (dirs.), *Debt and Democracy in Latin America,* Westview Press, 1989.

TOURAINE A., *La parole et le sang. Politique et société en Amérique latine,* Odile Jacob, 1988.

* Todos los trabajos citados en el libro no están recogidos en esta bibliografía, en la que sólo figuran obras básicas que tratan de la historia de América Latina en el siglo XX.

Índice de países

Cuba 25, 26, 29, 34, 35, 36, 44, 46, 50, 53, 60, 67, 68, 71, 90, 94, 98, 100, 102, 105, 107, 109, 113, 121, 123, 124, 125, 126, 127, 135, 137, 142, 146, 147, 150, 177, 185, 206, 237, 239, 240, 246

Ecuador 15, 20, 21, 26, 29, 32, 44, 46, 47, 57, 66, 71, 81, 88, 93, 94, 98, 102, 104, 109, 112, 127, 130, 134, 139, 140, 141, 143, 144, 149, 150, 151, 159, 164, 185, 195, 196, 197, 201, 203, 204, 206, 212, 214, 216, 222, 224, 225, 226, 228, 232, 233, 234, 235, 238, 239, 242, 244

El Salvador 26, 44, 45, 46, 66, 71, 90, 93, 94, 103, 105, 109, 132, 138, 139, 143, 144, 149, 150, 151, 155, 156, 157, 172, 173, 174, 175, 176, 177, 178, 179, 180, 183, 184, 185, 196, 197, 206, 214, 215, 220, 222, 223, 224, 226, 239, 242

Estados Unidos 14, 19, 25, 27, 29, 33, 34, 35, 38, 43, 45, 46, 47, 48, 49, 60, 61, 62, 63, 64, 65, 66, 67, 68, 73, 89, 90, 91, 92, 93, 96, 97, 99, 102, 107, 108, 110, 111, 112, 114, 120, 122, 124, 126, 127, 131, 132, 133, 134, 135, 136, 138, 141, 142, 143, 145, 146, 148, 159, 163, 171, 172, 173, 175, 176, 177, 178, 179, 182, 183, 193, 194, 201, 204, 205, 211, 215, 216, 233, 237, 238, 239, 240, 241, 242, 244, 246, 247, 248

Guatemala 14, 15, 20, 21, 26, 29, 32, 36, 44, 45, 46, 66, 71, 88, 90, 93, 94, 95, 96, 102, 103, 105, 109, 112, 126, 127, 131, 134, 138, 139, 150, 151, 156, 157, 172, 173, 174, 175, 176, 181, 183, 184, 185, 196, 197, 203, 206, 207, 214, 220, 222, 223, 226, 239

Haití 26, 36, 44, 60, 61, 62, 66, 71, 90, 94, 105, 109, 113, 150, 151, 196, 197, 206

Honduras 21, 26, 36, 44, 46, 62, 66, 71, 90, 94, 96, 98, 102, 103, 105, 109, 127, 131, 132, 134, 138, 139, 141, 143, 144, 149, 150, 151, 155, 173, 184, 185, 191, 196, 197, 206, 207, 214, 216, 223, 224, 227, 239, 242, 244

Jamaica 141, 143, 144, 149, 196, 197, 206, 220, 239

México 15, 16, 20, 22, 24, 25, 26, 29, 30, 31, 32, 36, 37, 38, 39, 42, 44, 45, 46, 49, 50, 53, 54, 56, 57, 61, 67, 68, 69, 70, 71, 73, 81, 85, 88, 91, 93, 94, 95, 98, 102, 103, 104, 109, 112, 118, 122, 137, 138, 139, 140, 150, 151, 152, 153, 154, 158, 167, 176, 180, 182, 185, 196, 197, 198, 199, 201, 202, 203, 204, 206, 209, 212, 213, 214, 215, 216, 217, 220, 222, 223, 227, 238, 239, 240, 242, 247

Nicaragua 19, 21, 26, 36, 43, 44, 46, 60, 62, 63, 64, 65, 66, 71, 88, 94, 97, 102, 103, 109, 113, 118, 132, 138, 139, 141, 150, 151, 173, 174, 175, 176, 178, 182, 183, 185, 193, 196, 197, 203, 206, 209, 214, 220, 222, 227, 239

Panamá 21, 26, 35, 36, 44, 46, 53, 60, 71, 90, 105, 127, 131, 141, 143, 144, 145, 146, 150, 151, 172, 182, 185, 193, 196, 197, 206, 207, 214, 222, 224, 227, 228, 239

Paraguay 13, 15, 26, 29, 32, 44, 45, 46, 47, 58, 59, 69, 71, 73, 74, 75, 87, 88, 93, 94, 97, 104, 109, 113, 114, 132, 139, 140, 150, 151, 173, 185, 190, 196, 197, 203, 204, 206, 207, 214,